U0927330

湖北省人文社科重点研究基地三峡大学区域社会管理创新
与发展研究中心开放基金重大项目“三峡流域城市社会治理研究”资助

三峡流域城市
社会治理研究丛书

丛书主编：谭志松

应用社会学文库

三峡流域城市社会治理概论

谭志松　著

SANXIA LIUYU CHENGSHI
SHEHUI ZHILI GAILUN

中国社会科学出版社

图书在版编目（CIP）数据

三峡流域城市社会治理概论／谭志松著．—北京：中国社会科学出版社，2016.8

（三峡流域城市社会治理研究丛书）

ISBN 978－7－5161－8322－9

Ⅰ.①三…　Ⅱ.①谭…　Ⅲ.①三峡—长江流域—城市管理—社会管理—研究　Ⅳ.①D676.33

中国版本图书馆 CIP 数据核字（2016）第 124010 号

出 版 人　赵剑英
责任编辑　张　林
特约编辑　宋英杰
责任校对　高建春
责任印制　戴　宽

出　　版　中国社会科学出版社
社　　址　北京鼓楼西大街甲 158 号
邮　　编　100720
网　　址　http://www.csspw.cn
发 行 部　010－84083685
门 市 部　010－84029450
经　　销　新华书店及其他书店

印　　刷　北京明恒达印务有限公司
装　　订　廊坊市广阳区广增装订厂
版　　次　2016 年 8 月第 1 版
印　　次　2016 年 8 月第 1 次印刷

开　　本　710×1000　1/16
印　　张　17.75
插　　页　2
字　　数　281 千字
定　　价　66.00 元

《三峡流域城市社会治理研究丛书》编辑委员会

总　序

《三峡流域城市社会治理研究丛书》（以下简称《丛书》）是湖北省人文社科重点研究基地三峡大学区域社会管理创新与发展研究中心（以下简称社管研究中心）开放基金的一项重大研究课题“三峡流域城市社会治理研究”的系列成果。本课题由笔者主持，下设九个子课题，每个子课题用一本专著结题，分别由研究中心部分教授和博士主持完成。经过课题组和编委会近几年的艰苦努力，成果将陆续由中国社会科学出版社出版。

本课题研究对象是三峡流域中各大中小城市的社会治理研究。这里涉及两个社会空间概念：一个是大区域概念，即所谓“三峡流域”社会空间，这里指长江三峡段涉及的流域区域和汇入三峡流域段的三江（乌江、清江、沅江）所流经的流域区域共同连片构成的地域的社会空间，它涉及湖北、湖南、重庆、贵州等四个省市的15个地市州区及其94个县市区（其中重庆的12个县为副地级县），国土面积23万平方公里，总人口4607.8万余人。这个区域有四大特点：一是水域和水电特色，举世瞩目的三峡水电工程和葛洲坝水电工程等引起世界关注；二是民族山区特色，这一区域覆盖了武陵山区的大部分地域，土家族、苗族、汉族等30余个民族共居此地，具有独特的民族和地域文化；三是自然风景和民族文化构成了丰富独特的民族旅游资源；四是远距省会之外，处于边缘地带而分属四个省市，且有相当一部分地区还处于需要国家大力扶贫状况。另一个区域概念是三峡流域中的城市社会。第一，按现在划分，这一区域内有一个大城市——宜昌市城区，其余全是中小城市（地市州首府和县市区首府城市）；第二，这些城市都在具有国家发展战略和省市发展战略的四个城市圈、群（武汉“8+1”城市圈、湖南“长株潭”城市群、重庆城市群和贵阳城市群）之外。第三，在这些城市中有一个被确定为首批38个全国城市社会治理的试点——宜昌市，且经过五年的努力，已形成了行之有效的城市社会治理“一本三化”体系和模式。① 因此，笔者认为三峡流域社会是一个值得关注和研究的社会空间，并首次选择了“三峡流域城市社会治理研究”为我们的研究课题。

党的十八届三中全会通过的《中共中央关于全面深化改革若干重大问题的决定》（以下简称《决定》）明确提出：“全面深化改革的总目标是完善和发展中国特色社会主义制度，推进国家治理体系和治理能力现代化”，并强调要“创新社会治理的体制”。其现实意义就是维护最广大人民根本利益，最大限度地增加社会和谐因素，增强社会发展活力，提高社会治理水平，确保人民安居乐业、社会安定有序。它体现了我们党对社会发展规律认识和把握的又一次新飞跃，实现了我国社会建设理论和实践的又一次创新。《决定》的精神，提升了《丛书》研撰的重要现实意义。

研究城市社会治理，必然要考虑城市社会空间的特点和社会转型期社会结构变化情况，要以马克思主义社会空间理论为指导，来构建城市社会治理研究的框架和体系。马克思主义社会空间理论源于马克思“土地空间”理论所导出的社会空间思想。20世纪70年代以来，以列斐伏尔、卡斯特尔、哈维、詹姆逊等为代表的新马克思主义者们循着马克思和恩格斯的思想进一步推进了马克思主义的社会空间思想，进而逐步形成了马克思主义社会空间理论。② 马克思主义社会空间思想的核心是“社会空间是人类社会实践活动的产物”。“实践”是马克思主义哲学的立足点也是目的地。马克思指出：“从前的一切唯物主义（包括费尔巴哈的唯物主义）的主要缺点是：对对象、现实、感性，只有从客体或者直观的形式去理解，而不是把它们当作感性的人的活动，当作实践去理解。”③ 由此可见，马克思的“实践”，“不单是指人类的物质生产实践活动，还

---

① 这部分内容的详细论述见笔者著，本《丛书》著作之一：《三峡流域城市社会治理概论》。

② 王晓磊：《社会空间论》，中国社会科学出版社2014年版，第95页。

③ 《马克思恩格斯选集》第1卷，人民出版社1995年版，第54页。

包括人类的精神生产实践活动、人的生产实践活动和社会交往实践活动"[①]。也就是说，社会空间是人类物质生产实践、精神生产实践、人的生产实践和社会交往实践等人类的四种实践活动的产物。

从马克思主义社会空间理论去思考，研究城市社会治理必须考虑城市社会与城市自然空间（城市区域位置）和再现的城市空间（政府主导下人们建造的城市空间）的关系；要考虑城市社会与该城市的精神空间的关系；还要考虑城市社会与该城市的人口规模、民族结构和文化的关系；更离不开与该城市的经济发展状况以及治理体制和机制的关系。因此，我们是在这个基本思想的指导下构建的本《丛书》内容体系：

首先，《丛书》第一次提出"三峡流域"的概念，对"三峡流域"概念的界定及其意义的阐释，以及对该区域城市社会治理综合状况的梳理，包括研究区域城市社会的一些基础性理论论述，是整个《丛书》基础性的重要工作。这方面以题为"三峡流域城市社会治理概论"的著作，由谭志松教授完成。

其二，我们选取宜昌市城市社会治理为研究范本，进行全面系统的研究，拟作为三峡流域城市社会治理可以循借的样本，以指导实践和找出规律。这样做的理由有四：一是，宜昌市府城区是三峡流域中规模最大、经济基础较好的城市（现城区人口 130 余万）。二是，区域位置处该流域中部核心位置，中国水电主要枢纽工程：三峡水电工程和葛洲坝水电工程所在地，有"中国能源的心脏"和"世界水电之都"之称，有重要的社会影响和社会地位；三是，宜昌市已作为全国城市社会管理创新首批 38 个试点城市之一进行了五年的实践探索，取得了开创性的成果，形成了特色鲜明的社会治理体系："一本三化"城市社会治理模式，并得到了中央和湖北省委的肯定和重视，已经产生了重要影响。这个体系和模式对于三峡流域乃至全国城市社会治理具有重要的示范和推广意义。四是，宜昌城市发展的历史变迁、社会文化结构、经济生活方式与地理生态环境等与三峡流域内城市基本相近，因此，选择宜昌市做样本具有直接指导意义。我们用三本专门著作全面研究宜昌城市社会治理模式和经验：《现代城市社会治理创新"一本三化"模式研究——来自宜昌的中

---

① 王晓磊：《社会空间论》，中国社会科学出版社 2014 年版，第 87 页。

国经验》(谭志松教授和王俊教授等编著)、《现代城市政务信息化大统一模式研究——宜昌市电子政务实践与实效》(王俊教授等编著)、《宜昌城市变迁史研究》(李敏昌教授等编著)。

其三，围绕城市社会治理涉及的各个方面，结合三峡流域城市社会治理状况，从五个方面作专题研究：

邓莹辉教授的《三峡流域城市社会文化管理创新研究》一书，主要分析了政府行使文化管理职能过程中所面临的困境及其产生的原因，厘清了城市文化管理和管理文化创新的基本思路及有效路径，其间，特别注意到地方文化建设、发展和管理对城市社会治理的影响和作用。

陈金明教授等的《三峡流域城市社会文明教育创新研究》一书，着重分析三峡流域城市社会文明教育的结构体系，从实证研究的角度，总结了三峡流域城市社会文明教育的重要举措及基本经验，同时也对城市文明教育对城市社会治理作用的理论进行一定的探讨。

骆东平教授等的《三峡流域城市社会治理法治化研究》一书，以全国社会管理创新的试点城市——宜昌市的城市社会治理法治化实践为研究对象，重点就宜昌市城市社会治理法治化、社会稳定风险评估与应急管理法治化、特殊人群管理法治化、非政府组织法治化和“智慧城市”建设等几大方面的实践与理论问题进行了研究。以探究当下城市社会治理中本地优势资源的开发与本地社会服务水平提升中的诸多理论与实践问题。意在阐释城市社会治理需将创新社会治理置于法治化的轨道中，需科学规划社会治理立法进程、有序推进公民参与公共决策、积极营造社区法治文化氛围和全面保障社会组织服务民生。

李见顺博士的《三峡流域城市社会社区自治的理论与实践研究》一书，从逻辑的、历史的和现实的三个层面探讨了三峡流域城市社区自治的理论问题和实践模式，对三峡流域社会建设背景下城市社区自治的产生与发展进行理论总结，并提出适应社会建设需要的城市社区自治重构模式和路线图。

朱静博士和梁贤艳副教授等的《三峡流域城市社会安全治理研究》一书，主要选择了我国各地运行较好的城市社会安全治理模式进行比较研究，这些城市包括山东烟台、浙江平阳、辽宁沈阳、江苏淮安、四川遂宁、湖北宜昌等，通过比较研究，归纳出这些城市社会安全治理的特征和经验。

《丛书》的研撰经过了艰辛努力，也得到了多方的帮助和支持。2012年，在宜昌市政协主席、市社会管理创新领导小组办公室（以下简称“市创新办”）主任李亚隆同志的支持下，三峡大学应用社会学研究所与宜昌市社会管理创新办公室联合申报湖北省人文社科重点研究基地三峡大学区域社会管理创新与发展研究中心并获得成功，开始实质性合作研究。我们派出朱静博士等到市创新办挂职工作，学习宜昌市社会管理创新工作，参与市创新办相关工作。多次请市创新办相关领导和工作人员来社管研究中心讲座，介绍宜昌市社会管理创新工作，并一直保持紧密合作关系，进行了政校联合攻关。

2014年8月，笔者率《丛书》编撰人员赴三峡流域中的恩施土家族苗族自治州、利川市、黔江区、涪陵区、湘西土家族苗族自治州、张家界市、怀化市、铜仁市等地区进行了为期20余天的实地调研，2014年10月又在宜昌市、荆州市等调研三周，各书作者还分别进行了专项实地深入调研。其他地方我们也通过其他途径联系获得了需要的资料。各地政府和部门的相关领导和干部都给予了大力支持和热情接待，使我们的调研得以顺利进行，并获得了近两千万字的第一手重要资料。借此，笔者要向以上各地党委政府及其部门的相关领导表示衷心的感谢！

著名社会学家、中国人民大学一级教授郑杭生先生生前是我们社管研究中心名誉主任，他十分关心《丛书》的研撰和出版工作，并对《丛书》框架和各著作的提纲给予了许多具体的指导性意见。我们也以《丛书》的出版表达对郑先生的深切怀念和万分感激之情。

我们还得到中国社会科学出版社副总编辑曹宏举编审的细心指导和大力支持，责任编辑张林主任也给予了大力帮助，在此一并致谢。

《丛书》得以顺利出版，还要特别感谢三峡大学党委书记李建林教授、校长何伟军教授，他们不仅出任编委会顾问，在《丛书》研撰的整体方向上把脉，还给我们全体编撰人员以极大的鼓励和支持。还要感谢三峡大学科技处（社科处）许文年处长、周卫华副处长，马克思主义学院胡孝红院长、胡俊修和黎见春副院长等给予的大力支持。

《丛书》涉及社会学、文化学、民族学、管理学、法学、教育学等多个学科，虽然各著作的负责人属于在相应领域里有较深造诣或者有一定研究特长的专家、教授和博士，但毕竟着眼于一个区域的城市社会治理的研究的知识和经验有限，所以，书中定有不足或不妥之处，还请各位学者、广大读者和三峡流域各地的领导、干部批评指正。

谭志松

于三峡大学云锦花园专家楼

2015 年 3 月 1 日

目　录

绪　论

本书是湖北省人文社科重点研究基地：三峡大学区域社会管理创新与发展研究中心（以下简称“研究中心”）开放基金重大课题“三峡流域城市社会治理研究”系列成果《三峡流域城市社会治理研究丛书》（以下简称《丛书》）之一。本书重点解决三个问题：一是三峡流域概念的界定以及研究三峡流域社会的意义；二是三峡流域城市社会建设；三是三峡流域城市社会治理创新体系构建。笔者认为，有必要对本书撰写的基本思路和基本框架以及基本内容作一些粗略的说明。

一　三峡流域概念的提出

研究中心成立后，第一个较大的研究计划是区域城市社会治理研究。根据时任中国社会科学出版社副总编、现任中国当代出版社总编兼法人的曹红举先生的有关建议，以及郑杭生教授的直接指导，笔者提出围绕大三峡区域研究其城市社会治理创新问题。这个想法得到两位先生的赞许和支持，特别是郑杭生先生几次详细听取笔者的整体研究计划和纲目汇报并给予悉心指导，我们决定出版一套《三峡流域城市社会治理研究丛书》，由中国社会科学出版社出版，原定由郑杭生先生亲自担任丛书编委员会主任（而且他已欣然同意），很遗憾的是郑先生于2014年11月9日因病仙逝，没能看到丛书的出版。我们也将以丛书的出版表达作者们对郑杭生教授的衷心感谢和深切缅怀之情。

本书《三峡流域城市社会治理概论》，是丛书中的一本基础性的著作，要解决一些基本问题，首先是三峡流域概念的界定问题。2014年7月至10月，笔者带领研究团队一行9人到了长江三峡段（包括延长段）以及这一段上长江的三大支流乌江、清江和沅江所流经的行政区划的9

个地市州区首府和7个县市区首府进行了大规模实地调研。在各地政府大力支持下，我们获得了2 000余万字的第一手资料，特别是，我们对宜昌市城市社会治理进行了为期三周的系统调研考察，对宜昌市城市社会治理"一本三化"模式进行了比较全面的实地考察。然后，笔者从空间社会学的视角，以"一个值得深入关注和研究的社会空间——三峡流域社会"为题，撰写了一个研究报告，作为全体丛书编撰人员研究的区域依据，这个报告的论文形式后来在"2015年中国社会发展高层论坛：区域社会治理与社会发展"[①] 学术会议上作主旨发言。本书较为全面地界定并论述了三峡流域区域概念的意义和依据。界定的范围为长江三峡及其延伸段以及支流乌江、清江、沅江所流经的连片的县级以上行政区域，它涉及湖南、湖北、重庆、贵州四省市的共计12个地市州区，一个副地级林区以及其94个县市区行政规划范围，国土面积23万平方千米，包括了武陵山片区大部分地方，总人口4 600余万人。这个选取基于国家城市群战略和长江经济带战略交叉所形成的战略之外的地理空间、三峡水电能源和三峡库区生态保护的重要地位，以及水域和山地特色，还有地方经济社会发展相对落后的状况等因素。本书还从社会学的视角，提出了三峡流域社会需要重点研究的10个主要领域。

二　本书研究的理论视角

本书以马克思主义社会学理论为总的指导思想，立足现实，着眼三峡流域社会，落脚在三峡流域城市社会治理创新研究上。马克思主义社会学理论的核心是社会主义社会的建立、建设和发展问题，以及共产主义社会的构想与实现问题。著名社会学家郑杭生教授指出，马克思主义社会学实质上是一门关于社会主义和共产主义社会良性运行和协调发展的条件和机制的综合性具体学科。并指出马克思主义社会学形成了两种

---

① 谭志松：《一个值得深入关注和研究的社会空间——三峡流域社会》，2015年5月16日在"2015年中国社会发展高层论坛：区域社会治理与社会发展"（中国宜昌）作主旨发言，并得到知名学者、中国人民大学刘少杰教授的好评，认为"从列斐伏尔空间社会学视角研究三峡流域社会是很有新意和创意的"，并建议"还可以考虑普列汉诺夫的地理环境理论"等。所以，在本书中增加了普列汉诺夫的地理环境理论，把它与社会空间理论结合起来，共同作为笔者研究的理论视角之一。

形态：一种是对资本主义社会是革命批判性的社会学，主张用暴力摧毁腐朽的、剥削的、不公平的资本主义社会制度，建立代表人民大众的、无剥削的、公正的社会主义社会，进而实现共产主义社会；一种是对自己建立的社会主义社会是维护建设性（或建设反思性）的社会学，即指对通过革命暴力推翻旧的资本主义社会制度而建立的社会主义社会要坚决维护、努力建设，不断完善它、壮大它、富强它，最终实现共产主义社会。[①] 本书就是要以马克思主义的建设反思性社会学为指导，围绕建设稳定、和谐、富强的中国特色社会主义社会这个核心问题，研究三峡流域社会和三峡流域城市社会治理与发展。具体来讲，以两个理论视角作为我们的研究基础。

（一）以马克思主义空间社会学思想为指导提出和阐释三峡流域社会概念及其意义：列斐伏尔社会空间理论和普列汉诺夫的地理环境理论的视角

法国社会学家列斐伏尔继承马克思主义空间社会学思想提出了“空间生产”这个当代空间社会学最核心的概念，并把社会空间划分为实践的空间、空间的再现和再现的空间等三个层次，进而构建了马克思主义空间社会学理论，由此列斐伏尔被公认为新马克思主义社会学的重要代表之一。笔者从这个理论分析，再根据实际提出三峡流域社会空间概念。

俄国著名的马克思主义理论家普列汉诺夫提出了地理环境理论，这对于研究区域社会空间有直接的指导作用。他的基本观点是：人类社会与地理环境是相互作用的，即人类社会对周围的环境有能动改造作用；反之，地理环境对人类社会有制约和影响作用。认为“自然界本身，亦即围绕着人的地理环境，是促进生产力发展的第一推动力”。反之，人类社会通过发展生产力，征服自然，改造地理环境。[②] 由此，我们认识到，研究一个区域的社会发展，必然与这个区域的地理环境有密切的直接关系。因此，笔者认为，以这一思想和理论为视角，对提出和研究三峡流域社会的意义和问题有直接指导作用。

列斐伏尔的社会空间论和普列汉诺夫的地理环境论不仅是我们提出

① 郑杭生：《论马克思主义社会学的两种形态》，《光明日报》1985 年 7 月 29 日。

② 《普列汉诺夫哲学著作选集》第 2 卷，北京：三联书店 1961 年版，第 227 页。

和研究三峡流域社会的理论视角，而且也为我们提供了一种方法论，即坚持实践论方法和社会空间、地理环境与人类区域社会发展的相互关系认识的辩证思想方法。

当然，笔者也注意到中国社会学家们，如费孝通、郑杭生先生的空间社会学思想和成果对本研究的启示，吸收其中的营养，为本研究增添了智慧。

（二）以中国马克思主义社会学的学院式典型代表“社会运行论”为理论视角，研究三峡流域城市社会治理创新

中国社会主义社会的创建和建设的历史可以追溯到20世纪初梁启超《中国之社会主义》（1904年）和朱执信在《民报》上发表论述等学者对马克思的社会主义的赞许和论述，这也是中国马克思主义社会学的起源，迄今已经100多年。100多年艰难曲折的理论和实践探索逐步使中国发展成为今天这样一个伟大的社会主义国家，并正在迈向世界性的社会主义强国，这个伟大成就举世瞩目。从已经取得的伟大成就看，我们必然也应该有我国的道路自信和理论自信，以共产党为领导核心所创立的中国马克思主义社会学理论是正确的；从中国特色社会主义社会的未来发展来看，我们也必须坚持道路自信、理论自信和理论自觉，继续沿着中国共产党领导的中国特色社会主义道路，不断探索、发展、丰富中国马克思主义社会学理论。

然而，长期以来人们在明确概述中国马克思主义社会学理论时，基本上指中国共产党领袖群体的相关论述和著述以及共产党的有关重大决定所形成的观点和思想，这无疑是正确的。但是，笔者认为，也有不全面的地方。纵观中国马克思主义社会学理论发展过程，我们可以分作两种形态和四个时期。一是新中国成立之前，中国共产党运用的是马克思主义的革命批判性社会学，推翻了旧社会建立了新中国，在这一阶段里，中国马克思主义社会学经历了学者们的学术性讨论，这包括早期的陈独秀、李大钊、李达等参与讨论都还是建立在对马克思提出的社会主义社会的学术认识上的讨论，通过讨论逐步得到认识上的进一步升华。中国共产党成立后，中国共产党旗帜鲜明地提出要推翻旧制度，建立社会主义制度的革命目标，这一时期由于社会环境情况，围绕社会主义问题发表言论的学者声音已经很少，共产党内部又一度走向“左”倾，导致革

命几次处于低潮，直到毛泽东成为中共领导的核心，才走上了正确的道路，建立了正确的革命理论和前进方向，最终使社会主义革命取得成功，建立新中国。这一时期主要是毛泽东以及以他为首的中共领袖群体创立的中国革命批判性的马克思主义社会学。这个过程中，我们不能忽视梁启超、朱执信等学者与初期还作为学者的陈独秀、李大钊、李达等学者群体探讨和争论的重要贡献。

新中国成立之后，由于院系调整和多种因素，中国高校取消了社会学专业和社会学学科，导致中国社会学学科发展停滞不前，中国马克思主义社会学停留在阶级分析和以阶级斗争为纲的框架下，由领袖群体单向推动，导致“文化大革命”畸形社会形态的发生，造成社会主义建设的重大损失。在改革开放时期，学者和中共领袖群体在邓小平“社会学要补课”的指令下，恢复了社会学，于是，社会学学者和社会学学科迎来了发展的春天。30 多年过去了，中国共产党领袖群体创立了中国特色社会主义理论，中国学者也在中共领导下创立了中国社会学理论体系，中国社会学理论已成为中国特色社会主义理论的重要组成部分，并形成了一些具有重要影响和特色的社会学学派，其中郑杭生教授及其团队创立的“社会运行论”体系就是一个典型的重要代表。

笔者通过梳理和分析，认为中国马克思主义社会学已成为具有自己特色的当今世界独树一帜的马克思主义社会学学派，这个学派由中国的两类精英群体形成的两类具有各自特点的社会学理论共同组成：一类是中国共产党领袖群体以中国社会问题为导向，形成的具有方向性、决定性、战略性、政治性的社会学，笔者把它称为“政党社会学”或者更完整地称为“中国马克思主义政党社会学”；另一类是中国进步的社会学学者以马克思主义社会学理论为指导，以中国社会学学科发展为导向，同时也直面中国社会主义社会发展实际，理性的、解释性的、实证的、原理性的研究所形成的社会学知识和理论体系，我们把它称为“学院式社会学”或者更完整地称为“中国马克思主义学院式社会学”。这两类社会学的出发点和落脚点是一样的，彼此是相辅相成的。实践证明，只有政党社会学与学院式社会学紧密结合、相互支撑、相互协调时，两者才能得到共同发展，才能共同推动中国社会主义社会的进步，双方的理论才能得到发展；反之则不然。郑杭生教授及其团队形成的“社会运行论”

理论体系正是中国马克思主义学院社会学的典型代表之一。本书以学院式社会学“社会运行论”理论体系作为研究三峡流域城市社会治理创新的理论视角。

三 本书的主要内容框架

本书由四个部分组成：第一部分，即本绪论，主要是交代一下本书的选题的背景（事实上也是整个《丛书》的一个选题背景）、基本思路、理论视角、研究内容等；第二部分，包括第一章和第二章内容，主要是对本书理论视角的阐述和一些相关社会学、社会管理学、城市社会治理等方面的基本概念和基本理论的介绍。这里要特别说明的是第二章中，笔者在阐述“社会运行论”体系是中国马克思主义学院式社会学的典型代表之一时，花了一定的篇幅，梳理、分析和概述了中国马克思主义社会学形成的历史轨迹以及政党社会学和学院式社会学的特点和密切关系。这看起来好像与这章的主题的关系不太紧密，但是，笔者却认为，它强调了“社会运行论”体系的马克思主义社会学性质（是中国马克思主义社会的组成部分），也就同时表明了我们选取“社会运行论”体系作为研究三峡流域城市社会治理创新的理论视角的重要性与意义；另外，这也是笔者在撰写本书研究过程中的一项有意义的成果，应该融入其中介绍给读者。这部分内容，笔者曾以题为“概论中国马克思主义社会学的形成轨迹与构成”，于 2015 年 11 月 7 日中国人民大学在北京主办的“理论自觉与中国特色社会学发展——郑杭生教授逝世周年追思暨学术思想研讨会”大会上报告过。

第三部分，包括第三章和第四章内容，主要是界定三峡流域的地理空间范围、粗略地介绍和阐述三峡流域整体的主要自然特征和社会面貌，以及研究三峡流域社会的意义并从社会学的视角提出 10 个值得关注研究的主要领域；介绍和浅析三峡流域城市社会建设和规划发展状况，重点是对我们实地调研过的 9 个市州区和 1 个县级市的状况做一些简要地概述和分析，当然也附带分别简要地介绍了这些地方的历史变迁与地理文化特色。这部分内容的目的主要是比较实在地了解和认识三峡流域社会空间和三峡流域城市社会空间的内在情况，最起码给读者一个整体的社会空间形象和基本的边界轮廓。这里有两点需要特别说明：一是三峡流域覆盖的地域面较宽，由于时间的关系，我们所到地方还很有限，市州区一级就还有湖南常德市、湖北的荆门市、重庆的万州区还没有来得及实地专门调研，还有相当一部分县级行政区域没有实地调研，因此，本书也就没有作深入的介绍；即或是到过的地方，其介绍也只是点到为止，没能全面。二是三峡流域横跨四省市，各自特点有异、发展程度不一样、社会文化状况也有差异，我们调研深入程度还很不够，对具体情况的了解还很有限。因此，这部分内容如有不周、描写不实的地方还要请当地干部和群众以及读者体谅并指出，以待在今后的研究中逐步弥补和完善。

第四部分，包括第五章、第六章和第七章，是本书要解决的主要问题，即三峡流域城市社会治理创新问题。笔者从三个方面着手：

1. 整体分析三峡流域各地城市社会治理状况，笔者将其概括成三种比较有代表性的模式（或者方式）：第一种是系统创新模式，并以宜昌市城市社会治理创新“一本三化”模式为例予以概括性地阐述体系结构和特点优势；第二种是综合治理体制下的社区治理模式，笔者以黔江区城市社会治理创新“‘大综治’‘6+1’一体化”模式为例予以较系统地阐释；第三种是县市级城市社会治理城乡统筹模式，我们选取利川市城乡统筹探索经验为例予以介绍和分析。在介绍这三个个案时，笔者总是从我们调研到的信息以及本人研究分析的一些思考提出一些意见和建议，当然，也由此从三峡流域城市社会治理创新的整体情况进行了分析，并指出了还存在的一些主要问题。

2. 针对前面对三峡流域城市社会治理创新现状和存在的问题的探讨，讨论三峡流域城市社会治理创新体系构建，提出一些理性的、发展性的思考。即从城市现代化对治理创新体系构建要求，包括其现代性的理性要求、内涵要求；城市社会治理创新体系构建的主要原则，包括理念创新原则、机制创新原则和手段创新原则；治理创新体系的法制化；治理创新与城市文明以及作为三峡流域区域的特殊性对城市社会治理创新的必须关照的一些基本要求。

3. 从“社会运行论”的视角，探讨城市社会治理创新体系的具体构建问题。笔者主张现代城市社会治理创新体系构建要立足系统性创新思想，系统考虑现代城市社会治理创新涉及的各个方面以及这些方面之间的关联情况，从整体上思考现代城市的社会治理体系构建问题。笔者从城市社会治理体系必然涉及的诸要素或子系统认识表达，对治理体系框架和体系的运行机制，体系运行的组织系统、动力系统和结算系统，以及体系运行的保障机制等方面进行了阐述和概括；同时，给出了治理体系结构概念性的基本框架逻辑图、治理体系运行的基本运行意向图。试图以此提供一个可供借鉴的思想理论和操作路线，从而进一步提升本书的应用价值和现实意义。

综上我们看到，本书实质上是按照：基础理论→空间认识→体系构建，这样一个范式和思路开展研究的。用这种范式研究和撰写一本跨省区域的城市社会治理方面的著作，是笔者的一次尝试。还应指出的是，本书称之为“概论”，意在表达书中内容还有部分涉及与三峡流域城市社会治理直接相关的较丰富的专题内容，本书只是做了一些概括性的描述和表达，有“点到为止”之意，而把更加深层的研究和阐述留给《丛书》的另外8部著作分专题研究。如城市社会治理的文明教育创新研究、治理文化管理创新研究、城市社区研究、城市治理法治研究、宜昌市社会治理创新“一本三化”模式和政务信息大统一模式研究等，本书都有涉及，但没有作系统的深入的论述，而把更深层的内容留给《丛书》中其他单独的著作分别做专门的研究。

四　本书的主要创新点

作为一本研究跨省区域的城市社会治理创新方面的著作，笔者认为在以下几个方面有所创新：

1. 首次以马克思主义空间社会学为理论视角，从国家长江流域发展及其相关战略的制定和实施的实际，界定了“三峡流域”的范围概念，并提出了关注、研究和发展三峡流域社会的战略意义和现实意义。还从社会学的角度提出了三峡流域社会需要研究和关注的10个方面的问题。这对研究三峡流域社会的建设、治理和发展有一定的引导性意义，同时，也是对区域社会发展理论的有益补充和丰富。

2. 对三峡流域城市及其社会建设提出了建设性意见。如，三峡流域城市建设发展要特别重视这一区域的生态保护，要建生态绿色城市、环保园林城市、文化特色城市、和谐山水城市等，不能以损坏生态为代价追求建现代化特大城市（指2014年国家标准为规模500万人口以上）。

这对建设有三峡流域特色的大中小城市群，和建立与发展三峡库区生态涵养区，实现库区可持续发展有其重要的现实和历史意义。

3. 从社会运行论的理论视角，对三峡流域城市社会治理创新提出了构建系统性城市社会治理创新体系及其运行的逻辑框架图“模型”。这个“模型”实质上也给一般的社会治理创新体系构建提供了一种可以借鉴的思路，具有一般性指导意义。

4. 提出了中国马克思主义社会学由政党社会学与学院式社会学共同构成的观点，并指出了两者的不同表现形态和相互之间在本质上的一致性以及其互补性。这在某种程度上解决了长期以来中国马克思主义学院式社会学没有被明确应有的认识和必要的正名的问题，以及以往学界论及中国马克思主义社会学时只有中共领袖群体为代表的政党社会学理论而少有学者群为代表的学院式社会学作为组成部分的问题。论述中笔者以社会运行论理论体系为学院式社会学典型代表，强调了新时期中国马克思主义学院式社会学的存在性及其重要意义，同时，有效地论证了学院式马克思主义社会学作为中国马克思主义社会学理论的重要组成部分的合理性和必要性。这个观点和思想对促进中国马克思主义社会学的发展有重要作用。

第一章

社会空间论与区域社会及其治理

本章是全书的第一个理论基础，主要概述空间社会学的基本理论，以及区域社会及其治理等相关概念和基础。试图通过介绍和探讨法国的马克思主义社会学家列斐伏尔的空间社会学理论和苏联马克思主义社会学家普列汉诺夫的地理环境理论，以及中国学者的社会空间理论，建立我们将要研究的三峡流域社会的理论视角，特别是三峡流域城市社会及其治理的基本的理论视角；同时，阐释一些城市社会空间相关的概念和理论基础。

第一节　空间社会学与区域社会

本节试图从空间社会学理论视角来讨论区域社会空间，进一步认识城市社会空间的本质。

一　社会空间及其生成原理

马克思以对资本主义生产方式的研究为起点和轴线研究现代社会，而原始积累是分析资本主义生产的一个关键对象。在原始积累的讨论中，马克思的基本立场是原始积累不过是生产者和生产资料分离的过程，只有劳动者不再束缚于土地和从属于他人的时候，才能支配自身，出卖自己的劳动①。其中的焦点是土地，农村居民在土地被剥夺之后，就变成了无产阶级并投入工业。土地用途的转变——耕地变为牧场、山地变为狩

---

① 转引自叶涯剑《空间社会学的缘起及发展》，《河南社会科学》2005 年第 5 期。

猎场、教堂地场和封建地场变为资产阶级私有地场——是这一过程的具体体现，土地作为一种具体的空间形态成为原始积累的重要工具和结果。马克思的这一“土地空间”思想通过对资本主义城市空间的批判而发展成为马克思主义空间社会学思想。

马克思对当时的城市社会空间和农村社会空间特征概括为：“城市本身表明了人口、生产工具、资本、享乐和需要的集中；而在乡村里所看到的却是完全相反的情况：孤立和分散。”① 简略而清晰。他对资本主义空间发展提出了批判视角，指出了资本主义空间与其他空间的分裂与矛盾，资本主义空间的发展造成了城市空间与乡村空间的分裂和矛盾。对空间的描述和对时间或历史的描述在一些叙述中能够得到融合形成完整的空间——时间体系。

推动马克思主义社会空间思想和理论发展的，主要是三个方面：其一，根据马克思的社会空间思想，其思想继承者——新马克思主义社会学重要代表之一的法国社会学家列斐伏尔——提出了“空间生产”的概念，这是当代空间社会学最核心的概念之一。马克思还从哲学意义上对空间进行研究，指出空间不仅仅等同于自然空间，同时，空间还具有社会属性。马克思强调社会空间是人类实践活动的产物，他曾指出：“从前的一切唯物主义（包括费尔巴哈的唯物主义）的主要缺点是：对对象、现实、感性，只有从客体的或者直观的形式去理解，而不是把它们当作感性的人的活动，当作实践去理解。”② 列斐伏尔继承马克思的思想，并在他的城市研究著作《空间的生产》（1974年）中，充分阐释了城市研究的许多理论创新，并提出新的“空间生产”概念“作为城市研究的新起点，强调空间实践在沟通城市与人的关系时的意义，指出城市社会生活展开于城市空间之中，各种空间的隐喻，如位置、地位、立场、地域、领域、边界、门槛、边缘、核心和流动等，无不透露了社会界线与抗衡界限，以及主体建构自我与异己的边界，从‘空间向度’来把握城市阶层的划分和相对主体的形成。”③ 列斐伏尔实际是借用空间或区域探讨空

① 《马克思恩格斯全集》第3卷，北京：人民出版社1972年版，第57页。

② 《马克思恩格斯选集》第1卷，北京：人民出版社1995年版，第54页。

③ 吴宁：《列斐伏尔的城市空间社会学理论及其中国意义》，《社会》2008年第2期。

间或区域和社会再生产，把空间特别是城市空间当作日常生活批判的一个最为现实的切入点。其基本观点是："城市不仅仅是劳动力再生产的物质建筑环境，实际上也是资本主义自身发展的载体。城市作为一种空间形式，既是资本主义关系的产物，也是资本主义关系的再生产者，城市空间正是时、空、人、物的流转及其背后权力架构之组织与管理规划，所有的资本主义关系通过城市空间组织作为载体而实现了再生产。"① 很明显，列斐伏尔的城市空间社会学，注重把握空间、日常生活和生产关系再生产三个要素的内在联系。他还认为，新的城市魔力圈的兴起也典型地体现了全球化的空间实践，作为全球流动空间的象征性标志，以金融街、高新科技开发区（园）等城市功能扩张区以及奥林匹克公园、国家大剧院等标志性的建筑形式的兴起，构成了城市空间重构过程之中的再现空间。列斐伏尔的研究还关注城市空间在感性复归过程中的意义。认为城市空间将是走向现代性的新开端，真正具有革命特征的社会转变必须表现出对日常设定、对语言和空间具有创造性的影响力，这样的空间构成的城市就是"游戏的城市"，在那里，"日常生活变成每个公民和每个社区都能进行创造"。②

其二，迪尔凯姆、滕尼斯、韦伯、齐美尔等学者的人文主义思潮，即强调空间中人的属性。

其三，戈夫曼、帕森斯的结构功能主义理论。戈夫曼认为人的行为受区域空间的环境影响，区域空间的环境并非原始的、自然的，作为社会背景的舞台幕布，受社会结构的制约，包含各种人与人之间的关系的动态舞台。帕森斯的结构功能主义理论强调空间对人的行为的制约和指导作用。

从前面介绍的列斐伏尔关于城市空间的观点，可以概括出列斐伏尔实际上把社会空间划分为三个层次：一是空间的实践；即是人类活动的产物，主要是可以感知的物理意义上的空间实在表现出来（笔者注：这也即是地理区域空间）；二是空间的再现：即是符号化的抽象空间，它以统治者构想的蓝图的方式呈现，因其意识形态影响着普通大众的空间的

① 吴宁：《列斐伏尔的城市空间社会学理论及其中国意义》，《社会》2008 年第 2 期。

② Lefebvre, Henri. 1971. Everyday Life in the Modern World. London: The Penguin Press. p. 135.

观念；三是再现的空间：即是人们生活于其中的真实空间，它是日常生活自由驰骋的场所，是不受意识形态支配的纯粹的生活化的空间。①

综上，笔者认为，列斐伏尔等人的空间社会学思想引导我们对社会空间的概念可以从五个方面去理解：其一，实践是产生社会空间的动力，是人类实践的活动产生了社会空间。其二，物质空间是社会空间的基础。这里的物质空间指自然空间及其上的物质和生活在自然空间上的人们为了生存和生活创造的物质，我们称此为物质空间。物质空间是社会空间实在的产生和存在的必然基础和基本场域。其三，人们在物质空间中生存生活的方式及其感性、感知和认知，包括一些创造性活动等，以及因此而产生的文化面貌和文化心理便形成了精神空间。精神空间是社会空间的一种“灵气”与“活像”的体现。其四，人类自身的生产是社会得以继续的基本主体，每个人是社会的最基本单位元素，每个人所占有的实在空间和个人的精神世界以及与人交往的丰富程度就构成了个人空间②。相对于个人空间呈现的必然有公共空间形式。个人空间和公共空间都是其论及社会空间的“子”空间，它们受社会空间（母空间）的制约，同时，又丰富了社会空间的内容。其五，人的交往构成交往空间。交往是社会构成的必要条件。社会就是因为人与人、人与群体的交往产生了人与人的关系、人与社会的关系、人与自然的关系、人与距离的关系和人与时间的关系，进而产生了交往空间（因为交往，使得距离空间与时间的关系不可分，从而产生了时间空间）。也就是说，社会空间是人类物质生产实践、精神生产实践、人的生产实践和人的交往实践等四类实践活动的产物。因此，社会空间实际上是物质空间、精神空间、个人空间和交往空间组成的有机共同体。我们还可以从文化学的角度，把精神空间、个人空间和交往空间概括为人文空间，于是，我们就可以简明地说，社会空间就是物质空间与其人文空间组成的有机共同体。

二　社会空间论与区域社会

关于社会空间与区域社会国内外都有较深刻的理论阐释，为我们研

---

① 王晓磊：《社会空间论》，北京：中国社会科学出版社2014年版，第97页。

② 同上书，第108页。

究区域社会及其治理提供了理论指导。

（一）国外空间社会学研究

1. 西方马克思主义空间社会学典籍

马克思在《共产党宣言》（1848 年）、《德意志形态》（1846 年）中已有强烈的地理（土地）和空间直觉。（见前面）戈夫曼利用舞台的类比提出了许多如“前台”（front）、“后台”（backstage）和“局外区域”（outside region），勾勒了一种社会学的空间视角。[①] 迪尔凯姆的《宗教生活的基本形式》（1912 年），明确意识到空间划分的差异性。齐美尔作为最为重要的空间社会学的经典作家之一，其论文《空间社会学》（1903 年）可谓是社会学视角下最早专门探讨空间议题的系列文献。其间他指出了空间形式具有的五种基本属性：排他性、分离性、内容固定化性、距离接触性和流动性。列斐沃尔是空间理论的重要旗手，他认为 20 世纪以来，城市化的问题日益凸显，并指出：社会现实不是偶然成为空间的，而是在先决条件和本体论上就是空间的；而且，空间从来就不是空洞的，它往往蕴含着某种构建意义，而这种意义通常存在于空间性、社会性、历史性的三维框架中。在此基础上，列斐伏尔提出了著名的“空间生产”理论，强调空间不仅是社会的产品，其自身也是一种生产方式，因此，要把以往人们分析的视野从“空间中的生产”转移到“空间自身的生产”上。安东尼·吉登斯的结构化理论，他在其《社会结构—结构化理论大纲》等论著中提出了一系列重要概念，如“在场”“不在场”“共同在场”“区域化”“时空抽离”“时空分延”以及“前景”等。布迪厄在阿尔及利亚的研究中发现空间的重要性，在此基础上将“社会空间”这一概念与支撑其理论体系的核心概念——资本和习惯——紧密结合起来，宣称“社会学的目的在于揭示构成社会空间的不同人群的最深层的结构以及倾向于确保社会空间的再生产或变革的机制。”[②] 他还主张，空间现象有它自身的结构和逻辑。按西方马克思主义空间社会学理论我们把社会空间描述适当集中具体化为：社会空间是一个具有排他性、分离性、内容固化性、距离接触性和流动性的区域空间形式，它产生于人们的实

① 郑震：《空间：一个社会学的概念》，《社会学研究》2010 年第 1 期。

② 转引自王彪《空间社会学：当代社会解释的新路径》，《社会工作》2013 年。

践活动，其内容表现在空间性、社会性、历史性的三维框架中，具有某种构建性的意义。

2. 普列汉诺夫的社会空间之地理环境论

普列汉诺夫是俄国著名的马克思主义理论家。他从马克思主义唯物史观出发评析法国唯物主义者历史观，进而指出法国唯物主义者提出的“人是环境的产物”是一个非常重要的命题，应该沿着这个命题进一步“从研究人的观念的历史转而研究社会环境的历史和社会关系的历史，进而转向研究社会发展的客观规律方面”①。他还指出“18 世纪的法国唯物主义者陷入了二律背反，即一方面主张‘人是环境的产物’，认为人的道德、理性和意见是受社会环境制约的；另一方面又认为环境及其一切属性是意见的产物”。并将“意见”和“环境”绝对地对立起来。普列汉诺夫认为，一方面，社会环境对于人的意见、理性的确有决定性，所以说人是环境的产物；但另一方面，人们的意见确实对于改造环境的活动有着重要的影响，它可以支配人们改造自然和社会的实践活动，所以又可以说“意见支配世界”。②

普列汉诺夫的观点，实际上提出了他的社会空间的地理环境论的一个基本观点，认为人类社会与地理环境是相互作用的，即人类社会对周围的地理环境有能动改造作用；反之，地理环境对人类社会有制约和影响作用。这也从一个方面说明了空间与人类社会的具有相互作用的关系，人类社会的实践活动产生和影响社会空间，反之，社会空间状况对人类社会有制约和影响作用。

马克思主义认为社会生产力的发展是社会进步和发展的根本动力，普列汉诺夫用马克思主义观点分析之后，认为“自然界本身，亦即围绕着人的地理环境，是促进生产力发展的第一推动力”③。因此，普列汉诺夫实际上认为地理环境是人类社会进步和发展的第一推动力。但是，地理环境是通过生产力对社会发展起作用的。反之，人类社会通过发展生

---

① 郑杭生、刘少杰：《马克思主义社会学史》，北京：高等教育出版社 2006 年版，第 146 页。

② 同上书，第 147 页。

③ 《普列汉诺夫哲学著作选集》第 2 卷，北京：三联书店 1961 年版，第 227 页。

产力，征服自然，改造地理环境。因此，生产力是人类社会与地理环境相互作用的中介。于是，根据马克思主义观点，人们的生产关系是由生产力决定的，一个社会的思想面貌、政治制度决定于人们的生产关系。所以，普列汉诺夫的进一步结论是，地理环境主要通过一定的生产力影响生产关系进而对社会生活和历史进程发生作用。①

根据普列汉诺夫的地理环境社会学理论，我们有下面的思考：

1. 地理空间状况直接影响这个空间的社会发展，反之，空间中人们的创造性实践活动必然改造该地理空间的状况（或者称优化地理空间的结构）。

2. 由此推之，国家和政府在制定区域社会发展战略时，应该特别考虑区域空间的优化结构，使其有利于战略的实施，特别是跨区域大战略的制定和规划，更应该充分考虑地理环境空间的状况和关系。

3. 发展生产力，优化生产关系，是区域社会发展的核心，当然也是城市社会发展的关键。

（二）中国学者的空间社会学研究

中国大陆空间社会学研究的先驱，当属著名社会学家、人类学家费孝通先生。他在 20 世纪三四十年代就致力于以地域空间作为分析单位，对地域中的全谱系的人类活动，包括特定的人类活动，进行全面的分析。在这一时期的地域是村庄或部族聚落，其代表性成果有《花篮瑶社会组织》《江村经济》《云南三村》《乡土中国》《生育制度》和《中国绅士》等。这一时期里，费先生的关注点是把社区经济活动作为核心的同时，描述社区内更加丰富多样的人类活动。如：人口和劳动力再生产、婚姻制度、风俗、仪式和社区精神等。费孝通在《乡土中国》（1947 年）中指出“乡土社会在地方性的限制下成了生于斯、死于斯的社会……这是一个熟悉的社会，没有陌生人的社会……不但对人，对物也是熟悉的”。“熟悉的社会”，这是缺少流动性质。“不流动是从人和空

---

① 郑杭生、刘少杰：《马克思主义社会学史》，北京：高等教育出版社 2006 年版，第 154 页。

间的关系上说的，从人和空间的排列关系上说就是孤立和隔膜。”[①] 20世纪80年代以后，致力于乡镇、城市经济区、流域三角洲、民族聚集地区等更大型的地域空间。费先生在这个时期的研究中，重点关注的是地域空间内的经济发展模式和社会行动者的经济发展创新活动。同时，还特别关注民族文化的自觉与自信，国家认同与民族认同等一些根本性问题的研究。其代表成果有《小城镇四记》《沿海六行》《边区开发与社会调查》《行行重行行》《中华民族多元一体格局》《百年中国社会变迁与全球化过程中的文化自觉》《试谈扩张社会学的传统界限》和《“美美与共”与人类文明》等。费先生敏锐地关注到区域空间的差异性，在深入调查、分析和总结后，提出了“苏南模式”“温州模式”和“闽南模式”等小城镇发展模式，对促进中国城镇化建设及其研究做出了重要贡献。理性梳理和分析费先生的学术研究及其贡献，我们看到，费先生的研究是建立在地理环境空间和不同时间空间中的，不同的地理环境空间和不同的时间空间研究的重点不一样，总是把时代变迁需求与未来社会的发展紧密结合起来，其研究成果总是既具有深邃的理论意义又具有现实和跨时代的指导意义。他实际上开创了中国空间社会学研究领域并从理论和方法上奠定重要基础。

21世纪以来，著名社会学家郑杭生教授及其团队关注中国社会转型加速期的社会问题，用社会运行论的视野对上海、杭州、郑州和烟台等城市的建设和管理进行经验性的调查，提出了不同区域的不同城市在相关方面的突出特色和模式，推出了“广州经验”“深圳经验”“武汉经验”和“郑州经验”[②] 等。这些研究也同样是在区域城市社会空间划分思想基础上探讨总结的各种城市建设和治理方面的实践创新成果，对城市社会建设和治理有重要的现实指导意义。

以上国内外社会学大师都关注或研究了社会空间相关的内容，然而如何准确地界定社会空间的概念，却是一个重要的研究问题，它是建立空间社会学理论或者社会空间理论的基础。

---

① 费孝通：《乡土中国　生育制度　乡土重建》，北京：商务印书馆2011年版，第8—9页。

② 《郑杭生自选集》，北京：学习出版社2013年版，第359页。

关于社会空间的概念，哲学家欧阳康教授曾界定“所谓社会空间，是指社会运动的伸张性、广延性，社会空间实质上就是人的活动的不断扩展。……就其实质而言，社会空间与人的活动是分不开的，它实质上就是人在活动中结成的群体及其活动的社会范围和地理区间。”[①] 欧阳先生强调了社会空间的要素是“人及其活动范围”和“地理区间”，这两个要素的有机总和就是我们所说的“区域社会”意义上的社会空间概念。

王晓磊博士认为“社会空间本质上是人类实践活动的产物，它由物质性社会空间和精神性社会空间两部分组成。物质性社会空间是以自然空间质料渗入人类实践和社会关系的空间实在，精神性社会空间则指人类的文化、语言、符号、心理、交往等不涉及空间实在的领域所内蕴的空间性。”[②] 王博士的观点进一步深化了欧阳康先生的思想。

根据前面的论述和欧阳康、王晓磊二人的社会空间的界定，我们进一步认识到社会空间具有自然属性和社会属性两个方面的深刻意义：社会空间的自然属性具有人为的延伸性，即在一个自然地理区域内人会在一定条件下改造自然、创造新的地理区域环境物，从而使原有的自然空间变成自然与人造空间共同组成的物质空间（前面已提出的概念）实在；而社会属性包括人与人以及与人群的交往活动、文化、经济生活条件、精神面貌、价值观念等，它们构成人文空间，这是一个非实在的空间。社会空间就是物质空间与其人文空间的有机共同体。这样的认识有利于我们研究城市社会的治理问题。

第二节　城市与城市社会

何为城市，何为城市社会，学理上是怎么界定的呢？本节试图回答这些问题。

一　城市及其特征

最早关注和研究城市的是部分地理学家们，他们从空间层面上把城

---

① 欧阳康：《社会认识论——人类社会自我认识之谜的哲学探索》，昆明：云南人民出版社2002年版，第374页。

② 王晓磊：《社会空间论》，北京：中国社会科学出版社2014年版，第111页。

市解释为规模大于乡村和集镇的居民点，是一定范围的政治、经济、文化中心；经济学家从经济学层面把城市界定为人口集中、工商业发达、居民以非农业人口为主的地区；社会学家从社会学的角度把城市界定为城市是异质性居民聚居、具有综合功能的社会共同体①。马克思曾指出："城市本身表明了人口、生产工具、资本、享乐和需求的集中；而在乡村里所看到的却是完全相反的情况：孤立和分散。"② 由此可见，城市的最基本特征是一个人口集中聚集的区域，在这个区域里，人们追求着自己的生存、生活甚至幸福。

中国古代文献中，"城市"是由两个意义完全不同的字"城"和"市"逐步发展而成的。古代的"城"最初指做防御用的四围的墙，具有防守意义的军事据点。"市"是指固定的、集中的、进行商品交易的场所。后来随着社会经济的发展，"城"和"市"逐渐结合成一体，就构成了"城市"的概念和实体。③

根据不同学者从不同的角度界定的城市概念中我们看到，"城市"既是一个历史的概念，又是建立在空间实在概念之上的，是区域的自然空间与人类的再造空间构成的空间实在，以及其集中的人口聚居规模共同构成的城市空间实在。当一个城市空间形成，城市人就会有生存劳动交往，个人和公共的空间必然呈现，这些社会意义的内容赋值于城市空间上，这个城市空间就成了城市社会空间。城市社会空间是一个区域的政治、经济、文化的中心，是社会经济发展和人类的社会实践活动的产物，是人类文明发展程度的标志。曼福德（Mumford）曾对城市概念作过比较精辟的表达："一个城市存在的基本物理方式，是固定的地点，持久的居所，用于集结、交换和储存的永久设备；其基本的社会方式是劳动的社会分工，这种劳动分工不仅服务于经济生活，而且服务于文化进程。那么，城市按其全面的意义来讲，是一种地理的错综复杂组合，一种经济组织，一种制度进程，一个社会行动剧场，一种集体性审美象征。一方面，它是普通的家庭和经济活动的一个物理框架；另一方面，它是更有

① 钱振明：《城市管理学》，苏州：苏州大学出版社2005年版，第1页。

② 《马克思恩格斯全集》第3卷，北京：人民出版社1972年版，第57页。

③ 彭和平、侯书森：《城市管理学》，北京：高等教育出版社2009年版，第2页。

意义的行动和人类文化更崇高推动力的一个有意识的戏剧性背景。"[①] 曼氏的意思很明确，城市有一个基本的物理方式，这即是我们所说的城市空间实在；城市还有一个基本的社会方式，这即是我们论及的人的生存交往活动。曼氏的城市的全面意义概念正是我们所说的城市社会。

所以，城市管理学学者们认为"所谓城市，是指在一定地域内，以非农人口集聚为主体，以一定空间和自然环境为客体，以商业、手工业或工业为基础，社会、经济、政治、军事、宗教、科学文化等诸多因素高度综合的人类居住地和社会有机体。"[②] 由此可见，管理学家所说的城市，实际上是指城市社会空间。

城市发展经历了漫长的历史，世界上最早的城市大约出现于公元前3 500 年,迄今已有 5 000 多年历史。不同的发展时期，有着不同的城市特征，不同的地域和文化其城市特征也有差异。城市发展的历史大致可以分为三个阶段：一是古代城市阶段，经历了奴隶社会和封建社会两种社会形态（公元前3 500 年至 18 世纪中叶。就中国而言，指夏代至 1840 年的鸦片战争前）；二是近代城市阶段，这个阶段是指 18 世纪中叶至 20 世纪中叶，这一时期的西方资本主义生产力迅速发展，带来了近代人类的城市革命，但同时也带来了诸多严重的城市社会问题；三是现代城市阶段，开始于 1955 年以后，这主要反映了西方发达国家的整体社会格局，因为在这一时期，发达国家已表现为"后城市化"发展时期，而更多的国家特别是发展中国家则表现为城市化高速发展时期。进入 21 世纪，人类社会已进入了"城市世纪"，人类进入"城市时代"。在这个时代里，城市已经成为第三产业的中心和人类主要的聚居区。大城市的周围开始出现许多卫星城镇，城市间的地理距离也不断缩小，从而城市群开始出现。[③] 就中国来讲，笔者认为，中国现代城市发展有如下主要特征：

1. 城市外延的扩张性：增规模、提层次。当下，中国城市正处在政府主导下城市规模的扩张和上层次的兴奋态势，各类城市都在城市化大

---

① Mumford, The Culture of Cities, 480，也可参见艾拉·卡茨纳尔逊《马克思主义与城市》，王爱松译，江苏教育出版社 2013 年版，第 4 页。

② 彭和平、侯书森：《城市管理学》，北京：高等教育出版社 2009 年版，第 3 页。

③ 钱振明：《城市管理学》，苏州：苏州大学出版社 2005 年版，第 3 页。

背景下制定增规模和提层次的城市建设规划，国家和省市区的城市群战略如雨后春笋，建设的速度十分惊人。中国用 30 多年的城市建设（实质就是扩张）走完了西方发达国家 200 年的历程。

2. 城市内涵的赋值性：中国现代城市内涵的赋值性从两个方面体现：一方面，经济、人口、科技和知识集中化超出了以往任何时候赋值的数和量；另一方面，城市空间布局的开放性增强。城市是各种交流的主要场所，是某一区域的政治、经济和文化的中心，随着社会结构的转型和城市内在发展的需要，城市必须与周边地区进行各种开放式交流，形成以城市为中心点的流通网络、信息网络等，从而，既发挥出城市的中心作用，也推动城市自身的持续快速发展。①

3. 城市类型的多样性：中国现代城市类型从三个方面认识。一是，从城市的内涵特色分类有：综合性城市、工业城市（甚至更细点：重工业城市、轻工业城市或老工业城市等）、矿业城市、交通港口城市、风景旅游城市②、经济特区城市、港澳特区城市等。二是，按规模划分的城市类型。我国的官方的城市划分有三个阶段：第一阶段是 1955 年国家建委颁布的《关于当前城市建设工作的情况和几个问题的报告》中第一次提出了三级划分标准，后经研究确定为：城区人口为 100 万人以上的设定为特大城市，城区人口在 50 万—100 万的定为大城市，城区人口为 20 万—50 万的定位中等城市，城区人口为 10 万—20 万为小城市。第二阶段是 1980 年 12 月，国务院批转的国家建委召开的全国城市规划工作会议《纪要》，进一步明确指出了国家的城市发展方针是“控制大城市规模，合理发展中等城市，积极发展小城市”。进而有了特大城市概念，即称城区非农人口 100 万以上称特大城市。第三阶段是 2014 年 11 月，国务院以国发［2014］51 号文件印发了《关于调整城市规模划分标准的通知》，确定的新的城市标准设定分五级：城区人口在 50 万以下的，设定为小城市，城区人口在 50 万—100 万的设定为中等城市，城区人口在 100 万—500 万的设定为大城市，城区人口为 500 万—1 000 万以上的城市设定为特大城市，

---

① 彭和平、侯书森：《城市管理学》，北京：高等教育出版社 2009 年版，第 5 页。

② 陈强、尤建新：《现代城市管理学概论》，上海：上海交通大学出版社 2008 年版，第 5 页。

城区人口在 1 000 万人以上的设定为超大城市。三是按照行政地位分类有：中央直辖市，目前有 4 个，北京、上海、天津、重庆；副省级城市；地市级城市和县级市。

4. 城市问题的复杂性：随着城市化进程的不断加快，城市问题进一步升级，变得更加复杂和突出，如：人口问题、环境问题、生态问题、交通问题、卫生问题、安全问题、社会保障问题等，都是摆在城市建设和管理工作中现实而复杂的问题。

二　社会与城市社会

所谓社会，是指以经济为基础的人的各类交往活动及其方式的总和。所以，社会由人和人的交往组成，但人的交往在信息化时代之前只能在实在的时空中交往，这个交往包括人与人、人与人群、人与自然界的物交往（物的利用）。所以，这时的社会是在实在空间之上，叫作社会空间实在；在信息化时代里，人们的交往一部分是通过现代信息技术——网络空间——也叫虚拟空间传递进行，这个虚拟空间由于是反映人与人的交往活动形式的，所以也称其为虚拟社会。不同的时代，社会的内涵有不同的表现。比如："人类只知道利用石器或青铜器的时候，他的产业只能限于渔猎和牧畜，他所能加工于自然物的力量只能有这一点。当时的社会便是由动物般的群居生活进化到母系为中心的氏族社会。""是以母系为中心的原始公社社会。"① 这一点，近代学者美国的摩尔根（Morgan）的《古代社会》（1877 年）和德国的恩格斯（Engels）的《家庭、私有制和国家的起源》（1884 年）都有精到的论述。

因此，中国社会随着经济生产方式变迁产生了人的关系的变化，进而就产生了社会形态的变化，相继就有了原始社会、奴隶制社会（夏商周）、封建制度社会（秦始皇开启）、资本主义社会（清末时期的中华民国开始）②、社会主义社会（1949 年至新中国完成三大改造之后）。

把前面"城市"的概念与现在的社会的概念结合起来，我们就可以概括"城市社会"的概念了，即我们简略地概述为"城市社会是指城市

① 郭沫若：《中国古代社会研究》，北京：商务印书馆 2011 年版，第 9 页。

② 同上书，第 11—26 页。

空间实在与城市里的人的各类交往的总和”。也即是说，城市社会就是指城市社会空间。需要强调的是，现代城市社会的人的这种交往已远不只是城市内在的交往，还包括城市里的人与城市外的人和物的交往，也包括网络空间的交往。社会有了组织和制度，才可能使交往有序，进而才有可能成为有序社会，才能对人进行社会的劳动分工，进而产生相应的物质或财富的分配等等情况。在这些活动过程中，城市社会的内质就形成了。

由前面的讨论我们看到，“城市”的概念强调的要素是城市的空间和空间的部件（人和物），侧重于“实”和“静”，是一种“物观”（自然物与人造物）的“半静态”和“半动态”的形象状态成为大脑印记，是城市空间的概型记忆。比如：城市的地域空间及规模、建筑特色、基础设施条件、交通和绿化等给人的是“城市”的“形”的大脑印记。而“城市社会”概念既有城市空间意义，更强调城市空间里的人的交往和行动，因为任何人与人群或者与某物某事的交往或者发生关系，就会产生适应与协调问题，和谐与冲突问题。这就需要有序和规范，就需要把人组织起来，并按规范行动，于是就有了组织及其运行方式与条件，这就是城市社会关注的重点。因此，城市社会是一种“动态”的“人观”和“事观”的形象状态成为人的大脑印记。比如：城市的秩序、城市的安全、城市的生活水平与和谐程度、教育水平与卫生医疗条件、社会保障与人文关怀、文化文明精神等给人的是“城市社会”的大脑印记。所以，城市社会给人的既有城市空间概型，更有城市内质的大脑印记。

三　城市社会空间

从前面我们阐述列斐伏尔空间社会学时看到，他的空间社会学理论就是从批判资本主义城市空间着手的。很显然，城市社会就是一个特殊的社会空间，是一个人口集中的一定地域范围的物质空间实在与其人的各类交往活动的总和形成的人文空间组成的共同体。所以，城市社会也即是城市社会空间。城市社会空间与一般的社会空间的区别在于城市社会空间具有五个显著的特点：一是人口集中聚集且有一定的规模；二是物质性社会空间内容丰富，其除了自然地理范围外，主要是由“人造物”构成；三是物质空间的部件及其功能比较齐全，满足集中人口的生活基本需求；四是体制及其组织系统有别于一般的区域社会空间；五是权力和政府的驻守地，财富和文明的集中地，文化与思想的交汇和策源地。

这些特点既说明了城市社会空间在社会发展中的重要地位，也说明城市社会空间的内容的丰富性和复杂性，从而说明了其建设和治理的特殊性与现实意义。

列斐伏尔在1968年出版的《城市的权利》一书中明确区分了工业化与城市化，突出了城市化与重建现代日常生活的重要意义，提出通过实现“城市的权利”和“差异的权利”，来实现对资本主义的“批判”，赋予新型社会空间实践以合法性。还公民控制城市空间社会生产的权利，城市及其居民有权拒绝外在力量（国家、资本主义经济驱动等）的单方面控制。还强调城市社会的“差异的权利”，反对资本主义空间生产的商品性（交换价值）所造成的城市空间的雷同。“要凸显生活的差异性，反对生活的重复循环。其中，生活的瞬间在场与艺术化是其最高理想，而都市化的话语实践空间是这种理想的具象化。城市日常生活的文化革命在本质上是一种诗性实践，也就是艺术和日常生活的创造性融合，是一种全新的充满活力的生活风格，这里的创造是一种生活态度，一种诗性的自觉行为，强调的是人与环境的诗性融合。”①

列斐伏尔认为“城市虽不足以改变生产关系，但调节了生产关系。城市成为生产中的一种相当于科学的力量。空间和空间的政治组织表达了社会关系，并对它们产生了影响。”② 他提出“集中注意核心和核心问题”的战略，在人类发展与都市化的过程中，已经从“空间中事物的生产”转向“空间本身的生产”。

列斐伏尔的空间社会学理论是对马克思社会空间思想的继承和发展。同时，对当前中国进行的快速城市化发展也有重要的启示：

1. 作为社会主义国家，并且是以政府为主导推动城镇化建设的体制，因此，在城市规划、建设和发展过程中要充分体现社会主义国家城市发展的公民意愿，不能因为一味地进行城市空间的快速扩张而影响人民的

---

① 吴宁：《列斐伏尔的城市空间社会学理论及其中国意义》，《社会》2008年第2期。

② Harvey, David. 1973. Social Justice and the City. Oxford UK: Blackwell Publishers. p. 306.

日常生活。要特别解决好两种现代中国城市空间扩张所带来的与公民日常生活密切相关的问题。一种是"大量城郊的农田和村庄被城市吞并，成为新城区;""城郊的失地农民由于城市空间的扩张而被卷入城市化进程，在城市适应性与现代性的获得中，自我缺乏基本的心理过渡和弹性，产生自我认同危机。城市功能由生产向消费转化，城市空间产生了分化，出现阶层隔离和社群边界。"城市空间的社会结构发生了变化，不同群体之间的文化融合、思想衔接、生活融洽、习惯融通等一系列问题都需要一个逐步适应的过程，但从城市社会层面考虑如何使这个过程缩短，并且尽可能减少人们适应过程中的不愉快或者痛苦，这都是要求政府在城市扩展之前、之中、之后考虑和解决的问题；另一种是，"中心城区经历更为剧烈的改建、重建，以提高土地的交换价值"①。这是城市现代化发展的需要，因为，提高城市空间土地交换价值的同时也提高了城市空间本身的价值，提高了城市居民的生活质量和幸福指数，但同时也因为利益关系发生变化或者不平衡心理等，进而导致城市空间社会矛盾加剧，特别是过去熟悉的居民空间，经过改造或者开发成立新的陌生人的社区，个体空间和家庭环境都发生了变化，使得人们的日常生活空间发生了较大变化，社区建设以及社区安全和秩序的治理成了城市社会中政府必须高度重视，并从体制机制上进行创新，以实现居民日常生活更加和谐与安定问题。

2. 在进行城市化发展中，由于乡村土地占用和人口流动加速，乡村农民进城务工，导致乡村"迅速萎缩"，乡村特别是山区乡村的发展受到挤压，农村发展必须进一步予以高度重视。近些年来，中国展开的新农村建设是一个正面应对城乡空间大变动的重要举措，有利于城乡一体化的建设和发展。但是，笔者认为，对于山区乡镇特别是民族地区乡镇来讲，还应加强中心集镇和民族古村落集镇的建设发展，让这些乡村集镇成为区域中心城市的辐射和支撑或组成部分；使之逐步形成村民能够享受现代化，同时居民能够分享民间文化气息的局面；从制度和条件上保障村民和市民的认同交往，农村与城市的相互补充，进而达到城乡社会的和谐相融。这应该是人们所向往的社会生活空间。

---

① 吴宁：《列斐伏尔的城市空间社会学理论及其中国意义》，《社会》2008 年第 2 期。

3. 中国地大物博，但不同的区域其资源和生态环境有所不同，部分地方差异还很大。所以，城市化发展切忌一味“贪大求洋”，应该根据区域的实际状况，包括自然生态环境、社会经济发展、文化传统与特点等状况来规划不同区域的城市建设，建成有明显地方特色的现代化城市和城市群。如，本书将要研究的“三峡流域”（本书第三章将界定和论述）的城市发展就要特别关注这个区域的四大特点：水域、山地、区位、民族，统筹起来系统思考，全面规划、准确定位，既要让这一区域的城市得到现代化发展，又要符合这一地区人们生活的需要和文化发展，还要有利于国家能源基地“三峡工程”及其库区生态保护。要把城市建成为既是这个区域的各个分区域的现代化中心区，又是库区生态涵养发展区的支撑点。只有这样，才能确保三峡流域社会的持续发展。

第三节　社会建设与城市社会治理

在研究城市社会治理时我们还必须明确几个相关的概念及其关系。

一　社会建设

社会建设是一个历史概念，也是一个具有新的时代内容的概念。说是历史的概念，社会建设概念始于民国初期，孙中山先生为《民权初步社会建设》一书所作的序中，强调要把四万万一盘散沙的民众团结起来，行使民权。由此逐步前进，达到“民本发达”之日。他把社会建设作为其总的政治设计的基础部分。[①] 早期社会学家孙本文将社会建设界定为“依社会环境的需要与人民的愿望而从事的各种社会事业，谓之社会建设”[②]。

2006 年，中国共产党第十六届中央委员会第六次全体会议通过了《中共中央关于构建社会主义和谐社会若干重大问题的决定》，明确提出了“和谐社会是我们党不懈奋斗的目标”，从八个方面系统阐述了建设社会主义和谐社会的重要性、任务、内容和措施。《决定》特别强调在社会

---

① 《孙中山全集》第 6 卷，北京：中华书局 2006 年版，第 414 页。

② 孙本文：《社会学原理》（下），北京：商务印书馆 1935 年版，第 244 页。

领域里要民生为重、公平正义、安全和谐，并要求把社会建设与社会管理、社会服务紧密结合，实现社会资源和社会机会合理配置。这是马克思主义政党社会学（本书第二章将阐述中国马克思主义政党社会学概念）提出的两个重要的社会学概念：构建社会主义和谐社会与社会建设。中共十七大把社会建设列为四位一体的社会主义事业总体布局。随之在全国各地开展了社会建设和社会管理的实践和探索。而关于社会建设的主要内涵和主要任务成为学者们重点关注的问题之一。

著名社会学家陆学艺在梳理各类学者从不同角度提出的观点之后，提出“社会建设就是建设社会现代化”，并从社会发展规律的视角提出了社会建设的主要内涵和任务。他认为“社会建设作为社会主义事业总体布局四位一体中的一大建设，要实现的历史任务宏大而艰巨，既要进行保障改善民生的各项社会事业建设，又要进行包括社会事业体制在内的社会体制改革的创新；既要加强社会管理、社会安全体制的建设，又要进行社会理念、社会规范的建设；既要加快收入分配关系的调整，有效调节过高收入，扭转四种差距扩大的趋势，促进社会公平正义，又要积极培育中产阶层的发展壮大，加快优化结构的步伐，使之形成与经济结构相平衡、协调的社会结构。所以，社会建设将是一个长期的历史任务。”① 并认为这些主要任务可看作是今后中国社会建设的三个阶段要实现的不同的重点任务。

第一个阶段，强化保障和改善民生事业与社会事业的建设。着力解决好群众就业难、上学难、看病难、社保难、住房难、养老难等基本民生问题；并从加强和创新社会管理入手，解决影响社会和谐稳定的突出问题，促进社会公平正义。这是目前我国正在进行的事业。

第二个阶段，着力推进社会体制改革，完善社会政策，创新社会治理。以城乡一体化为目标，大力推进新型城镇化建设；优化社会结构，使之与经济结构相协调。

第三个阶段，经过社会体制改革，社会建设将加速发展，使社会体制逐步完善，社会管理体系更加健全，社会流动渠道更加畅通，中产阶

① 陆学艺等：《中国社会建设与社会工作》，北京：社会科学文献出版社2012年版，第8页。

层更加壮大，社会组织广为发展，社会结构更加优化，形成一个与社会主义市场经济体制相适应、与现代经济结构相协调的现代社会结构，为全面、协调、可持续科学发展提供一个良好的社会环境。建设的目标就是实现社会现代化，实现“民主法治、公平正义、诚信友爱、充满活力、安定有序、人与人和谐相处的社会主义和谐社会”。

通过三个阶段建设，到21世纪中叶，我国经济达到中等发达国家水平，形成现代型经济结构，进入现代化国家行业。①

著名社会学家郑杭生教授抓住社会资源和社会机会合理配置这一时代的社会核心问题，给出了现代中国社会建设的定义：“从正向说，所谓社会建设，就是要在社会领域不断建立完善各种能够合理配置社会资源和社会机会的社会建构和社会机制，并相应地形成各种能够良性调节社会关系的社会组织和社会力量；从逆向说，社会建设就是根据社会矛盾、社会问题和社会风险的新表现、新特点和新趋势，不断创造和完善正确处理社会矛盾、社会问题和社会风险的新机制、新实体和新主体，通过这样的新机制、新实体和新主体，更好地弥合分歧，化解矛盾，控制冲突，降低风险，增加安全，增进团结，改善民生。”②

北京大学谢立中教授认为，“笼统地讲，社会包括家庭、社区、组织、家族、部落、社会关系网络、社团等方面，从这个层面上看，国家也是社会的一种形式。”社会建设更多的是要把家庭、家族、社会支持网络、社区、社团、组织等看作是社会的不同形式、不同层次，是社会建设的对象。要建设的社会不单纯是以国家为边界的社会，也不单纯是国家以外的那个领域，它包括不同层次的社会形式。③

从这些权威学者的论述中，我们看到社会建设的内容非常丰富，在建设“和谐社会”这个总体目标下进行社会行为方面系统性建设。相应的城市社会建设方面，特别是新型城镇化建设作为城市社会建设的重要任务之一，反映了城市社会建设既包括城市的社会行为主体的行动组织

---

① 陆学艺等：《中国社会建设与社会工作》，北京：社会科学文献出版社2012年版，第9—10页。

② 《郑杭生自选集》，北京：学习出版社2013年版，第356页。

③ 谢立中：《社会建设的三个问题》，载陆学艺主编《中国社会建设与社会工作》，北京：社会科学文献出版社2012年版，第21页。

和管理，也包括城市市政的建设和管理。

二　城市社会治理及其意义

城市社会治理是我国城市社会管理发展进步的一个新时期，它与随中国整个社会建设与社会管理的发展进步是同步的甚至是超前的。自新中国成立以来中国的社会治理发展经历了三个阶段：第一个是控制型阶段（1949—1978 年）。这一阶段中因为国家刚刚建立社会主义社会的新政权，国家面临诸多社会问题，特别是国内外敌对势力对新生的中共和中国政府的政权和制度虎视眈眈，千方百计企图颠覆其政权。这一时期，政权巩固、社会安全、制度建立等是社会治理的重点，因此，采取的是“以阶级斗争为纲”，“抓革命促生产”的单位制式的控制性社会治理，我们称这一阶段为控制型阶段。这一阶段的主要特点，一是把人群进行分类，即按阶级阶层把人群分成不同类型人群，规定不同阶级的阶层享受不同的政治待遇和自由空间；二是实行单位制，即由单位管人的全部，包括农村按区、乡、大队（村）、生产小队（生产小组），把人和家庭统一归生产大队、生产小队管理；三是所有管理权力属于政府，由政府统一按政策、法律和制度以及政府的权威进行控制性管理，所有管理基本属于命令式、指令式、法律式等，很明确的职责是：政府及其领导是管理者，而其他的都是被管理者。所以，也有学者称这一时期为统治型治理阶段，简称“统治阶段”①。第二个是管理型阶段（1978—2013 年）。以党的十一届三中全会为标志，结束了“阶级斗争为纲”，党和国家的工作重点转移到经济建设上，实行改革开放。在这一阶段里，因为社会经济结构发生重大变化，市场经济在探索和完善过程中，人口流动、社会结构开始发生重大变化，“单位制”体系逐步打破，随之诸多社会矛盾逐步显现出来。为保证改革顺利进行，国家加强政府主导下的社会管理，我们称这种管理性的社会治理时期为管理型阶段。管理型阶段的治理特

① 笔者认为用“统治阶段”容易与一般的“统治”含义产生歧义；新中国成立后在中国共产党领导下建设社会主义的新中国，其采取的社会治理方式只是一种控制阶级矛盾、社会矛盾以及各类矛盾的发生、激化和解决，确保国家安全、政权巩固、社会稳定、社会主义建设顺利进行的措施，所以，觉得用“控制型阶段”予以表述较为恰当。

征主要是政府主导，吸收相关社会力量参与社会管理，以调动和协调其他社会力量的积极性。三是治理型阶段（2013年至今）。随着我国社会主义市场经济体制的建立和快速发展，社会结构转型滞后于经济结构转变①，相对于经济结构变化，社会运行机制不适应，人们的价值观念转变跟不上，这些问题使得社会矛盾日益突出，社会的稳定和安全问题直接影响着经济和社会的持续健康发展。因此社会管理方式需要根据实际情况进行转变。2013年党的十八届三中全会作出的《中共中央关于全面深化改革若干重大问题的决定》，提出了“创新社会治理体制”的重要改革任务，这标志着中国社会治理工作已进入全面的、深层的和实质性的社会治理性的重要阶段，我们称之为治理型阶段。这一阶段的主要特点是多元民主共治（后面有具体阐述）。同时我们看出三个阶段是随我国社会转型的阶段性变化，特别是社会结构变化而发展的。在这样一个时代背景下研究中国现代城市社会治理创新，具有重要的现实意义和理论意义。②

城市社会治理的内涵也是随着城市社会结构的转型而变化的。前面我们界定了“城市社会是城市空间实在与城市里的人的各类关系的总和”，城市社会是一种“动态”的“人观”和“事观”的形象状态。因此，城市社会治理要统筹城市管理和城市的社会性（“人”和“事”动态性）事物的管理，而且其重点是后者。社会学家李培林先生在深入分析了社会管理的基本问题——“谁来管理、管理什么、如何管理”之后，提出“社会管理主要是指政府和社会组织部门为促进社会系统的和谐运行与良性发展，对社会生活、社会结构、社会制度、社会事业和社会观念等各个环节进行组织、协调、服务、监督和控制的过程。其一般包括两大类：一是政府对有关社会事务进行的规范与管理，即政府社会管理；二是社会自我管理和社会自治管理。”③ 李先生的界定强调了政府和社会组织共同管理社会，这是中国社会发展进步的要求。然而，随着我国市

---

① 陆学艺：《中国当代社会结构》，北京：社会科学文献出版社2011年1月，第31页

② 谭志松、王俊等：《现代城市社会治理创新“一本三化”模式研究——来自宜昌的中国经验》，北京：中国社会科学出版社2015年版，前言第1页。

③ 李培林：《社会管理概述》，北京：研究出版社2012年版，第17页。

场经济的逐步完善，社会结构转型倒逼社会管理主体进一步发生变化，特别是在城市，需要市场部门组织参与社会管理，形成政府、社会、市场等多元主体的管理模式，这种管理称之为社会治理。因此，党的十八届三中全会提出了中国社会进入社会治理时代，提出“创新社会治理体制”“改进社会治理方式”“激发社会组织活力”① 等重大改革举措。

面对中国现代城市社会状况，结合李培林先生的社会管理概念的界定，笔者认为，现代城市社会治理指政府（包括城市政府）对城市空间及其市政的管理，特别是城市政府部门、社会部门组织、市场部门组织等多元组织共同为促进城市社会系统的和谐运行与良性发展，对城市的社会生活、社会结构、社会制度、社会事业和社会观念等各个环节进行组织、协调、服务、监督和控制的过程。强调了治理组织的多元性平等民主管理、依法治市、民主监督、社区自治与居民自我约束等要素。

三　城市管理与城市社会治理

关于城市管理的概念也有不同的观点，部分管理学家是把城市和城市社会视为同一个概念（前面已作论述），那么在这种情况下，城市管理与城市社会管理是一致的。还有部分学者把城市管理与城市社会管理区分开来。王枫云先生认为城市管理概念分“广义的城市管理”和“狭义的城市管理”两种。狭义的城市管理是指城市的市政管理，即指“城市政府对城市公共事业、公共事务的管理，包括：城市规划的制定及实施；城市各种法规、制度的制定及执行；城市各种基础设施的建设和管理；城市各种公共生活服务设施的建设和管理；城市环境和卫生的管理；城市治安和公共秩序的维持和管理；城市社会福利及各种公益和救济事业的管理等。”广义的城市管理是指“除了狭义城市管理的内容之外，还包括对城市中各项经济活动进行科学有效的控制、调节和指导；对城市人口的增长实行严格的计划控制；对城市的精神文明建设进行指导、管理和调节；对城市居民的物质生活提供较好的服务，并进行必要的管理和

① 《中共中央关于全面深化改革若干重大问题的决定》，2013 年 11 月 12 日中国共产党第十八届中央委员会第三次全体会议通过。

协调；对城市的科学技术、文化和艺术活动进行指导、管理和调节等。”[①] 由此可见，狭义的城市管理实际上就是城市空间实在意义上的管理。广义的城市管理就是城市社会管理。

王先生的界定是基于中国城市管理体制和留存的管理经验模式的，强调管理是城市政府的事情，这无疑强调了管理的指令性和命令性。这种管理在一个时期是很奏效的，因为它符合当时的国情和体制。但是随着社会的发展，特别是城市社会的结构转型，管理中的矛盾越来越突出，传统的管理体制和模式难以维系城市问题越来越复杂的局面。各种城市突发事件、城市容貌、城市卫生和生态、交通拥堵、安全事故、自然或人为灾害等等，此起彼伏，城市成了不安全集中地带。政府为应对和解决相关问题，先后在各级城市的政府成立城市规划局，城市管理局（有的还成立了城市管理执法局或执法大队），并制定了相应的法律法规。这无疑进一步强化了城市空间意义的管理。新中国成立以来的城市发展都是在政府的直接主导下进行的，城市发展的速度和质量主要取决于政府，这是我国30多年城市发展完成了西方发达国家200多年城市发展历程的根本原因，也是中国走自己的路取得的成功一面。连玉明先生认为“最好的城市是先规划后建设的城市”，“城市只有先规划、后建设，才能从战略定位不准确、空间布局不合理、发展模式不集约这三大瓶颈中走出来，才能建设和发展一个‘最好的城市’。”[②] 这样的城市有可能避免当下城市的诸多问题。这一观点也说明城市空间的布局、规划和设计、建设与管理具有特殊重要和基础性的意义。这项工作还必须在相当一个时期由政府主导加强管理，逐步随着国家城市法规的不断完善而进入多元民主管理的轨道。

因此，笔者认为，城市管理界定为“狭义的城市管理”意义以市政管理责权为主比较符合中国城市发展的现实需要。即城市管理是政府（不单是城市政府，可能需要更高一级的政府）对城市发展战略和规划的制定及实施；对城市空间内的公共设施的建设和管理；对城市公共事务，如环境、交通、公共卫生、公共秩序、公共安全和各种公益保障等方面

---

① 王枫云：《城市管理学新编》，北京：高等教育出版社2010年版，第31页。

② 连玉明：《什么样的城市是最好的城市》，北京：中国当代出版社2014年版，第4页。

的管理。

城市社会治理是城市社会管理发展进步的新阶段，要围绕建设和谐社会的目标，为促进城市社会的良性运行和协调发展，建立多元主体民主共治的治理体制机制，确保城市社会安全、协调、繁荣、和谐、可持续发展。

第四节　城市社会治理的特点与原则

中国现代城市的社会治理是从原有的社会管理和综合治理发展而来的，有其社会发展的历史渊源和社会管理的逻辑联系。

一　中国的综合治理

随着改革开放和市场经济的深入，由于中国社会的社会建设和社会治理相对滞后，城市社会矛盾日益突出并逐步升级，造成严重影响城市安全稳定和城市社会和谐问题，诸多的社会矛盾采取已有的社会管理措施已无法很好解决，这是关系国家稳定发展的大事。引起中央政府高度重视，确定了各级党委政府由同级政法委牵头成立公安、司法、交通、城管、信访等多部门参加的综合治理委员会及其办公室，代表党委政府专门协调相关部门对城市的公共安全、突发事件、群体事件、进京信访、刑事犯罪等重大公共安全相关问题进行防范与处理工作。这就是我们常说的综合治理及其机构体系，这些年取得了很好的成效，并形成了基本的制度和运行机制体系。

但是，我们清楚地看到，这一行动的出发点是社会治安和社会稳定，主要着眼点是一些公共安全事件的防止和治理。所以，利用的是党委政府的权力和权威与公检法的权力和权威进行命令式、控制性的管理，这种管理的优势是权力集中，行动快速，效果明显。但是，这只能解决局部的表征性的社会问题，不能从根本上和制度上解决城市社会的治理问题，因为单一的政府社会管理已远不适应现代城市社会实际的需要。中央提出“创新社会治理体制”和“改进社会治理方式”的决定，正是我国传统的社会管理和“综合治理”的完善、提升和发展。

二　现代城市社会治理的特点

中国现代城市发展迅猛，现代城市社会的结构转变滞后于经济转轨而使得社会矛盾更加突出和更加复杂，人们的价值观念体系转变不适应新常态的经济社会发展要求。因此，现代城市社会治理既要创新机制体制，也要创新治理方式和建立正确的价值观念体系。

现代城市社会治理的特点与现代城市社会的基本特点紧密相关。现代城市社会特点粗略地说主要有五个方面：其一，现代城市社会的目标多重，社会期望值高；其二，现代城市社会的结构处于加速转变的阶段，在组织结构功能布局上具有可变性，这种可变性具有“有利”和“不利”的双韧性，可变性具有灵活性的“有利”面，但同时可变性意味着有不稳定性的“不利”面；其三，现代城市社会的社会问题涉及的面宽，其综合性和复杂性比较突出，解决的难度较大；其四，现代城市社会的人口素质跟不上城市发展速度，新常态下价值观念体系转变需要提速；其五，信息化时代，现代城市社会的电子政务和网络空间交往已成为人们生活和工作的基本方式之一。根据现代城市社会的五个特点，笔者认为，现代城市社会治理具有如下特点：

1. 治理目标性特点

现代城市社会的目标涉及政治、经济、文化、社会、生态等各方面，所以其社会治理就要有正确的治理目标，要求既要有城市空间实体的建设目标（城市建设规划），又要有科学的经济目标，还必须有政治、文化、社会和生态协调发展的目标，这里面包括城市空间实体的建设和管理、市政管理和社区自治建设目标。要从治理目标上构建出体现城市社会的以人为本的和谐、快速、文化、生态、宜人、宜居的重要特征。治理目标要体现整体性和规划性。

2. 治理体制机制特点：多元民主共治

中央统一要求，城市政府及其相关组织多元共同治理，是现代城市社会治理的基本体制，这种体制既有政府的责任和权威发挥重要作用，又有社会组织部门和市场组织部门协调和发挥各方力量与政府一道完成治理目标；同时，在一个城市内，在其治理框架下强化社区自治方式和居民自我治理社区的运行机制，街道办以上治理组织负责各层相关问题的协调和考核评议。

3. 治理手段特点：信息化多方位

现代城市社会治理手段要求多方面：信息化配合网格管理性质的手段；科学化决策与法治保障手段；文化文明建设与居民素质教育提升手段；核心价值观体系及其践行的教育宣传等四个方面。四者齐头并进、相互支撑，才能取得理想效果。

4. 治理的开放性特点

现代城市社会是一个开放性的大系统，它的运行与发展离不开外部环境，依赖于自然资源、社会资源和人力资源的发展，同时城市社会的发展自身对外界也有很强的辐射作用。如，社会化大生产条件下的商品经济越来越发展，城市社会对外界的依赖程度也越来越高，甚至到国际上寻找市场。城市社会的开放性决定了城市社会治理的开放性特点。中国的城市社会治理只有坚持对外开放的策略，让城市社会逐步实现地区间、行业间、国家间的各项开放。城市社会才能在经济、文化、社会和环境发展上创造良好的外部环境，从而得到更好的发展。

5. 治理的综合性特点

现代城市社会结构已逐步转变成了一个高度综合的复杂体，决定了城市社会治理不是一个单一的简单活动，而表现出很强的综合性特征。现代城市社会治理涉及社会、经济、人口、文化、环境等各个系统，它们各有自己的运行方式和规律，既相互制约又相互影响，并都与外部保持着紧密联系。因此，现代城市社会治理必须确立综合性治理的理念，确立综合性治理的有效方式。①

三　城市社会治理的原则

根据现代城市社会治理的五个特点，在实施现代城市社会治理过程中必须坚持五项基本原则：

1. 以人为本、服务为先原则

人是城市社会的主体，城市社会的一切正向组织工作都必须以人为中心。因此，在现代城市社会治理中必须坚持“以人为本、服务为先”

---

① 彭和平、侯书森：《城市管理学》，北京：高等教育出版社 2009 年版，第 7 页。

的原则。要以最大限度满足人的幸福生活需求为社会治理的出发点和落脚点。要将过去的“管理人”转变为“服务人”，以人为本，服务为先，是城市人民期盼的社会治理形象，它也是联系党和基层群众的最基本要求。在这条原则下实施的社会治理才能得到市民的拥护和支持。

2. 系统整合、协调有序原则

现代城市社会治理的综合性和复杂性特点，要求其治理方式要坚持系统整合原则，在城市政府的权力权威主导作用下，整合社会组织部门和市场组织部门等各方面力量，充分发挥各自创造性和积极性，做到协调有序，齐抓共管。

3. 公平有效、民主和谐原则

公平是衡量城市社会治理效果的标志，主要是指同一措施实施于同类对象时的公平性以及对执行者和被执行者的平等性。效率是衡量城市治理水平的标志。它的有效性直接影响物流、能源流、信息流、资金流、人流的有序运动，进而影响城市经济增长方式转变、经济效益和社会效益的提高。公平和效率是相辅相成、互相促进的。

社会治理中坚持民主和谐十分重要，只有让“城市社会的各个主体作为相对自主的力量参与到公共决策中，从而发挥其参与城市公共事务和约束政府权力的作用”，才能真正实现民主，进而实现平等和谐地共同治理自己的美好家园的良好愿景。①

4. 着眼未来、持续发展原则

城市社会治理是一个复杂而长期的工程，要建设长治久安的和谐城市社会，就必须着眼于未来，建立起可持续发展的城市社会治理体系和观念。不能为了“政绩”而只顾眼前、“损城市未来而求个人的高升”。

5. 立规执规、法律底线原则

现代城市社会治理的有效执行还在于法治保障。要通过科学制定相关法律、法令、法规等法规体系，把社会治理的主体要素和框架确定下来，使其条例化、规范化，并在法规保障下贯彻落实。要做到严格立规和严格执规并重，任何事件的处理都必须坚持所立法律法规的底线，执行者与被执行者平等对待，并且，不因为领导的更替终止既定的治理进

① 王枫云：《城市管理学新编》，北京：高等教育出版社2010年版，第40页。

程，而应不断地完善和更加深入。[①]

第五节　社会发展与城市社会治理

通过前面的论述我们看到，城市社会发展与城市社会治理密切相关，甚至可以说，城市社会治理就是为城市社会发展而生的。对此，我们有必要作进一步阐释，以便后面对城市社会治理创新的构建有更加深刻的认识。

一　社会发展的内涵与追求

发展，原是一个生物学概念，其本义是指生物个体从小到大，从不成熟到成熟的成长过程。[②] 后来引入社会学中，指一个国家或社会由落后的不发达状态向先进的发达状态的过渡和转化。一般意义的社会发展包括社会中的社会经济发展、社会事业发展、社会人的发展和社会的可持续发展。

（一）社会经济发展。其内涵包括两个方面：一方面国民生产总值的增长是基础，没有这个基础支撑就没有真正的经济发展，所以，要有符合国家或社会经济增长的规律的增长速度和增长指标的体现；另一方面，社会的产业结构和经济结构的转变升级，没有这种升级，就不可能保持国民生产总值增长健康、快速、持续。[③] 城市社会的经济发展就是指城市的经济增长与城市产业结构和经济结构转变的全面提升。经济发展是社会发展的基础和前提，没有经济发展就不可能有社会的良性发展。但经济发展不是社会发展的全部目标和终极目标。

（二）社会事业发展。社会事业发展是由经济发展引起并同时发生的社会结构的转型和变革[④]。主要表现在教育领域的综合改革，包括教育的普及化问题（基础教育的普及）和高等教育和高等职业教育的大发展问

---

① 王枫云：《城市管理学新编》，北京：高等教育出版社2010年版，第41页。

② 中国社会科学院语言研究所词典编辑室：《现代汉语词典》，北京：商务印书馆1994年版，第295页。

③ 张琢、马福云：《发展社会学》，北京：中国社会科学出版社2010年版，第17页。

④ 同上书，第18页。

题；就业创业体制机制的健全，包括就业结构的转变；收入分配格局更加合理有序，特别是公平的财富分配制度建立；社会保障制度更加公平和可持续发展；医药卫生体制改革进一步深化。[①] 社会发展“还包括基层民众政治参与程度、人均寿命的延长、生活质量的提高、卫生保健的普及、社会保障的普遍化等等。”[②]

（三）社会人的发展。人的发展指人自身的发展以及为此而提供各种条件。“人自身的发展意指在满足基本要求的前提下，提高人的素质，发挥人的潜力和能力。为人的发展提供各种条件，意味着在经济、社会发展的过程中提供各种有利条件，使人从各种束缚中解放出来，使人自身有更多的选择和自由以发挥各自的潜力和能力。”[③] 人是社会生产力的最主要、最具积极意义的要素，使社会人得到全面发展才是社会发展追求的目标，人的发展是一切发展的核心和最终目的。

（四）社会的可持续发展。社会的可持续发展包括可持续生态、可持续经济、可持续社会（社会运行）。强调三个方面的有机统一，它要求人、自然和社会的和谐统一。要关注社会的目前利益与长远利益、局部利益与整体利益的统一。

综上四个方面讨论可知：社会发展追求的是经济、社会、人和环境的全面协调发展。

二　社会发展与城市社会现代化

社会现代化，是一个相对的概念，它是指从18世纪后期开始的以工业革命为标志的人类社会从传统的农业社会向现代工业社会的过渡与转化，其范围是有一定限度的。“现代化仅仅是现代性的表状和具象；而现代性则是现代化的深层趋势和持久进程，它使得各个本土的、地方的、分散的生活场景逐渐融入了世界性、全球性的社会实践过程，成为其中一系列充满意义的、多种多样的环节和部分”。“现代性极大地扩展了对于传统和现

---

① 《中共中央关于全面深化改革若干重大问题的决定》，2013年11月12日中国共产党第十八届中央委员会第三次全体会议通过。

② 张琢、马福云：《发展社会学》，北京：中国社会科学出版社2010年版，第18页。

③ 同上书，第18页。

代关系的理解，使我们对于传统和现代关系有了新的认识：现代性就是社会不断从传统走向现代，走向更加现代和更新现代的变迁过程，而在走向更加现代和更新现代的变迁过程中又不断产生自己相应的新传统和更新的传统。这实际上是说“现代的成长和传统的发明”[①] 的含义。

而社会发展是一个绝对性概念，它所指的是人类社会不断向前迈进的过程。因此，社会发展与现代性相同，而与现代化有一定区别。社会发展与社会现代化是两个既有紧密联系又有一定区别的概念。但是，也有学者把社会现代化与社会发展等同看待的。如亨廷顿（Samuel P. Huntington）在其《变动社会中的政治秩序》一书中认为“我们将现代化或发展一词表示从相对贫穷的乡村农业状态向富裕的都市工业状态转变的社会运动相联系的社会、经济、心理、政治和文化变迁的总过程。”很显然，亨氏的概念中限制了“发展”的内涵。又如，缪尔达尔（Gunar Myrdal）认为，发展的基本价值即现代化思想的价值：理性思想、发展和组织发展活动，提高生产率，提高生活水平，完善体制和使个人臻于完善，巩固民主结构和加强社会纪律。[②] 这是从微观层面讨论现代化与发展的问题，不能全面反映现代化与社会发展概念的异同之处。

因此，现代化水平是社会发展水平的重要标志，城市社会现代化程度反映出城市社会发展的水平。

三　城市社会发展需要现代城市社会治理支撑

城市社会是人口集聚地，也是一定区域的经济、文化、社会的中心，常常还是一个区域的政治和权力中心。它的社会发展水平和现代化程度从总体上反映了一个区域的社会发展水平和现代化程度。因此，世界各国都十分重视城市建设，积极推进城镇化发展。然而，中国现代城市社会随着社会结构转型加速而成为社会矛盾、社会问题的集中地，这些社会矛盾和社会问题直接影响着城市社会的稳定与和谐，从而阻碍城市社会的健康发展、持续发展。因此，必须加强社会矛盾的化解和社会问题的解决等工作，这就要求城市政府及各方面力量高度重视城市社会的安

---

① 《郑杭生自选集》，北京：学习出版社 2013 年版，第 294 页。

② 转引自王义祥《发展社会学概论》，上海：华东师范大学出版社 1995 年版，第 40 页。

全稳定、协调和谐，根据城市社会实际创新治理体制机制，改变治理方式，不断探索成功的实践经验，逐步构建科学的城市社会治理体系和模式，推进城市社会建设发展的顺利、健康、快速进行。所以，现代城市社会治理是城市社会发展的重要支撑。

第六节 城市社区与城市社会治理

本章最后还要适当交代一下几个与城市社会治理相关的概念。

一 城市社区

研究城市社会治理，弄清城市社区的概念具有基础性重要意义。“社区”一词最早出现在斐迪·藤尼斯的《共同体与社会》一书中，英文是Community，其汉语表述“社区”是费孝通在20世纪30年代从Community单词翻译而来的。滕尼斯认为，一般指在一定地域内发生社会活动和社会关系，有特定的生活方式并具有成员归属感的人群所组成的相对独立的社会生活共同体。[①] 2000年11月国务院办公厅转发的《民政部关于在全国推进城市社区建设的意见》（以下简称《意见》）中正式规范地界定为“社区是指聚居在一定地域范围内的人们所组成的社会生活共同体。”国内学者基本一致的理解是“区域具有一些基本的构成要素、具有一定数量的、以一定社会关系结合起来的、参与共同社会生活的人群；有一定界限的地域，界限一般来说是比较明确的；有一套相对完善的生活设施；有一套相互配合的生活制度和管理机构；生活在其中的社会成员在情感和心理上具有一定的认同感和归属感。”[②] 这个理解用空间社会学的观点解释就是：社区就是某一区域社会空间的“子社会空间”，在空间社会学视野里，一个区域社会空间一定是由若干个子社会空间组成的。《意见》还界定了城市社区的概念，“目前城市社区的范围，一般是指经过社区改革后做出了规模调整的居民委员会的辖区”。结合空间社会学视角看，城市社区就是城市社会空间的一个子社会空间，城市社会空间由

---

① 李培林：《社会管理概述》，北京：研究出版社2012年版，第227页。

② 同上书，第228页。

若干个城市子社会空间有机组成。从管理或治理的意义上讲，城市社区是城市社会治理的最基本的单元或“单位”。① 它具有以下五个特征：

1. 形成的政府指令性。城市社区是由政府按一定程序和标准，有计划地在统一行政管理区域内划分的区域，并通过法规或政策文件的方式予以确认，其设立、撤销和调整都由政府决定。

2. 范围的确定性。城市社区都具有明确的范围和区域界线，不同社区互不重合，边界清晰。城市社区在城市行政区划之内，不存在跨区或跨街道办事处辖区的社区。

3. 性质的居住性。城市社区以一定数量的居民户为基础，是人们参与社会生活的基本场所，是社区绝大多数社会成员的生活基地。社区的主体是居民，没有居民就没有社区。

4. 管理的组织性。社区与城市基层政权、群众性自治组织和社区工作站等组织密不可分，是城市管理体系的重要组成部分。我国有两种不同的情况。上海市为代表的部分城市将社区明确定位在街道层面，其他包括北京市在内的大部分地区的城市把社区定位在社区居委会管辖范围，也有部分地区定位在居委会和街道办之间的层面，如深圳市规定“社区是指社区工作站服务的地域范围”。

5. 地位的基层性。社区是城市最基层的组成单元，是城市组织体系——市、区、街道、社区中的最底层。②

二　城市社会工作

现代城市社会治理，离不开城市社会工作和社会工作者，所以，正确把握城市社会工作的内涵和意义十分重要。社会工作起源于社会的“施舍和慈善”事业，从一开始就是充满助人和爱心的崇高事业，并带有社会组织和管理的意义。《美国社会历史百科全书》指出：社会工作指的是“向社会提供有组织的服务”。③ 随着社会发展与进步，社会工作的内

---

① 李培林：《社会管理概述》，北京：研究出版社 2012 年版，第 240 页。

② 吴群刚、孙志祥：《中国式社区治理——基层社会服务管理创新的探索与实践》，北京：中国社会出版社 2011 年版，第 8—10 页。

③ 《美国社会历史百科全书》，超星电子图书馆，第 451 页。

涵发生了重大变化。它包括“为全体人民服务，调适人与人、人与自然之间的关系，创造和谐的社会环境，以提高人们的生活质量”，并且探索形成了“一套专门的技术与方法”，它已“成为当代社会中一种得到普遍认同的、不可缺少的专门性的社会管理职业”。

从事社会工作的人称为社会工作者。社会工作作为一种社会管理职业逐步得到发达国家和发展中国家的高度重视，从业人员也逐步增多。如，美国劳工部估计称，1998 年全美有 70 万参加工作的人被称为社会工作者；日本“健康与福利统计协会”统计，1988 年“社会福利工作的从业人员有 80 多万，有 60 多万人在社会福利机构工作”①。中国香港现有参与“香港社会服务联会”的非政府社会服务机构 250 多个，从事社会工作的人员有 26 000 余人；澳门总人口 40 多万，而社会服务机构多达 180 个，为澳门居民提供社会福利服务。香港特区政府与非政府社会服务机构结为“伙伴关系”，澳门特区政府与非政府社会服务机构结为“协作关系”，在实施社会管理的过程中彼此配合与合作。②

现代城市社会需要更多的服务，政府应在观念和政策方面给非政府社会服务机构积极支持。无论是政府性还是非政府性社会服务机构的工作，都要注重考虑城市普通市民的实际需求，既要防止“官僚化”，又要防止“商业化”，要把服务融入市民的实际生活当中。

城市社会工作的意义在于它具有社会管理的多种功能，它在城市经济发展、城市精神文明建设、城市社会保障制度的完善和保持社会和谐稳定等方面发挥重要作用；其意义还在于社会工作有着自己独特的专业价值和伦理，它是社会工作者的道德准则和行为规范。它要求社会工作者应坚信每个人都有与生俱来的价值和尊严，要在实际工作时，无论其对象属于哪个种族、民族、性别、性倾向或社会经济地位，都没有任何歧视，尊重他人的独特性，耐心倾听他们的诉说，竭力帮助他们得到公正的资源和机会。

社会工作要讲究工作方法，即社会工作的各种社会服务的方式、程

---

① 柳拯、柳浪：《当代国际社会工作》，北京：中国社会出版社 2002 年版，第十七章和第三章。

② 李培林：《社会管理概述》，北京：研究出版社 2012 年版，第 241 页。

序与步骤。“一般分为直接服务方法和间接服务方法两大类。直接服务方法是给受助者直接提供社会服务，一般包括社会个案工作、社会团体工作和社区工作。间接服务方法指受助者提供间接的服务，一般包括社会工作行政、社会工作督导、社会工作咨询和社会工作研究等。”[①] 这里我们重点介绍以下社区社会工作，其他方法读者可以阅读李培林教授《社会管理概述》的第十二章第三节。

社区社会工作最早始于 19 世纪的英国和美国的慈善组织协会运动。1939 年，莱恩领导的研究小组在美国社会工作会议上提交了一份《莱恩报告》，从此，社区组织成为社会工作的三大基本方法之一。1948 年，英国正式提出“社区发展”的概念；1951 年，联合国推行技术援助方案，并试行推动社区发展。1955 年出版的《社会进步经由社区发展》指出，社会发展“是一种经由全区人民积极参加与充分发挥其创造力量，以促进社区经济进步情况的过程”。美国社会学家罗斯曼提出了社区工作的三种模式：地方发展、社会计划和社会行动。[②] 地方发展模式认为只要社区内的多数人广泛参与决策和社区活动，就能实现社区的变迁；社会计划模式强调专业人员的参与，强调理性设计的社会计划在社会变迁中的作用。把具体行动付诸给两种团体：一个是对社会公平等表示关切的团体，另一个是意识到自己在某些情况下居劣势地位的团体。社会行动的方法主要是辩论、磋商、直接采取行动或施加压力，以促成社会制度、法规或政策的变迁。三种模式有着本质的区别，但又不是绝对分离的。因此，在实际应用中，社区工作者常常根据实施的场合不同选择其中之一，或者混合使用三种模式。[③]

三　城市社区治理

（一）社区治理概念

“治理”一词的英文表达是 Governence，其内涵一直以来没有统一的

---

① 李培林：《社会管理概述》，北京：研究出版社 2012 年版，第 254 页。

② ［美］杰克·罗斯曼、约翰·E·特罗普曼：《社区组织模式和宏观实践观点：它们的融合与阶段》，刘继同译，源于全国社会福利大会《社会工作实践》，纽约：哥伦比亚大学出版社 1968 年版，1978 年修正。该文是杰克·罗斯曼的“社会组织实践三种模式”的扩展版。

③ 李培林：《社会管理概述》，北京：研究出版社 2012 年版，第 258 页。

界定，不同学者根据其研究对象从不同的角度进行概括，如，英国学者罗伯特·罗茨对学界的不同说法进行梳理时，提出了有关治理概念的六种不同用法：一是作为小国家的治理；二是作为公司管理的治理；三是作为新公共管理的治理；四是作为善治的治理；五是作为社会——控制系统的治理；六是作为自组织网络的治理。[①] 1995 年联合国全球治理委员会对“治理”一词给出了颇具代表性和权威性的定义：“治理是公私机构管理其共同事务的诸多方式的总和。它是使相互冲突的或不同的利益得以调和并且采取联合行动的持续过程。它既包括有权迫使人们服从的正式制度和规则，也包括人们和机构同意的或以为符合其利益的各种非正式的制度安排”。[②]

城市社区治理指城市政府或正式组织与各种非正式组织共治。他强调社会管理的权力中心的多元性，各种公私团体、组织和个人均参与管理过程，政府与社会各种权力的互动性；承认政府管理的必要性，不否认政府权力的命令与强制作用，但同时强调社区的自主和自治。

（二）社区治理结构特征

根据社区治理的概念，我国现代城市社会的社区治理结构的主要特征是：

1. 治理的主体从“单一”到“多元”，即主体未必是市政府，也无需依靠国家的强制力量来实现。它是一个由在社区范围内的不同的各公私行为主体构成的治理事务的集团，这些行为主体包括个人、组织、公私机构、权力机关、非权力机构、社会、市场等。

2. 治理方式由单一的政府命令和指令式改变为治理事务集团多元民主共治的自治模式，它们依据正式的法规，以及非正式的、人们愿意遵从的规范约定，通过协商谈判、资源交换、协调互动，共同对涉及社区居民利益的公共事务进行有效管理，从而增强社区凝聚力、提高社区自治能力、增进社区成员福利、推进社区经济和社会进步。

3. 党组织在城市社区治理中的政治指导和组织协调作用，是社区治

---

① 俞可平：《治理与善治》，北京：社会科学文献出版社 2000 年版。

② 转引自吴群刚、孙志祥《中国式社区治理——基层社会服务管理创新的探索与实践》，北京：中国社会出版社 2011 年版，第 19 页。

理顺利有效进行的重要保障机制。

（三）社区治理模式

从理论上讲，在国家与社会框架下社区治理模式有三种：

第一种是强政府—弱社会的行政主导型模式，指在政府行政力量主导下，居民响应参与、自上而下推行的社区治理模式。这种模式的主要特点首先是政府主导性，即政府对社区有直接干预和具体指令性要求；其次是自上而下的社区管理组织体系；再次是社区建设和治理的经费主要由政府拨款。这种模式的缺陷是：由于“居民参与”限制，使得居民的积极性和创造性相对较弱，而社区组织的行政性比较强势的显现。

第二种是强政府—强社会的双强混合型模式，指政府行政与社区自治的力量和权力相对均衡的共同参与社区治理。这种模式的主要特点是政府对社区发展和管理的干预较为宽松，直接指令性要求减少，政府的主要职能是规划、指导并提供经费；治理的方式也是双向的，即自上而下与自下而上相结合，政府行政与社区自治组织在社区发展和治理中相互配合，形成良好的协调运行关系。

第三种是弱政府—强社会的自治主导型模式，指以社区自治为主导，居民主动参与，政府间接参与（通过制定具有法定效应的规范间接参与），自下而上的方式实施社区治理模式。这种模式的主要特点是“民主”“自治”“自下而上”，是居民自己当家做主治理自己生活的空间，处理社区事务，表现出政府与社区相对分离。而相对的社区的自组织比较发达，其组织协调能力、谈判和解决问题的能力较强。

以上三种治理模式在国际上都有成功的案例①。三种模式都是从政府与社会在社区治理中扮演不同角色的关系出发来构建的，从而产生了不同的运行机制，核心的区别是“主导”与“自治”、“控制”与“民主”的程度问题。然而，追求民主与自治是人类社会历史发展的趋势，加上中国社会结构的巨大变化，城市社区的治理问题变得更加复杂，所以，在探讨和实践社区治理过程中，要把握几个基本原则：

首先要着重明确和理顺社区治理中的各个主体以及其相互之间的关

① 转引自吴群刚、孙志祥《中国式社区治理——基层社会服务管理创新的探索与实践》，北京：中国社会出版社2011年版，第129—137页。

系，要树立多元权力共治的理念，通过责任明确而又相互依赖的多元主体的权力，整合社区资源，满足居民需求，推动社区发展；强调以法律法规形式确定政府、社区组织、居民等社区治理主体职责分工，使各主体间相互协调配合、持续有效互动。

其二要引导和支持社区社会组织健康发展，既要发挥社区自组织代表居民意愿的社区主人的积极性、创造性，又要发挥各种提供专业服务的非营利性机构在社区服务和管理中实际工作的积极性、创新性。

其三要尽可能扩大居民的民主参与度，努力增强居民的社区归属感和认同感，从而不断增强居民的主人翁的意识，使遵守和主动参与社区治理的各项活动成为每一个居民的自觉行为。

其四要建立健全社区的法律法规，确保社区治理工作法治化和规范化，从而实现持续健康发展。

第二章

社会运行论与城市社会治理

本章将概述性介绍郑杭生教授的“社会运行论”理论体系，试图以此为本书研究三峡流域城市社会治理建立一个社会学理论视角。在论述中笔者试图阐述三个观点：一是“社会运行论”理论体系是中国马克思主义学院式社会学的典型代表之一；二是中国马克思主义社会学由中国马克思政党社会学与学院式社会学共同构成；三是“社会运行论”理论体系对城市社会治理有重要的直接指导作用。前两个是本章阐述的重点，第三个主要讨论其对城市社会治理的指导意义，具体较深入的内容将融入在本书第五章和第六章中。

第一节　中国马克思主义政党社会学的形成与发展

郑杭生教授指出：马克思主义社会学实质上是一门关于社会主义和共产主义社会良性运行和协调发展的条件和机制的综合性具体学科。[①] 按照郑先生观点，中国马克思主义社会学就是关于中国社会主义社会良性运行和协调发展的条件和机制的综合性具体学科。1993 年和 2009 年，吴汉全先生先后就李大钊和陈独秀对中国马克思主义社会学的创立做出的重大贡献进行了全面梳理和评述。[②] 但是，在中国政界和学界中大多数用“马克思主义社会学中国化”这一概念来表述马克思主义社会学理论指导

---

① 郑杭生：《论马克思主义社会学的两种形态》，《光明日报》1985 年 7 月 29 日。

② 吴汉全：《李大钊与中国马克思主义社会学的开创》，《松辽学刊》（社会科学版）1993 年第 4 期。吴汉全：《陈独秀与中国马克思主义社会学的开创》，《安徽史学》2009 年第 2 期。

下的中国社会学理论与实践，或者更加明确地说，是表述把马克思主义社会学理论与中国社会主义社会创立和建设实践相结合而形成的中国特色社会学理论与实践。从这个意义上讲，我们可以说“中国马克思主义社会学理论”与“马克思主义社会学中国化理论”是相同的。但是，作为中国社会主义社会六十多年的历史发展变迁和不断走向进步并将继续沿着中国特色社会主义社会道路走向更大的胜利这样一个伟大的事实，我们应该坚信，这个成功的事实与中国的社会和社会学理论不断走向成熟并始终坚持在马克思主义社会学理论指导下的理论自觉、理论自信、理论创新是分不开的。笔者认为，中国社会主义建设发展到今天，我们有必要响亮地提出独立的“中国马克思主义社会学”及其理论体系。这是中国社会学界的大事，也是中国理论界的大事。

笔者试图根据学者们的相关研究成果并结合自己的理解，通过梳理对马克思主义社会学理论中国化的发展历程和理论构成进行线条性的勾勒和概述，以阐述笔者的观点：中国马克思主义社会学由两部分组成，一是以革命先驱和共产党领袖群体为代表的社会学家们（政治家们）在探索中国社会主义社会建立和建设的过程中创立和发展的马克思主义社会学，我们称之为中国马克思主义政党社会学；二是以专家学者为代表的社会学家在探讨中国社会主义社会建立和建设中形成的以马克思主义社会学理论为指导的中国社会学，我们称此为中国马克思主义学院式社会学。两者共同构成中国马克思主义社会学理论整体并由此不断向前发展。

笔者将从五个方面阐述自己的观点：其一，梳理并概述中国马克思主义政党社会学的形成历史与基本理论；其二，中国马克思主义学院式社会学的形成历史；其三，“社会运行论”理论体系是新时期中国马克思主义学院式社会学的典型代表之一；其四，郑杭生教授为新时期中国马克思主义社会学理论做出了重要贡献；其五，中国马克思主义政党社会学与学院式社会学之间的相互关系。

关于中国马克思主义政党社会学发展可以划作四个时期，即早期中国马克思主义政党社会学；中国社会主义社会创立时期政党社会学；社会主义社会建设的前30年政党社会学；新时期（改革开放以来）中国马克思主义政党社会学。

一　早期中国马克思主义政党社会学

中国马克思主义社会学起源于19世纪末20世纪初。将马克思主义社会学引入中国的是梁启超等为代表的杰出人士，他们对马克思主义社会学的竭力引介和宣传为中国马克思主义社会学的创立发挥了引导性作用。1904年，梁启超在《中国之社会主义》一文中引证马克思的观点称赞社会主义："社会主义者，近百年来世界之特产物也，总括其最要之义，不过土地归公、资本归公，专以劳动为百物价值之源泉。麦喀士（即马克思）曰，现今之经济社会，实少数人掠夺多数人之土地而组成之者也。"[①] 1906年朱执信在《民报》上发文介绍和赞扬马克思："马尔克（马克思）日搜讨社会问题而加以研究，学乃日进。"[②] 他还将《共产党宣言》的部分段落译成中文，介绍马克思主义的阶级斗争观点。[③] 这一时期，主要是学者的认识和讨论，当然他们是在关注中国社会时弊的情况下发表各自的观点。但对马克思提出的社会主义社会是持赞成态度的，只是就如何在中国实现的问题上，有不同的理解和观点。

五四运动扩大了马克思主义社会学在中国的影响，对中国马克思主义社会学的形成起到了巨大的推动作用。在这个时期，陈独秀、李大钊、瞿秋白等革命家所理解的社会学，就是马克思主义的历史唯物主义，认为马克思主义社会学与马克思的历史唯物主义是没有区别的。这一时期，主要通过马克思主义与资产阶级改良主义的论战实现对马克思主义社会学的理解和宣传，论战的焦点是"问题与主义"。通过争论，揭示了中国社会改造必须以马克思主义为指导，进行"根本解决"。马克思主义社会学的革命批判性，适应中国当时社会改造的需要。这个认识，与孔德的西方社会学的改良主义态度有着本质的区别。

陈独秀、李大钊、瞿秋白和李达都是中国共产党创始人和重要领导者（陈独秀是中共创始人之一、第一届中央委员会总书记，李大钊是中

---

① 转引自郑杭生、刘少杰主编《马克思主义社会学史》，北京：高等教育出版社2006年版，第294页。

② 《朱执信集》上册，北京：中华书局1979年版，第11页。

③ 同上书，第12页。

共创始人之一，李达是中共一大代表，瞿秋白曾任中共重要领导人)，他们围绕中国之出路问题寻求马克思主义指导，在社会学理论探讨中做出了奠基性的工作。他们对社会学的研究对象和功能进行了深入的探讨，并精辟地概括为："社会学是运用科学的研究方法，追问社会是何物，并进一步解析社会构成原理，探寻社会运行法则的一门学科。"[①] 他们研究了马克思主义社会学与西方社会学（孔德发起的）的本质区别，认为马克思主义社会学是以唯物史观为指导和法则，对资本主义制度采取的态度是革命性的、批判性的，主张砸碎资本主义制度，"根本解决"社会问题，建立新的社会制度——社会主义和共产主义制度。而孔德的西方社会学，是唯心主义的方法论，主张的是对资本主义制度进行维护性的改良主义态度。陈独秀、李大钊、瞿秋白、李达等人的认识为中国革命找到了根本的出路。[②]

陈独秀着重于阐述和宣传马克思主义社会学思想，并在社会组织、社会阶级结构、社会阶层等方面有较深入的研究。[③] 李大钊、李达等出于对中国社会实施"根本改造"，研究了马克思主义的社会结构理论，并对其有独到的见解。李大钊认为社会可以分成"基础构造"和"表面构造"或"上层"和"基址"两个部分，马克思主义社会学的社会构造"是个整个的东西，有其基址，亦有其上层；经济关系是其基址，观念的形态是其上层；上层与基址相合而成此构造。"[④] 李达在其《现代社会学》著作中对社会结构进行了研究和表述。同时，他们发现运用马克思主义的社会结构理论，可以对人类社会的变迁和发展的动力作出科学的解释。

这些革命家们研究马克思主义社会学理论，目的是解决中国社会的实际问题。所以，他们在通过研究马克思主义社会学而深刻理解和掌握其精髓的基础上，以马克思主义社会学为指导，对中国社会的基本问题、中国社会的特质、中国社会的特殊个案，包括对中国社会改造方案的探

---

① 郑杭生、刘少杰主编：《马克思主义社会学史》，北京：高等教育出版社2006年版，第299页。

② 同上书，第300页。

③ 吴汉全：《陈独秀与中国马克思主义社会学的开创》，《安徽史学》2009年第2期。

④ 《李大钊文集》下册，北京：人民出版社1984年版，第357—358页。

索等等进行深入研究，为创立早期中国马克思主义社会学奠定了重要基础。李大钊先后发表了《庶民的胜利》《布尔什维主义的胜利》《我的马克思主义观》《唯物史观在现代社会学上的价值》《自杀论》和《妇女解放与 Democracy》等著名社会学研究文章，成为中国早期马克思主义社会学重要代表之一；[①] 瞿秋白先后撰写了《现代社会学》《社会科学概论》等著作，为建立中国马克思主义社会学做出了重要贡献；李达的代表作有《现代社会学》《社会学大纲》等，其中《社会学大纲》一书，毛泽东曾反复阅读达十遍之多，[②] 而《现代社会学》被称为“解放前中国马克思主义社会学派社会学研究的最高成就”[③]。这一时期，中共领袖群体和政治家们的观点，还是一种作为学者的探讨，他们的“根本解决”论为中国共产党解决中国问题和探讨创立社会主义社会奠定了一定的理论基础。

二　中国社会主义社会建立时期的马克思主义政党社会学

为创立早期中国马克思主义社会学做出重要贡献，并在中国革命实践中创造性地把马克思主义与中国革命实践相结合，带领中国共产党人找到了“根本解决”中国问题的办法和途径，实现了打碎旧制度——资本主义制度，建立新的社会制度——社会主义制度的目标，在理论和实践上确立了中国马克思主义社会学的核心内容的政治家，是毛泽东。

毛泽东从五四期间创办《湘江评论》，投身新文化运动开始，受到了俄国十月革命的影响，到成为一名具有初步共产主义思想的革命者，再到 1920 年夏成为一名马克思主义者，成为中国共产党的重要创始人之一。在后来漫长的革命岁月里十分关注马克思主义社会学理论对中国革命的指导作用。毛泽东在其早期名著《中国革命与中国共产党》和《新民主主义论》中对古代中国社会的特质进行系统研究。并用“早熟性”和

---

① 参见《李大钊文集》（2 卷本），人民出版社 1984 年版和《李大钊文集》（4 卷本），河南教育出版社 1999 年版。

② 高平：《马克思主义社会学史》，北京：中共中央党校出版社 1997 年版，第 271 页。

③ 郑杭生、李迎生：《中国社会学史新编》，北京：高等教育出版社 2000 年版，第 154 页。

“停滞性”概括为中国古代社会最重要的特点。[①] 而近代中国社会的主要特征之一是政治、经济发展的不平衡。[②] 通过对中国社会发展历史及变迁的研究，他意识到了中国革命的长期性和艰巨性，进一步深化了他对中国当时社会的认识。

毛泽东重视用马克思主义的阶级分析方法对中国社会各阶级进行分析。在民主革命时期，毛泽东在坚持用马克思主义的以人们的经济地位作为阶级分析基本标准的前提下，强调了政治态度标准，这是对发展马克思主义的阶级分析方法的重大贡献。

毛泽东在社会调查理论与方法方面做出了开创性的成就。他强调社会调查必须以马克思主义唯物史观为指导，对中国社会的现实阶级关系做出准确的估计，并提出了具体的调查方法和步骤。一是社会调查的基本原则：即客观性、长期性和群众性三原则；二是社会调查的基本方式和主要方法，他认为典型调查和普遍调查是社会调查的基本方式，而调查实践中，采取调查会、个别访谈和填写表格等方法是社会调查的主要方法；[③] 三是理论分析与抽象概括，强调社会调查决不能仅仅局限于经验观察或停留在片段的社会现象层面上，而要将经验观察与理论思辨结合起来。

由于毛泽东深悉中国社会结构和发展实际，在充分总结中共早期三次“左”倾路线的错误教训后，创造性、发展性地应用马克思主义理论指导，从中国革命的实际出发，选择了农村包围城市的战略方针，用正确的理论和思想凝聚人心，带领全国人民用革命的暴力，最终推翻旧体制，建立了新中国。这一时期是中共领袖群体在毛泽东思想指导下探讨和实践推翻腐朽的、半殖民地半封建的社会体制中形成的中国马克思主义社会学。毛泽东无疑是其形成的最伟大的开拓者和实践者。

三 中国社会主义建设时期的马克思主义政党社会学

1949 年 10 月 1 日，毛泽东在天安门城楼上向全世界庄严宣布：中华

---

① 《毛泽东选集》第 2 卷，北京：人民出版社 1991 年版，第 622—623 页。

② 《毛泽东选集》第 1 卷，北京：人民出版社 1991 年版，第 188—189 页。

③ 郑杭生、刘少杰主编：《马克思主义社会学史》，北京：高等教育出版社 2006 年版，第 322—323 页。

人民共和国成立了，“中国人民从此站起来了！”这是中国社会发展史上惊天动地的大事，它标志着在中国人剥削人、人压迫人的旧的社会制度的终结和一个崭新的、公正的、人民当家作主的社会主义社会的开始。面对这伟大的喜悦和未来的期望与探索，毛泽东及其他共产党人冷静地思考和规划着中国社会主义社会的道路、方针、发展战略及其理论与实践问题。

1949 年 6 月 30 日，毛泽东在《论人民民主专政》一文中对历史转折过渡时期社会阶层状况进行了分析，阐述了要建立的新中国的国家性质、各个阶级在国家中的地位以及各阶级之间的相互关系等根本性的问题；指出在过渡时期的国家政权中，要以工人阶级为领导，以工农联盟为基础，让民族资产阶级有一定地位，但不是主要地位，更不是领导者。确定了人民民主专政的阶级构成；过渡期用了一个“五年计划”完成了生产资料所有制的社会主义改造才进入社会主义建设时期。

在社会主义建设时期，中国马克思主义社会学的发展主要是两个阶段，即从改革开放前和改革开放后两个阶段进行考察，更能看出中国马克思主义政党社会学发展的轨迹和特色。

1. 改革开放前中国马克思主义政党社会学

1956 年，面对新民主主义革命和生产资料所有制的社会主义改造完成和如何迎接未来的问题，毛泽东对中国社会的阶级关系和社会矛盾的变化有了新的阐释，他指出：“在我们的面前有两类社会矛盾，这就是敌我之间的矛盾和人民内部的矛盾。这是性质完全不同的两类矛盾。……在建设社会主义的时期，一切赞成、拥护和参与社会主义建设事业的阶级、阶层和社会集团，都属于人民内部矛盾；一切反抗社会主义革命和敌视、破坏社会主义建设的社会势力和社会集团，都是人民的敌人。”① 毛泽东在对诸多社会矛盾进行深入分析后，认为社会主义建设时期社会的基本矛盾仍然是“生产关系与生产力之间的矛盾，上层建筑与经济基础的矛盾。”但与过去相比，具有根本不同的性质，其主要表现有三个：一是社会主义社会基本矛盾的性质是非对抗性的；二是社会主义社会基本矛盾的状况既相适应又相矛盾，相适应是基本的；三是社会主义社会

① 《毛泽东文集》第 7 卷，北京：人民出版社 1999 年版，第 205 页。

的基本矛盾可以经过社会主义制度本身不断解决。①

由此可见，毛泽东在新中国成立之后的建立和建设社会主义制度过程中，始终坚持用马克思主义的阶级分析方法指导，通过对中国社会发展的不同阶段实际的阶级分析来实现对中国社会主义社会的巩固和领导。笔者认为，毛泽东的阶级分析及其方法是科学的、实际的，对当时中国社会发展是必要的和正确的，是对马克思主义阶级分析理论及方法的丰富和发展。

毛泽东的“四个现代化”理论规划了中国社会主义社会的阶段性目标。自 1954 年 9 月起到 60 年代初，毛泽东用了近七年时间分析、总结、概括、提升和扩展，提出了建设社会主义社会的“四个现代化”，即工业现代化、农业现代化、科学文化现代化和国防现代化。② 他对实现四个现代化论述了其步骤和重点，由此而形成了他的社会主义社会建设的阶段论，即社会主义制度有建立和建成之分。1956 年，他在《关于正确处理人民内部矛盾的问题》中指出：“我国的社会主义制度还刚刚建立，还没有完全建成，还不完全巩固。”③ 他已清醒地认识到中国社会主义的现代化建设的长期性和艰巨性。

在总结了“大跃进”冒进错误之后，毛泽东提出了对中国社会主义社会建设发展的阶段论，即社会主义可以分为两个阶段：“第一个阶段是不发达的社会主义，第二阶段是比较发达的社会主义。后一阶段可能比前一阶段需要更长的时间。经过后一阶段，到了物质产品、精神财富都极丰富和人们的共产主义觉悟极大提高的时候，就可以进入共产主义社会了。”④

他还反对照搬苏联社会主义模式，也反对一概排斥西方资本主义国家的经验。他主张：一切民族、一切国家的长处都要学。⑤ 毛泽东的这些重要论断，为后来社会主义初级阶段理论的提出和中国特色社会主义理论的建立奠定了重要基础。

---

① 郑杭生、刘少杰主编：《马克思主义社会学史》，北京：高等教育出版社 2006 年版，第 320 页。

② 《毛泽东文集》第 8 卷，北京：人民出版社 1999 年版，第 116 页。

③ 《毛泽东文集》第 7 卷，北京：人民出版社 1999 年版，第 332 页。

④ 《毛泽东文集》第 8 卷，北京：人民出版社 1999 年版，第 116 页。

⑤ 《毛泽东文集》第 7 卷，北京：人民出版社 1999 年版，第 64 页。

毛泽东的社会学思想不仅关注中国社会发展，还放眼世界，总揽全球社会发展格局，提出了“三个世界理论”，指出：美国和苏联属于第一世界，日本、欧洲、澳大利亚、加拿大，属于第二世界，其余国家都属于第三世界，并强调第三世界人口多，除了日本后的亚洲、整个非洲和拉丁美洲均属于第三世界，希望第三世界团结起来。[①] 毛泽东的三个世界划分理论对我国对世界社会发展的认识和外交策略产生了重要影响。

2. 改革开放以后的马克思主义政党社会学

改革开放以后，中国马克思主义社会学是沿着建设中国特色社会主义社会发展起来的，其间，邓小平无疑是伟大的旗手。

邓小平曾是中国社会主义建设的第一代中共领导层的核心人物之一，他亲身经历和参与制定了一系列重大决策，是在毛泽东的教育和影响下成长起来的伟大的革命家。他在总结中国社会主义取得胜利和经历挫折的历史经验教训、借鉴其他国家社会主义兴衰成败的历史经验教训的基础上，站在中国历史转折的新起点，于 1978 年党的十一届三中全会上提出“解放思想，实事求是”的思想路线，并明确指出：“把马克思主义的普遍真理同我国的具体实际结合起来，走自己的道路，建设有中国特色的社会主义，这就是我们总结长期历史经验得出的基本结论。”[②] 提出中国社会主义建设要从“以阶级斗争为纲”转到“以经济建设为中心”上来，这是邓小平率领第二代领导集体确定的今后一个时期的思想路线、前进道路和工作重心，也就是改革开放的前进方向，这是中国特色社会主义道路的新探索和社会发展理论的创新，也是邓小平社会学理论的历史和逻辑起点。

邓小平对社会主义的本质和怎样建设社会主义进行了精辟的论述，提出了社会主义初级阶段论，指出：“社会主义本身是共产主义的初级阶段，而我们中国又处在社会主义的初级阶段，就是不发达阶段。一切都要从这个实际出发，根据这个实际来制定规划。”[③] 邓小平的“社会主义初级阶段论”是对马克思主义社会形态理论的发展，更是对毛泽东“新

---

① 《毛泽东文集》第 8 卷，北京：人民出版社 1999 年版，第 441—442 页。

② 《邓小平文选》第 3 卷，北京：人民出版社 1993 年版，第 3 页。

③ 同上书，第 252 页。

民主主义论”和“社会主义建设理论”的继承和发展。这一理论构成了新时期中国马克思主义社会学理论创新的重要内容。

关于社会主义的本质，邓小平明确阐述：“社会主义的本质，是解放生产力，发展生产力，消灭剥削，消除两极分化，最终达到共同富裕。”[①]并指出现阶段中国社会的主要矛盾是人民日益增长的物质文化需要同落后的社会生产力之间的矛盾，所以，必须把发展生产力放在首要位置，以经济建设为中心，推动社会全面进步。“本质论”丰富了马克思主义社会形态论关于社会主义社会的理论内涵。

在社会主义初级阶段建设发展战略上提出了“三步走”战略，还提出了具有社会学意蕴的社会主义渐进式改革理论和市场经济理论，为新时期社会学发展增加了活力和拓展了领域。

继邓小平之后，江泽民、胡锦涛等先后提出了“三个代表”重要思想和“科学发展观”，这正是在沿着毛泽东邓小平的社会主义建设发展的理论和方向不断前进中的中国特色社会主义理论的新探索、新发展。其间充满的许多中国社会主义社会学的精髓的理论是对毛泽东、邓小平社会学思想的继承和发展。

习近平及其党中央，深刻总结改革开放前30年和后30年的社会主义社会建设发展的客观实际，特别是在清醒地总结和概括中国特色社会主义社会成功经验和成熟理论之后，明确指出：全党和全国人民要坚持道路自信、理论自信和制度自信。制定了以全面建成小康社会为目标、以全面深化改革、全面推进依法治国和从严治党为重大战略措施的总体战略方针，规制了未来10年的总方向、总目标、总策略。这个方针指明了新常态下中国社会学发展的方向和理论指向。

综上，笔者主要粗略地梳理和简述了按照一条主线，即中国共产党主要领袖群体在两个不同历史时期（新中国成立前与新中国成立后）和三个不同阶段（探索推翻旧制度建立新社会阶段、建立社会主义国家制度和建设中国特色社会主义社会两个阶段），坚持马克思主义理论与中国实际相结合，在新民主主义革命和社会主义建设实践中不断提出和总结的马克思主义社会学思想和理论。而且，我们应当看到，它们是一个完

---

① 《邓小平文选》第3卷，北京：人民出版社1993年版，第373页。

整、连续、科学的整体，是一个继承、创新和发展的具有中国特色的马克思主义社会学体系。这个体系的主要特征是砸碎腐朽的旧制度，寻求救人民于水火的新社会的革命批判性马克思主义社会学，以及建立中国社会主义社会、不断完善中国特色社会主义社会道路、理论和制度的维护建设性马克思主义社会学；其突出表征是：革命性、宏观性、方向性、综合性、体制性、决策性、组织性和权威性；其主要表述方式是：报告式（领袖们在重要会议上的报告）、评论式（领袖们在某种特殊时期、用某种特殊形式和因某种特殊需要而发表的重要评论）、重大决定式（党的重大决定）、重要文件式和大型活动讲话等，因而，其主要内容一般不是专门从社会学的理论进行单独陈述或论述，而是其主要观点寓于综合的论著（包括报告和文件）中，是马克思主义中国化的一个组成部分，是全党智慧的结晶。所以，我们称其为中国马克思主义政党社会学。

一般来讲，现有论及中国马克思主义社会学或者马克思主义社会学中国化的学术论著中到此就告一段落。但笔者认为，构成中国马克思主义社会学完整体系的，应该还有一支被称作学院式马克思主义社会学的队伍，他们的研究成果与政党社会学理论相呼应、相补充、相支撑、相促进、相融合而共同构成中国马克思主义社会学。

第二节 中国马克思主义学院式社会学的形成与发展

一 从早期中国社会学到早期中国马克思主义学院式社会学

所谓学院式社会学，是指以社会问题为背景，以社会学学科为导向，学理研究为主，以回答或解释或试图解决（有助于解决）社会问题的学者群体及其思想和成果形成的社会学理论体系。

（一）中国社会学起源

中国社会学起源于群学，其开创者当属严复和康有为。严复，1854年1月8日生，1877年入英国留学，1903年出版著名译著《群学肄言》（原著是英国著名社会学家赫伯特·斯宾塞《社会学研究》），第一个将西方社会学引进中国，在翻译中，严复有意识借用荀子的概念将斯宾塞的社会学翻译成“群学”，意在表达中国社会学家的一种强烈的愿望：中华民族面对列强瓜分的危机应该团结自强、“合群保种”，呼唤“国人合成群体，发挥群力，团结抗敌，复兴中华”①。严复的译著有多部，但大都不是原原本本的翻译，而是在尊重原著基本意义的基础上，注重在西方学术研究中揭示那些开启中国民智、激励中华奋进的思想。他是一个坚定的民族主义者，所以，看到中国人一盘散沙的严峻局面，呼吁民族团结和社会整合，是中国知识分子明确无疑且不可推卸的责任。他不主张像斯宾塞那样片面地坚持个人主义，不关心民族、国家与社会。严复在坚持儒教基本观点的群学思想中，表现出其政治立场是在维持清王朝封建统治的前提下开展政治改良和推进社会进化。所以，在辛亥革命推翻清朝政府统治后，其改良主义就失去了意义，而严复却成了抵制孙中山的三民主义和李大钊等人的社会主义，抵制革命的资产阶级社会学代表。

康有为，1858 年 3 月 19 日生，他是晚清传统今文经学政治化的代表。他在其《实理公法全书》和《大同书》中阐发了他的今文经学思想，并论及了社会构成、社会群体、社会制度、社会危机和社会变迁等社会学问题。他把自己关于社会制度、社会行动和社会结构的思考，融进其维新变法的政治纲领之中，目的是支持其社会改良主义政治理想的实现。这种植根于中国社会重大变迁的明确的政治目的和价值追求，“正是中国社会学在中华民族危难之际能够成为中国知识分子热切关注的新学术的根本原因。清末民初，谭嗣同、梁启超、章炳麟、王维国、李大钊、瞿秋白、李达、潘光旦、周谷城、梁漱溟等一大批杰出的知识分子积极投入社会学研究中。”② 康有为的群学或社会学思想是植根于中国传统社会文化之中的，即是说，康氏社会学源于中国本土，依赖于中国的学术传统。而严复的群学或社会学源于西方社会学的实证社会学，但他立足于中国社会文化实际，论述中避免了斯宾塞的科学精神与人文精神的隔离。他们共同为开创中国社会学奠定了重要基础。

继之严复、康有为奠定的中国社会学（或群学）基础，梁启超（1873 年 2 月 23 日生）做出了重大贡献。他追随过康有为的今文经学的社会学思想，也接受过严复的西方社会学学术思想影响。他提出并论述

---

① 刘少杰：《中国社会学的发端与扩展》，北京：中国人民大学出版社 2007 年版，“代序”第 3 页。

② 同上书，第 74 页。

了“以群术治群的群学理论”“群体进化的新史学”“过渡时期的民族国家理论”和“化育新民的社会重建理论”等思想，进一步深化了中国社会学理论。梁氏的群学理论的核心是“以群术治群”，他坚持用历史原则和辩证原则来论述群学之理。他既继承和发展了严、康的社会学思想，还吸收了与他同时代的谭嗣同的《仁学》中的社会学思想。[①] 20 世纪初，正当梁启超在中西交融的视野里开展社会学研究之时，越来越多的学者加入到社会学研究队伍，中国社会学进入多元发展时期。但是大部分学者并没有沿着严复、康有为和梁启超等创立的社会学传统进入社会学领域，而是出现了部分学者完全照搬西方模式开展社会学研究。应该说严、康、梁为首的中国社会学家为学院式社会学奠定了基础，它是中国社会学的真正起源。辛亥革命之后的二三十年间，中国学院式社会学分化形成四个社会学学派。

（二）辛亥革命之后：四类社会学研究及群体

一是以陈独秀、李大钊、瞿秋白、李达为代表的早期中国马克思主义政党社会学。（前面已论及）

二是实证社会学学派。20 世纪 20 年代，以严恩春、易家鉞、潘光旦、陈长蘅、李景汉、陶孟和和陈翰生等学者为代表的实证社会学学派。其中严、易、潘、陈（长蘅）等是按照社会学的方法原则进行家庭、人口问题研究，特别是潘光旦从生物学或优生学视角对人口生育问题开展调查，进行实证研究产生重要影响；李、陶、陈（翰生）等为代表的学者深入街头巷尾进行的实地社会调查研究，各具特色和深意。[②]

三是以孙本文和梁漱溟为代表的具有浓厚文化社会学特点的综合性学派。1921 年梁漱溟出版了中国文化社会学方面第一本专著《东西文化及其哲学》，随后，孙本文于 1927 年至 1929 年间先后出版了《社会学上之文化论》《文化与社会》《社会的文化基础》和《社会变迁》等一系列文化社会学研究成果。其中，梁漱溟的研究不仅强调中国文化传统与西方文化传统的区别，更重要的特点是，他对中国文化存在的根据、展开的形式和具有的特殊功能都进行了深入的探讨。因此，梁的文化社会学

---

① 刘少杰：《中国社会学的发端与扩展》，北京：中国人民大学出版社 2007 年版，第 167 页。

② 同上书，（代序）第 8 页。

具有浓厚的本土特点。孙本文的文化社会学运用西方社会学和社会心理学的概念与方法对中国文化现象做出理论概括，具有西方社会学特点。[①]但是，郑杭生先生认为孙本文是中国早期社会学综合派的集大成者，孙先生以“社会行为”为起点，“其目标并不是简单地围绕当代社会学意义上的社会行为概念徘徊不前，而是想借由社会行为这一切入点来展现他对社会整体的认识，来构建他的整个社会学理论体系。”[②] 他还结合中国实际提出并研究了社会建设问题，也产生了重要影响。

四是以吴文藻、费孝通等为代表的社区社会学学派。吴文藻于1901年12月20日出生，曾留学美国，获博士学位，是社会学家、人类学家、民族学家，开创了中国社区社会学派。他提出“现代社区的核心为文化，文化的单位为制度，制度的运用为功能。我们就是要本着功能的眼光及制度的入手法，来考察现代社区及现代文化。因此，也可以说，社会学便是社区的比较研究，文化的比较研究或制度的比较研究。”[③] 费孝通是吴文藻最有成就和影响的学生之一（见前面的论述）。

二 早期中国马克思主义学院式社会学的形成轨迹

马克思主义学院式社会学先驱代表人物应该算梁启超和朱执信等学者。在西方社会学进入中国时，他们关注、赞扬、评价和引介马克思主义社会学到中国。

梁启超对马克思的社会主义学说不仅赞赏，而且有自己的观点。他认为：“社会主义，虽不敢谓为世界唯一之大问题，要之为世界数大问题中之一而占极重要之位置者也。此问题之发生，与富国之膨胀为正比例，我国今当萎靡时代，尚唯有容此问题发生之余地。”前一句，是他站在世界社会发展眼光看，他肯定马克思的社会主义，但他从自己秉持的学理并结合中国的现实看，认为这样的社会主义进入当下的中国还不适宜。他也看到一个国家必须要有好的生产发展和经济财富，才能建立社会主

① 刘少杰：《中国社会学的发端与扩展》，北京：中国人民大学出版社2007年版，“代序”第8页。

② 《郑杭生自选集》，北京：学习出版社2013年版，第555—556页。

③ 转引自孙本文《当代中国社会学》，北京：商务印书馆2011年版，第261页。

义。但在中国最后还是要进入社会主义的，“然则社会主义一问题，无论以世界人类一份子之资格，或是中国国民一份子之资格，而皆不容以对岸火灾视之。”[①] 所以，他号召，一定要开展社会主义研究。1921 年，梁启超主编的《改造》杂志 2 月号辟专栏“社会主义研究”以推动其研究。辛亥革命之后，梁对社会主义认识进一步加深，认为资本主义是一个不合理的人剥削人的制度，资本家主要是“将本求利”者，具有深深的罪恶行径，需要解决。但是，社会现实的经济贫困状况，需要发展资本主义来促进中国经济。所以，在他经过反复痛苦深入的思考以后，认为欧美当时的城市资本主义已比较发达，其具备了社会主义进入的条件和需求。所以，提出社会主义是为了解决经济上的不平等和改善多数劳动者地位问题，符合多数劳动者的利益。而中国虽然目前还不具备实行社会主义的条件和需要，但社会主义仍是中国将来的前途。[②] 他主张“以资产阶级同时为敌、为友的渐进的”社会主义思想，[③] 认为在中国实行社会主义“途中必须经过一种事实——其事实之性质，一面为本主义之敌，一面又为本主义之友”[④]。他的这些思想与恩格斯曾经的现代社会主义变革思想有其相似之处。[⑤] 当然，梁启超是一个积极的资产阶级的改良主义学者，他的改良主义路线也没有成功的例子或模式。即使到了今天，美国资本主义已经非常发达了，美国的共产党及美国马克思主义学者探讨和争取了近百年，也没有找到从美国资本主义改良成社会主义的途径和办法。只是沿着争取“议会席位”和反“垄断联盟”游行示威活动的渠道来推进美国社会主义的实现。但结果是，不仅没有什么效果，而恰恰不断受到镇压和打击，使之与社会主义社会的实现越来越远。[⑥] 苏俄的十月

① 梁启超：《饮冰室文集》之二十，北京：中华书局 1989 年版，第 1 页。

② 刘圣宜：《论梁启超的社会主义观》，《华南师范大学学报》（社会科学版）1996 年版第 2 期。

③ 应学犁：《梁启超在二十年代初社会主义问题争论中的角色》，《南京大学学报》（哲学·人文·社会科学）1995 年第 2 期。

④ 梁启超：《饮冰室文集》之二十，北京：中华书局 1989 年版，第 1 页。

⑤ 应学犁：《梁启超在二十年代初社会主义问题争论中的角色》，《南京大学学报》（哲学·人文·社会科学）1995 年第 2 期。

⑥ 曾枝盛：《20 世纪末国外马克思主义纲要》，北京：中国人民大学出版社 1998 年版，第 274—283 页。

社会主义革命胜利给中国青年马克思主义者们带来希望，所以，中国共产党成立后，一批左派激进的青年马克思主义者忙于在大城市里搞工人运动，急于走直接革资产阶级命的社会主义道路，甚至照搬苏俄模式，致使中共早期三次路线的失败。直到毛泽东等创造性地开辟农村革命根据地，走农村包围城市的革命道路，创立了新民主主义论，这“既从根本上否定了梁启超的改良主义，又从另一方面证明了梁启超的许多主张具有合理性：就中国当时的革命性质来说，他不是社会主义性质的，而是资产阶级性质的，资产阶级不是革命的对象而是革命的朋友；在对待民族工商业的政策上只能在‘奖励生产’的前提下协调劳资关系，而不能在不讲发展生产的前提下一味的追求分配平等。”[①] 新民主主义论实质上提出了在社会主义初始阶段上必须借助资产阶级和资本主义的力量和财富，所以它们这时是朋友，而当这一过程终结时，也意味着资产阶级和资本主义的灭亡。因此，从这个意义上讲，梁启超应该算早期中国马克主义学院式社会学的先驱和代表之一。

从梁启超曾与当时中共马克思主义领袖人物的争论中，我们也可以从另一个角度来讨论他的马克思社会主义观。纵观梁氏的社会主义观发展过程，他在两次争论中明确地阐述了自己的观点。第一次是 20 世纪初，中国思想界围绕如何对待马克思的社会主义，特别是这种社会主义究竟适合中国与否等问题，展开了争论。关于梁启超与革命派代表孙中山等“土地政策”存在分歧，孙中山认为，他主张的民生主义即社会主义，其核心是“平均地权”“土地国有”，通过“改良社会经济组织，核定天下地价”；梁氏认为，仅仅如此，并不是社会主义，“土地国有”只是社会主义内容的一部分；认为应该将生产机关归国有，土地乃重要的生产机关之一，除土地之外，还有另外的重要生产机关，即资本。虽然，两派的观点有较大差异，但是，客观地分析不难看出他们在三个方面具有共同之处：一是孙、梁 20 世纪初在中国宣传社会主义都是由于对欧洲社会存在的复杂的社会矛盾以及西方资本主义社会贫富差距、不平等的社会弊端进行了深入考察和了解，并根据中国的实际状况提出自己的关

---

① 应学犁：《梁启超在二十年代初社会主义问题争论中的角色》，《南京大学学报》（哲学·人文·社会科学）1995 年第 2 期。

于在中国实行社会主义的观点，并不是原封不动照搬西方模式，是一种积极认真的探索；二是在主观上，他们都力图避免欧美资本主义社会贫富悬殊的弊端在中国发生；三是他们在对不同社会主义流派的选择上都主张在中国实施国家社会主义。①

第二次是20世纪20年代，梁启超与中共早期领袖陈独秀等人的争论，争论的焦点是：直接推翻资本主义建立社会主义，还是先发展资本主义再进行社会主义。以陈独秀、李大钊、瞿秋白等共产党的领袖们主张砸碎和推翻资本主义制度建立社会主义制度，是解决中国落后、焕散、“挨打”的根本性社会问题；而梁启超等人却认为，在中国必须先通过发展民族资本，走实业救国的道路，即主张在中国走独立发展资本主义经济道路，以此达到强国富民，认为“社会主义学说，其属于改良主义者，吾固绝对表同情；其关于革命主义者，则吾亦未始不赞美之，而谓其必不可行，即行亦在千数百年之后”②。对梁启超的资产阶级改良主义主张，陈独秀提出了批评“……，像中国这样知识幼稚没有组织的民族，外面政治的经济的侵略又一天紧迫似一天，若不取急进的革命，时间上是否容我们渐进革命呢?”③ 李大钊认为：中国社会问题需要“根本解决”，“……与其一滴一滴的解决，不若总和的解决。与其一步一步的改造，不若就我们的理想彻底改造。和平的引导，实在不如激烈革命”。④ 李达也批评道：“无论其道迂不可言，即故意把巧言饰词来陷四百兆无知同胞于水火之中，而再提倡不彻底的温情主义，使延长其痛苦之其间”。⑤

这两场争论中我们再一次看到，陈独秀、李大钊为代表的政党社会学与以梁启超为代表的学院式社会学的分歧主要在社会主义社会内涵理解上和在中国实现社会主义的途径上。但就笔者看，有两点可以肯定：一是两者都是积极地为中国社会进步而寻找方向和解决问题的途径；二

① 韩华：《梁启超与两次“社会主义”论争》，《四川师范大学学报》（社会科学版）2001年第1期。

② 饮冰：《驳孙中山演说中关于社会革命论者》，《新民丛报》第86期。

③ 转引自韩华《梁启超与两次“社会主义”论争》，《四川师范大学学报》（社会科学版）2001年第1期。

④ 《五四时期的社团》（一），北京：三联书店1979年版，第167页。

⑤ 转引自韩华《梁启超与两次“社会主义”论争》，《四川师范大学学报》（社会科学版）2001年第1期。

是都认为社会主义是解决中国社会问题途径，政党社会学认为要用革命性的暴力手段及时地用社会主义取代腐朽的资本主义制度，救人民于水火。而梁氏却保守地用改良的手段发展资本主义，待国富民强之后再实行社会主义（这与梁所处的时代背景和严康学术思想的影响以及维新变法失败还有学者心理有直接的关系）。因此，从这个意义上讲，梁启超仍然是一个马克思主义的社会主义社会学家。梁启超的观点与英美马克思主义观点相近。[①]

我们还可以从后来领导中国共产党取得中国革命胜利，并建立了社会主义新中国的毛泽东等中共领袖的思想中看到梁启超社会主义思想的巨大贡献。毛泽东16岁开始自己求学，在湘乡县立东山高等小学堂学习期间，第一次见到梁启超主编的《新民丛报》，其间的梁启超的社会主义思想中的新民学说和社会主义国家政权思想对毛泽东影响很大。在湖南师范专科学校，毛泽东组织了一个学生组织，取名“新民学会”，主要目的就在于传播梁启超的新民思想；韶山纪念馆存放的毛泽东当年读过的《新民丛报》（第四号）中刊载了梁启超《新民说》第六节“论国家思想”，在这段里毛泽东写下了如下批注：“正式而成立者，立宪之国家也。宪法为人民所制定，君主为人民所推戴。不以正式而成立者，专制之国家也，法令由君主所制定，君主非人民所心悦诚服者。前者，如现今之英日诸国；后者，如中国数千年来盗窃得国之列朝也。”这表现了毛泽东早期认识和赞同的国家的基本治国方略。周恩来也同样受到梁启超社会主义思想的重大影响。[②] 其深远影响更体现在毛泽东总结梁启超和先驱们的争论中的智慧以及中共已经经历的三次路线失败教训后提出的新民主主义论，否定改良论，又利用了资产阶级在过渡时期的作用，找到了中国社会主义革命的成功之道。

综上，中国早期的政党社会学和学院式社会学共同构成早期中国马克思主义社会学。客观地讲，早期中国马克思主义社会学是在政党社会

---

① 曾枝盛：《20世纪末国外马克思主义纲要》，北京：中国人民大学出版社1998年版，第274—283页。

② 转引自李凤成《梁启超社会主义思想源流、主张及其历史贡献》，《求索》2012年第5期。

学与学院式社会学在共同目标的基础上通过相互争论、讨论、借鉴和吸取而形成的。

在新民主主义革命时期，因为帝国主义的侵略和国内国民党制造的社会政治恐怖，导致学院式中国马克思主义社会学基本处于“散漫状态”，只有中国马克思主义政党社会学在中国共产党旗帜下蓬勃发展。而这期间中国社会学中的实证主义学派、具有文化特征的综合性学派和社区社会学学派逐步发展。

新中国成立后30年，因为国家取消社会学学科和大学社会学专业，而自然地使得中国社会学只有马克思主义社会学的“阶级斗争学说”。而这种状况使得中共在领导社会主义建设中犯过一些错误，走了一些弯路。直到改革开放，党中央提出“解放思想，实事求是”的思想路线，把全党和全国人民的工作重心从“以阶级斗争为纲”转到“以经济建设为中心”上一心一意“解放生产力、发展生产力”，迈向建设有中国特色的社会主义道路。随着这样一个新时代的到来，国家恢复了社会学学科和社会学专业。要进行“社会学补课”，需要培养各个类型各个层次的社会学人才。这个中国社会学春天的到来凝聚着老一辈社会学家和中国马克思主义政党社会学家的共同努力和心血。特别是含冤服狱20年的著名社会学家费孝通复出后和著名社会学家陆学艺、郑杭生等为代表的学者积极主动向国家提出恢复社会学学科和社会学专业的建议和呼吁，受到改革开放总设计师邓小平为代表的中共领导集体高度重视，才使中国社会学开始重建，中国马克思主义学院式社会学才真正迈向良性发展的轨道。

新时期中国马克思主义学院式社会学的指导思想非常明确，就是用马克思主义作指导，为社会主义建设服务。费孝通在中国社会学恢复重建一开始就提出了中国社会学建设的指导性意见，即中国社会学要“以马列主义毛泽东思想为指导，密切结合中国的实际，为社会主义建设服务”。[①] 改革开放30多年来，中国马克思主义社会学是在建设中国特色社会主义社会的旗帜下，以邓小平等中共领袖们及以其为中心的领导集体形成的中国马克思主义政党社会学领航，学院式老一辈社会学家费孝通、陆学艺、郑杭生等率领学界围绕中国特色社会主义理论建立和发展中国

① 费孝通：《社会学的探索》，天津：天津人民出版社1985年版，第5页。

特色社会学，做出了巨大成就。中国马克思主义学院式社会学得到了蓬勃发展。本书将以郑杭生教授的“社会运行论”理论体系为例予以阐述。

第三节 “社会运行论”:新时期中国马克思主义学院式社会学代表之一

改革开放以后，随着国家恢复和重建中国社会学，中国马克思主义学院式社会学研究迅速崛起，在费孝通、陆学艺、郑杭生等著名社会学家的引领下，形成了一支庞大的高水平研究队伍，取得了丰富的成果。特别是一批社会学家率领自己的团队围绕构建中国特色社会主义社会学理论以及对实践的指导做出了重要贡献。在国内外都产生了重要影响。本书介绍其中之一：“社会运行论”理论体系，以作为研究三峡流域城市社会治理创新的理论视角。

一 “社会运行论”理论体系的领军人：郑杭生教授

郑杭生祖籍浙江省温州市乐清县白象镇瑞里村，1936 年 9 月 16 日生于杭州市，并由此得名。1956 年，郑杭生考入中国人民大学哲学系，并于 1961 年毕业后留校任教。“文化大革命”中曾受到冲击，被下放到江西余江五七干校劳动。1972 年回京，到北京师范大学任教。1977 年中国人民大学复校又随哲学系回人大。1981 年年底到英国布里斯托尔大学留学，进修现代西方哲学和社会学。回国后，于 1984 年筹建了人大哲学系现代外国哲学教研室和社会学研究所，担任教研室主任和所长，并建立现代西方哲学和社会学两个硕士点。1987 年创建社会学系并担任首任系主任，1993 年建立社会学理论和方法博士点。自 1987 年起担任人民大学副校长职务（1987—1996 年）。另外，郑杭生还先后担任过北京大学吴玉章基金会常务副主任及秘书、国务院学位委员会政治学社会学学科评审组成员、国家社科基金社会学学科评审组组长、国家教委高等学校社会学学科指导委员会主任委员、中国社会学会副会长、中国社会学会会长、北京市社会学学会副会长等职务，兼任南京大学、华中师范大学等数十所国内外重要高校的客座教授、兼职教授或特聘教授、荣誉教授。1991

年郑杭生被授予国家有突出贡献专家荣誉称号。[①]

郑杭生的社会学研究，始于1981至1983年在英国布里斯托尔大学留学期间，是从哲学研究转向社会学研究的。1983年3月5日，光明日报发表了他从英国寄回的长篇文章《从伦敦几处纪念活动看马克思和他的学说》，由此可见，郑杭生对马克思主义理论社会意义的深切关注和研究热情。留学回国后的第一篇文章《论马克思主义社会学的两种形态》，发表在1985年7月29日的光明日报上。从此，他始终站在中国社会学研究前沿，以马克思主义社会学理论为指导，率领其团队致力于建立中国特色社会学理论体系，创建中国社会学学派，用其开创性的丰硕成果为中国马克思主义社会学理论发展做出了重要的开拓性贡献。他发表社会学学术文章近三百篇，社会学专著、教材、译著等四十余部。郑杭生的注意力主要集中在建立中国特色的社会学理论的探索上，先后提出并系统论述了以“社会运行论”为核心的，包括社会转型论、学科本土论、社会互构论和社会实践结构论在内的“五论”共同构成的“社会运行论”社会学理论体系，在国内外产生了重大影响，被誉为“东方社会学奇葩”，成为有鲜明中国特色的社会学派：社会学运行论学派。

二 郑杭生社会学研究的学术理路

（一）郑杭生社会学研究的思想起点和学术追求

郑杭生先生早期研究哲学，有很深的哲学功底，特别是对马克思主义哲学的辩证唯物主义和历史唯物主义的精髓的理解和应用把握得准确。他的社会学研究起点就是建立在马克思主义社会学理论基础之上的。他的第一篇社会学文章就是研究马克思主义社会学的，并提出了两个开创性的重要观点：一是提出社会运行思想的社会学概念，他指出“一般地说，社会学是关于现代社会良性运行和协调发展的条件和机制的综合性具体学科。”[②] 这个概念既适用于孔德的西方社会学传统，也适用于马克思主义社会学传统，并揭露了西方社会学传统的本质是以维护资本主义

---

① 李迎生：《当代中国特色社会学理论的开拓这——郑杭生社会学探索历程》，《社会科学战线》2007年第1期。

② 郑杭生：《论马克思主义社会学的两种形态》，《光明日报》1985年7月29日。

社会制度为目的的，是以研究资本主义社会良性运行和协调发展的机制与条件为对象的；指出了马克思主义社会学实质上是一门关于社会主义和共产主义社会良性运行和协调发展的条件和机制的综合性具体学科。这一观点的提出说明，郑先生的社会学研究的理论视野、价值理念和立场方法是马克思主义社会学的。第二个观点是提出了马克思主义社会学的两种形态。即对资本主义社会是革命批判性的社会学，对自己建立起来的社会主义社会是维护建设性的社会学，并进行了深刻的论述。对此，郑先生后期应用他自己提出的“理论自觉”理论，经过反思，进一步科学地界定了马克思主义社会学两种形态中的“维护建设性形态”应该修改界定为“建设反思型形态”。他还郑重声明：“马克思主义社会学对资本主义社会是‘革命批判型’的社会学，对我们自己建立起来的社会主义社会是‘建设反思型’的社会学。”① 这一观点及其论述实质上指出了中国社会学未来发展的方向，即围绕中国社会实际，放眼世界发展格局，以马克思主义社会学‘建设反思型’理论为指导研究中国特色社会主义社会的良性运行和协调发展的机制和条件，建设中国特色的社会主义现代化强国。这正是郑杭生先生及其团队 30 余年社会学学术追求的方向和轨迹。所以，郑杭生及其团队的社会学研究的起点是马克思主义社会学的，其着眼点是巩固和发展中国特色社会主义社会。

（二）郑杭生社会学研究的实践历程

纵观郑先生的社会学研究实践，结合他自己的概述，可以将他一生对社会学研究的实践历程概括为四个特点：

1. 始终坚持以马克思主义理论为指导，马克思主义的辩证法、唯物史观、实践观是郑先生及其团队研究社会学一贯坚持的基本指导原则和方法论；

2. 始终把中国社会问题、社会进步以及中国社会学作为研究的对象，深入实际，关注现实、直面社会、经验提升为郑氏学派风格；

3. 始终把中国社会学学科理论建构放在重要位置，用国际化视野，从社会学的元理论和学理方面阐释社会学的本质和时代要求。在建立中

---

① 郑杭生：《中国特色社会学理论的深化：“实践结构论”的提出与“理论自觉”的轨迹》（上卷），北京：中国人民大学出版社 2010 年版，“自序”第 4 页。

国特色社会学理论中，重视理论、立足本土、国际视野为郑先生的学术胸怀；

4. 始终把社会学队伍建设、构建独具特色的中国马克思主义社会学学派作为追求的重要目标。他心胸开阔，为人真诚，待人宽和，硬是通过几十年艰苦努力，培养了一大批卓有成就的社会学人才，并率领其团队创立了中国社会学“社会运行论”学派。因此，凝聚队伍、育徒交友，承前启后、创立高地、学派雄风是郑先生的终身追求。

(三) 郑杭生的主要学术成就及其贡献

1. 郑杭生是新时期中国马克思主义社会学理论的重要开拓者之一

中国社会学会原会长、知名社会学家、南京大学宋林飞教授评价说：郑杭生教授是“新时期中国社会学理论的重要开拓者，在三大领域建立了富有特色的理论。”一是创造性地开拓了社会运行理论，提出了社会学的定义并进行了系统阐述。其“观点对于中国社会学要为社会发展提供理论支持是一个有益的推动。”二是创造性地开拓了社会转型理论，分析了快速转型的中国社会实际，指出：“中国社会学必须全面认识和把握中国社会正负两面，正确引导社会心态和社会思潮，积极参与社会各个层次各个层面的制度创新，从而在改革发展和稳定中最大限度地推动社会进步，并把社会代价减少到最低限度。这是一种积极的理论取向。”三是创造性地提出了理论自觉的使命，以高度自觉的态度，长期坚持马克思主义社会学理论的深入探索。认为“理论自觉是一个时代性课题，我们应该把理论自觉真正落实到社会发展中，立足现实、具有世界视野，结出中国特色的丰硕之果”①。

中共中央党校社会学教研室主任王道勇博士认为，郑杭生先生的社会学“五论”，在开创社会学认识论传统、发展社会学元理论和构建中国化社会学本理论方面做出了巨大贡献。② 华东政法大学社会学系的童潇博士，从郑杭生社会学思想理路的角度分析和评价认为：郑杭生社会学思

① 宋林飞：《新时期中国社会学理论的重要开拓者——怀念郑杭生教授》，《光明日报》2014 年 11 月 13 日第 6 版。

② 王道勇：《郑杭生先生对中国社会学理论发展的巨大贡献》，《广西民族大学学报》（哲学社会科学版）2014 年第 6 期。

想来源于三个方面：一是马克思主义及其中国化的理论成果给郑杭生社会学思想以动态指导，马克思主义中国化的理论成果是其思想的重要理论源泉，研究马克思主义社会学史建立中国马克思主义社会学；二是中国传统哲学文化与社会思想对他的启示，在他的社会学定义中蕴含着中华民族五千年对社会治乱兴衰的探求理念和经验；三是吸取西方哲学与社会学理论研究的有用成果。[①] 中国人民大学社会学系李迎生教授认为：郑杭生先生是当代中国特色社会学理论的开拓者，认为郑先生的理论体系"'学科本土论'为中国特色社会学理论的提出提供了理论基础，'社会运行论'则是中国特色社会学理论的核心，'社会转型论'是中国特色社会学理论的拓展，'社会互构论'是中国特色社会学理论的深化。"[②] 勾画了整个体系中的"四论"之间的逻辑联系。

宋林飞教授及其各位学者的评价都从不同角度说明了三点：其一是郑杭生先生对中国马克思主义社会学理论发展做出了开拓性的重大贡献；其二是郑先生的研究始终围绕中国特色社会主义社会的进步和发展这个主题；其三是坚持用马克思主义社会学理论指导中国社会学的研究。这些正说明郑杭生先生是一个中国马克思主义社会学领军学者，是新时期中国马克思主义学院式社会学的重要开创者之一。

三　郑杭生社会学体系"五论"及其马克思主义社会学意义

（一）郑杭生社会学体系"五论"

1. 社会运行论。郑杭生教授社会学研究起源于英国留学所学和哲学基础，而他的第一篇社会学研究论文，是在研究马克思主义社会学的理论形态中，提出了"社会运行论"中的第一个最为重要的概念——社会学的定义："社会学是关于社会良性运行和协调发展的条件和机制的综合性具体学科。"并由此指出"马克思主义社会学的特殊性在于：它的创始人马克思恩格斯认为，他们面对的资本主义社会，从根本上总体上说是一个恶性循环和畸形发展的不合理的社会，只有代之而起的社会主义和

① 童潇：《郑杭生社会学思想理路探微》，《学习与实践》2008 年第 11 期。

② 李迎生：《当代中国特色社会学理论的开拓者——郑杭生社会学探索历程》，《社会科学战线》2007 年第 1 期。

共产主义社会，才有可能真正做到良性运行和协调发展。”所以，马克思主张的是“以揭露批判资本主义社会的弊病为主要任务，以推翻资本主义社会为主要目标的社会学。”反对孔德为代表的西方社会学的观点：“资本主义社会尽管有弊病，但整个来说是能够良性运行和协调发展的。”① 郑先生的论述厘清了马克思主义社会学与西方社会学的本质区别，即反对和推翻资本主义社会，建立和维护社会主义社会、共产主义社会，与维护资本主义反对社会主义、共产主义的区别。各自研究其主张的社会形态的良性运行和协调发展，试图达到其维护对象的目的。郑先生的这些论述成为他及其团队 30 多年来研究的指导思想和追求目标，也是“社会运行论”体系的价值追求，即发展中国马克思主义社会学，研究中国特色社会主义社会的良性运行和协调发展的条件和机制，促进中国社会进步和更大发展。

2. 社会转型。20 世纪 80 年代末期，郑先生首次提出“社会转型”概念。他指出：所谓社会转型，指社会“从农业的、乡村的、封闭的半封闭的传统型社会，向工业的、城镇的、开放的现代型社会的转型。”② 转型的内容表现为三个方面：社会结构、社会运行机制以及价值观念体系的转换。在社会结构转换方面，社会结构是比较稳定的，各组成要素处在一种动态平衡之中，但在被干扰后，就有可能引起社会结构震荡。这种震荡的结局有三种，即结构复位、结构重组和结构变革。在社会运行机制转换方面，社会结构不断在变革直至完全转化成现代社会结构，社会运行机制也随之不断转换直至转换成现代社会运行机制。在价值观念转换方面，中国经历了三个层面的转型：一是物质层面的转型，如洋务运动；二是制度层面的转型，如维新变法和辛亥革命；三是社会心理与价值观念的转型，如五四运动。三个层面的转换相互交织在一起，使得转型社会更加复杂。

郑先生认为中国社会转型是从 1840 年的鸦片战争正式开始的，到目前为止，这一转型大致经历了三个阶段。第一阶段：1840—1949 年的慢

---

① 郑杭生：《论马克思主义社会学的两种形态》，《光明日报》1985 年 7 月 29 日第 3 版。

② 郑杭生：《中国特色社会学理论探索》，北京：中国人民大学出版社 2005 年版，第 202 页。

速发展阶段；第二阶段：1949—1978 年的中速发展阶段；第三阶段：1978 年以来进入高速发展或加速发展阶段。并在深入分析中国当前社会转型情况后，把当下中国社会转型的状况分析概括为“五个度”：一是速度大大加快（处于高速或加速期）；二是广度空前未有，即在思想、经济、政治、日常生活等方面全面转型；三是深度史无前例，即随着经济发展（特别是市场经济），社会流动和分化加速，从而必然导致社会职业结构、分层结构、利益集团结构和城乡结构等的变化，以及人们在义和利、个人和社会等方面的价值观念也要发生变化；四是难度前所未遇，这主要表现在“中国社会转型的每一步都涉及利益关系的调整”，这种调整涉及个人、部门和社会各方面，其间的复杂和矛盾程度可想而知；五是向度十分明确，即中国的现代化是社会主义的现代化；正在建立的市场经济是社会主义市场经济；正在进行的改革是社会主义的自我完善。还提出“社会转型势（特指一个国家或地区、社会或社区社会转型的能力、态势及其发展趋势）是对社会转型度的进一步研究”。强调社会转型研究，总是围绕社会转型的度和势这两个基本方面开展研究，“离开了这两个方面，任何社会转型的实证研究都无以立足”。[①] 为研究者指明了方向。

3. 学科本土论。学科本土论是社会学本土化理论的简称，是郑杭生先生及其团队在世纪之交建构的社会学中国化特色理论，他指出“社会学本土化是一种使外来社会学的合理成分与本土社会的实际相结合，增进社会学对本土社会的认识和在本土社会的应用，形成具有本土特色的社会学理论、方法的学术活动和学术取向。”这个界定，既指出了社会学本土化的内涵和目的，又明确了如何解决“本土化”与“西方化”的关系问题。郑先生还全面论述了社会学本土化与西方化之间的本质差异以及两者之间具有一定关联的关系，进而提出了社会学中国化顺利推进的条件和机制。[②] 他及其团队始终遵循他提出的“立足现实、弘扬传统、借鉴国外、创造特色”[③] 的思路进行开创性研究。

---

① 郑杭生：《中国社会大转型》，《中国软科学》1994 年第 1 期。

② 郑杭生：《中国特色社会学理论探索》，北京：中国人民大学出版社 2005 年版，第 346—348 页。

③ 郑杭生：《中国社会学百年轨迹》，《东南学术》1999 年第 5 期。

4. 社会互构论。社会互构论是郑杭生先生21世纪初创立的一个社会学理论，是对郑杭生社会学理论的进一步深化。社会互构论是把人和社会的相互关系作为社会学的基本问题进行研究，主要是用社会学的理论与方法对人与社会关系在社会转型期的现实经验事实进行研究和刻画。原始的表述是："社会互构论是关于个人与社会这两大社会行动主体间的互构共变关系的社会学理论。"其基本观点是："个人是社会的终极单元，社会则是个人的生存方式；从共同体的构成而言，它是众多的个人；从众多个人之间的关系上看，它就是社会。人类生活共同体的发展就是个人与社会的互构关系的演变过程。"社会互构论研究表明：一是"社会关系主体之间在当代存在着互动共变关系，这种关系使得个人和社会处于一种相应的、相互性的、共时共变的过程性状态。"二是社会互构论是对于当代中国个人与社会的关系在经济、政治、文化、社会生活中，在社会结构、社会组织模式中，在个人结构、行为方式和生活样式中的现实表现和变化趋向的一种理论提炼和学术表达。①

5. 实践结构论。实践结构论是郑先生及其团队在深入关注和感悟社会的实践活动及其结构性的巨大变化后，而产生的对自己所建构的理论的深化性反思所形成的理论。特别关注两股巨大力量：现代性全球化的长波进程的力量和本土社会转型的特殊脉动的力量以及两股力量的共同作用。这两股力量也就形成了两个维度，而两个维度产生（两股力量的作用）"二维效应"。在对推动社会实践结构变化的"两股力量""两个维度"和"二维效应"展开"双则分析"后，提出了实践结构论。他指出"一方面，实践的结构性巨变一直在自我积累，并且越来越向学术和思想领域产生强有力的折射，向理论界和学术界提出了诸多前所未有的理论问题。另一方面，不仅实践问题大量地转变为理论问题，而且理论问题也大量地进入到了实践领域之中，通过不同观点的讨论、争辩和反思，给实践以适应时代变化的新的理念、新的思路和出路。"这是实践结构论提出和形成的原动力。实践结构论是"实践结构的社会学理论及其两维视野和双则分析"的简称。即是说，实践结构论就是研究社会实践

① 郑杭生、杨敏：《社会互构论的提出——对社会学学术传统的审视和快速转型期经验现实的反思》，《中国人民大学学报》2003年第4期；《新华文摘》2003年第11期。

的结构性巨变及其两维效应的理论。“它表现了理论与实践的互构”,[①] 是对社会运行论、社会转型论、学科本土论、社会互构论的深化。

郑先生及其团队由实践结构论研究而提出建构了“理论自觉”概念和理论，并对郑先生的前“社会运行论”“社会转型论”“学科本土论”和“社会互构论”在现实社会结构变化中应用性和时代性进行反思研究，进一步完善和提升了“社会运行论”理论体系。

（二）郑杭生社会学理论体系的马克思主义社会学意义

这里我们想表达的观点是：郑杭生及其团队所创立的“社会运行论”理论体系是中国马克思主义社会学的重要组成部分，是中国马克思主义学院式社会学典型代表之一。

其一，明确什么是马克思主义社会学。郑杭生先生在他的开篇社会学大作中就用他的社会运行论的观点界定了马克思主义社会学的本质，提出：“马克思主义社会学实质上是一门关于社会主义和共产主义社会良性运行和协调发展的条件和机制的综合性具体科学。”[②]

对资本主义社会持坚决否定的态度，主张用暴力摧毁这种不合理的社会制度建立新型社会——社会主义社会进而向共产主义发展。这个界定清晰地表述了马克思主义社会学的本质内涵，同时，依此我们也可以说中国马克思主义社会学的实质是关于世界视野下中国社会主义社会和共产主义社会良性运行和协调发展的条件和机制的综合性具体科学。这样就给我们判断什么是中国马克思主义社会学提供了一个认识的基本原则。

其二，前面已经论及，郑杭生的以“社会运行论”为核心的社会学理论体系，是从研究马克思主义社会学理论形态开始提出的，是以马克思主义社会学为指导思想，坚持马克思的辩证唯物主义、历史唯物主义和实践的观点，沿着建设中国特色社会主义社会的良性运行和协调发展研究，以建立中国特色社会学理论而开展的开拓性和创新性研究，并以其丰硕成果形成了社会和学界认同的、以“社会运行论”为核心的中国特色社会学理论体系，为中国社会进步和社会学学科发展做出了重大贡献。

---

① 郑杭生：《中国特色社会学理论的深化：“实践结构论”的提出与“理论自觉”的轨迹》（上卷），北京：中国人民大学出版社 2010 年版，“自序”第 2 页和第 208 页。

② 郑杭生：《论马克思主义社会学的两种形态》，《光明日报》1985 年 7 月 29 日第 3 版。

其三，郑先生的“五论”，紧跟时代的脉搏，立足中国国情和社会发展实际，既注重社会学的元理论和本理论研究，又与时俱进，用“理论自觉”的理论不断反思所提出理论在实践中的应用和检验状况，进而进一步完善和深化社会学“五论”理论体系。这既体现了他的马克思主义实践检验真理的科学态度，也体现了马克思主义社会学家的学术责任。

其四，郑杭生先生坚定的马克思主义立场，敏锐的理论思维，自觉的学术责任维护了中国社会主义社会加速转型期理论选择。如在21世纪初，中国部分学者受西方社会学影响，出现了新布达佩斯学派的中国版理论，他们根据近30年来出现的苏联解体、中东欧一些社会主义国家的剧变等国际形势，以及受新布达佩斯理论影响，认为：中国社会转型就是从现代社会主义向现代资本主义的转变。[①] 这是新布达佩斯的“狭义转型论”在中国严重影响的结果，这是对中国建立社会主义市场经济和建设中国特色社会主义的挑战。对此，郑先生勇敢地站出来，从学术上对新布达佩斯学派中国版理论进行学术上的深入剖析，揭示这个“中国版理论”是对新布达佩斯学派理论“继承、复制、变异的产物”[②]。还指出了新布达佩斯学派“狭义转型论”在理论上的重大缺陷。这些论述对纠正和避免当时这股思潮给中国政界和理论界造成的负面影响产生了重大作用。

其五，社会学“五论”对指导中国特色社会主义建设的具体工作发挥了重要作用。

第四节　政党社会学与学院式社会学的相互关系

中国马克思主义的政党社会学与学院式社会学之间是一种相辅相成、融为一体的关系，主要表现在以下两个方面：

一　主体一致性

中国马克思主义政党社会学与学院式社会学核心思想和主题内容是

① 郑杭生：《中国特色社会学理论的深化：“实践结构论”的提出与“理论自觉”的轨迹》下卷，北京：中国人民大学出版社2010年版，第902页。

② 同上书，第903页。

一致的，具体的讲就是：

（一）目标一致性。从前面的讨论我们看到，无论是中国马克思主义政党社会学，还是中国马克思主义学院式社会学，其目标是高度统一的，都是为了建立和建设中国社会主义社会，认为建设中国特色的社会主义社会是解决中国社会问题、促进中国发展、实现中华民族伟大复兴的必然选择。正是这种目标的高度一致性，才使两者在遇到坎坷之后仍能得到良好发展，并更加紧密地结合在前进的道路上。

（二）指导思想和方法论的一致性。政党社会学与学院式社会学在指导思想和方法论上是一致的，都以马克思主义社会学思想为指导，坚持用马克思主义的历史唯物主义、辩证唯物主义和实践的观点研究中国社会实践和社会问题，从中国的实际提出解决中国社会主义建设发展问题的途径、办法及其相关的理论。

（三）两者在学术表现方式上不尽相同，但蕴含的意义和内容是一致的。政党社会学是中共领袖群体不仅集各自具有的远大的政治抱负和马列水平，还集全党的经验和智慧提出的中国社会主义社会建立和建设指导性、方向性、决定性的社会学理论，这些理论主要融入在领袖们在重要会议或集会上报告、讲话、会议决定、党的文件等形式中，进而分布在领袖们的文选或文集中，而少有以专门的学术论著呈现。[①] 再一个特征是，政党社会学的社会问题导向性非常突出，并集中在社会发展和改革的重大问题上。学院式社会学是学者们以马克思主义社会学为指导，紧密结合中国实际，围绕中国社会主义社会建设和发展，从社会学的学理上，也从中国社会实践中进行系统的研究，提出的是学术理论性和咨询实践性的成果，最后都以专门的学术论著或咨询报告呈现，它是对政党社会学理论的论证、阐释、咨询、补充和宣传。学院式社会学的学科导向性比较突出，比较注重理论的知识体系建立、理论的系统性阐述和论证。当然，当代中国马克思主义学院式社会学学者也十分重视社会现实

---

① 笔者注：早期中国马克思主义政党社会学代表陈独秀、李大钊、瞿秋白、李达等有许多中国马克思主义社会学专论。但当时，这些先驱们大都既是以政党领袖的胸怀和志向，更是以学者的研究成就来宣传马克思的社会主义社会理论，以建立国人的社会主义信仰，从而形成早期中国马克思主义社会学方面的学术论著。

问题研究，但重点放在探索问题发生的各种因素或可能因素，分析社会因素的根源，从而上升为社会理论概括，其间也不乏提出一些解决问题的咨询意见。

二 两者互补性

两者所处的方位有所不同，但它们之间是相互支撑和补充的一个有机整体。两者之间，政党社会学在中国马克思主义社会学的发展方向和学科建设上处于领导地位，而学院式社会学在学术思想和学科元理论研究上发挥引领作用。有许多事实说明了这一重要关系，如改革开放后，在社会学的恢复问题上，由费孝通、陆学艺、郑杭生等学者发起，倡导和进言中央，引起中共高层的关注和重视，才有了邓小平的“社会学要补课”论断和社会学的恢复和重建，进而才有了新时期中国马克思主义学院式社会学的蓬勃发展。试想，如果没有学者们的学术思想的引领，或者是有了学者的学术引领，而得不到执政党的认同和支持，没有“社会学要补课”的决定，中国社会学学科的发展肯定会是另外一种状况。又如，“社会运行论”理论体系中的许多重要观点和概念引起中央的重视，并逐步成为政界和学界的常用词，诸如，社会转型、实践结构、社会建设、理论自觉等等，既在党和政府的重要文献中经常出现，也成为社会学学者们研究的热点问题。这也充分体现了学院式社会学在学术思想和学科元理论方面发挥的引领作用。现在中共领袖群体特别重视政党社会学与学院式社会学的进一步相融，形成了制度性的核心领导层的学习制度，从中央到地方各级党委中心组定期专题学习，请权威专家就某类社会问题进行历史的现实的、纵向的、横向的、理论的实践的深入讲座式学习，而大学也响亮提出把大学办成社会发展、国家发展的智库，以此，进一步提高学院式社会学核心价值，从而促使学院式社会学与政党社会学的进一步融合，共同推进中国马克思主义社会学的丰富和发展。

第五节 “社会运行论”体系与中国城市社会治理

研究城市社会治理的目的是揭示城市社会治理规律，树立正确治理理念，优化社会治理机制和体制，加快中国城市社会治理，促进城市社会稳定、和谐发展。笔者认为，郑杭生先生的“社会运行论”体系对城市社会治理研究有重要的理论与实践指导作用。

一　社会运行论体系的社会治理思想

前面已经论及，郑杭生给社会学的定义是“社会学是关于社会良性运行与协调发展的条件和机制的综合性具体科学”。这个定义应该作两个层面上的理解：一是从国家社会层面来讲，研究社会良性运行和协调发展的条件和机制，是关系到中国社会主义制度优越性能否发挥和怎样发挥的大问题。社会学研究只有抓住社会的良性运行和协调发展，才能真正更好地为社会主义社会服务，才能为建设中国特色社会主义社会做出应有的贡献；二是从国家的一个区域社会层面来讲，研究其良性运行和协调发展的条件和机制，就是关系到这个区域社会的社会治理与和谐发展的大问题。只有各个区域社会都在国家体制、性质、法律框架和大政方针政策的指导下实现了良性运行和协调发展，给人们以安全感、幸福感和优越感，才能真正体现中国社会主义社会的优越性和不可替代性。所以，社会运行论告诉我们，研究社会治理是社会学的基本任务之一。中国共产党十八届三中全会决定提出了“加强社会治理创新”的改革任务，更加要求社会学学者与社会管理和社会工作者为中国社会治理做出更大贡献。

社会运行论体系指导我们，社会治理研究必须把握几个原则：

1. 时代性原则：社会转型加速期这个时代背景是我们在研究时首先要明确的，要用社会转型论指导和分析一个区域社会在社会转型加速期的社会结构变化、社会运行机制转换和价值观念体系转变等情况；在此基础之上，才有可能研究出符合实际的社会治理理论和社会治理对策，推动区域社会的良性运行与协调发展的实现，进而实现国家社会的良性运行和协调发展。

2. 本土性原则：中国地大物博，区域发展不平衡。许多不同的区域之间，无论是自然地理环境，还是社会文化环境以及经济发展状况等都有不同程度的差异。因此，其社会治理的基础、重点和困难也有差异。所以，要用社会学学科本土论的观点和理论指导，坚持因地制宜，要借用其他国家和地区，包括国外先进的治理理论和治理经验，不能搞一刀切、一体化，要不断地试点、试验，总结成功经验，进而借鉴、提升和推广，逐步实现社会治理整体目标。

3. 人社关系原则：研究社会治理，重点关注社会行动主体在实践活动中的关系。因为社会的一切矛盾和问题，都是人与人、人与社会、人与自然等的交往行动所产生的，社会治理研究就是要揭示这些交往关系规律和本质特征。这就要用社会互构论的理论辨析一个区域中人与社会之间的互构共变关系与社会结构要素之间的联系，由此才有可能提出有特色和效果的社会治理创新理论和创新对策。

4. 实践活动原则：随着社会转型加速，现代性全球化的长波进程的力量和本土社会转型的特殊脉动的力量以及两股力量的共同作用，中国社会实践活动发生了巨大变化，用实践结构论观点，从“两股力量”“两个维度”和“二维效应”入手，展开区域社会实践结构变化的“双则分析”,① 进而才有可能提出区域社会治理的有效途径和科学策略。

二　社会运行论体系与城市社会治理

现代城市社会治理属于区域社会治理范畴，但是，又与一般区域社会治理有着本质的区别。前面已经论及，城市社会由两大部分组成，即物质空间和人文空间。物质空间指城市所占据的地理自然区域（也称“自然空间”）和人们为聚集性生存生活而创造的物质空间（诸如房屋、交通、公共设施等）的总和；人文空间指精神空间、个人空间与交往空间的总和；城市社会空间就是城市物质空间与城市人文空间的共同体。在中国城市建设由政府主导的体制下，城市物质空间的治理的一部分内容由城市政府直接管理，另一部分，如城市卫生、环境保护、交通等与人文空间直接相关部分要通过与人文空间的治理相结合和相协调的综合性治理才能解决。所以，我们的讨论重点放在人文空间与相关部分物质空间的治理上。

城市是一个区域的经济中心、文化中心、人口聚集中心、政府管理机构聚集中心，也是社会矛盾和问题最集中的地方，还是一个区域社会进步和现代文明程度的标志。因此，城市社会建设和发展的好坏，不只

---

① 《郑杭生自选集》，北京：学习出版社 2013 年版，第 229 页。

是对城市本身的影响，还对一定区域有强力的辐射作用和重要的直接影响。所以，加强城市社会治理创新有其特殊重要的意义。党的十八届三中全会指出了中国社会进入社会治理时代，提出要“创新社会治理体制”“改进社会治理方式”“激发社会组织活力”[①] 等重大改革举措，更说明城市社会治理的重要性和紧迫性。

随着社会转型的深入，中国城市社会结构发生了重大变化，面对新变化和新形势，社会治理结构也必须随之发生转变，以适应新的需要。所以，城市社会治理的内涵也随之进一步扩张。笔者认为，现代城市社会治理指政府（包括城市政府）对城市空间及其市政的管理，特别是城市政府部门、社会组织部门、市场组织部门等多元组织共同为促进城市社会系统的和谐运行与协调发展，对城市的社会生活、社会结构、社会制度、社会事业和社会观念等各个环节进行组织、协调、服务、监督和控制的过程。这里特别强调了治理组织的多元性平等民主管理、依法治市民主监督、社区自治与居民自我约束等要素（本书第一章）。从这个界定我们看到，现代城市社会治理就是要促使转型中的城市社会良性运行和协调发展，使城市的各项事业不断进步和发展。由此可见，郑杭生先生的社会运行论，是指导现代城市社会治理的重要理论和思想基础。

城市社会治理研究必须关注社会转型加速期城市社会转型实际状况和基本特点，从社会转型的“度”和“势”[②] 去考证城市的转型结构及其实现程度，才能把握城市社会治理的大局，即处理好眼前与长远、人治与法制、政府与社会、社区与群体等主要要素之间的关系，建立健全治理的条件和机制，以促进城市社会的良性运行和协调发展。

中国正在加快城镇化建设，根据中国城市的本土特点，把握现代城市社会治理的五个主要特点（本书第一章），立足本土、放眼世界，既要立足于创造本土特点，也要大胆吸取国外先进的城市社会治理经验；建立具有中国气派的城市社会治理理论和模式。这就要求各城市政府大胆探索，学者们参与其中作理论咨询和文化性总结，充分发挥各方力量，

---

① 《中共中央关于全面深化改革若干重大问题的决定》，2013 年 11 月 12 日中国共产党第十八届中央委员会第三次全体会议通过。

② 《郑杭生自选集》，北京：学习出版社 2013 年版，第 101—116、147 页。

建立各具特色的城市社会治理经验和模式。

随着改革开放不断深入，社会流动性加速，城市社会人口结构变化和城市规模剧增，现代城市中人与社会的共变关系结构也在不断变化。如农民工进城务工，一部分是流动的，不常住市内，只是单纯挣点钱的农民工，他们与所在城市社会的关系比较松散，所以，其融入这个社会的程度较低，进而这部分人与社会的互动共变性程度也较低；另一部分人，进城发展较好，已经在城市里安家立业，有了自己的个人空间和社会交往空间，他们可能解决了城市户口，也可能没有，但这一家子已经基本融入了这个城市社会，他们已基本享受城市居民生活，他们与所在城市社会的互动共变性较之前一类要强一些。那么在进行社会治理过程中，就要考虑相关因素和区别，以人为本，建立当地社会治理体系，使这些人都能够参与，甚至成为社会治理的主人。就是说，坚持用人与社会互动共变的理论去研究和建立城市社会治理理论和模式，才是应有的选择。所以，社会互构论对指导城市社会治理创新有重要的现实意义。

实践结构论指导我们，现代城市社会治理的理论和经验或模式都必须在实践中去检验、修正、完善和提升，要在坚持社会主义方向的基础上形成自己的特色，体现中国特色社会主义社会的公平性、进步性和优越性。要用“理论自觉”理论反思已有的实践经验和理论，不断完善中国社会学以及社会治理理论。

第三章

三峡流域社会

从本章开始，后面各章将讨论三峡流域城市社会治理问题。本章作为基础，主要界定三峡流域地理空间范围，阐释三峡流域社会的主要特征，以及提出三峡流域社会概念的必要性和科学性。

第一节　三峡流域的地理空间

一个区域社会空间实在的形成一定有一个自然地理区域范围作为基础，同时在其上还有人造物和人造的再现的空间，它们共同构成区域社会空间的物理实在基础（这个实在基础我们将称之为物质空间）。本节将界定三峡流域的地理空间。

一　三峡流域地理范围的界定

三峡流域的地理范围，顾名思义，我们的界定是以“三峡”为重心的。简单地说是长江上的三峡“段”所流经和涉及的行政区划（县级及以上的）与流入三峡“段”上的三条支流——乌江、清江、沅江所流经和涉及的行政区划连接构成的一个跨湖南、湖北、重庆和贵州四省市的地域范围（不妨简称为“三江段”）共同构成的跨省区域。

所谓三峡“段”，我们这里不是单指瞿塘峡、巫峡和西陵峡之间这一段（即奉节县的白帝城至宜昌市夷陵区的南津关），而是还要包括两端的延伸段，即延伸上至重庆的涪陵区（延伸段：云阳县至涪陵），下至湖北的荆州市（延伸段：宜昌的夷陵区至荆州的洪湖市）。这样划分至少有三点理由：一是武汉城市圈和成渝城市群不包括这两个延伸段，从而使得这两段成为长江经济带新的不连接点而错失大发展时机，成为相对落后的驻点，使得本来就发展相对落后的状况将在新一轮大发展时期再一次拉大差距。二是三峡水库的水尾到涪陵之上，且乌江之水和生态直接与三峡水库水流和生态直接相关，因此向上延长段与三峡有直接的关系；而历来长江水患危及的第一个地区就是荆州市（尤其是公安县和洪湖市等曾为最危急时刻的泄洪区），而现在防洪的最重要的措施之一是三峡水库的蓄水控制调节，所以，向下延长段也与三峡水库（因此而与三峡）有直接的联系。三是从社会发展的角度看，这样划分更有利于形成一个既能衔接长江经济带上两个城市群（圈）战略，又能统筹协调跨省的运行机制，有利于国家集中整体投资这一区域的建设和发展，同时还有利于对三峡工程及水库生态治理和安全防护进行统一全面系统的规划、建设和管理。

所谓“三江段”的界定是：乌江上起贵州的铜仁市（玉屏县）至重庆的涪陵入长江，这是因为铜仁的玉屏县以上有贵阳中心城市群建设战略关照着，而铜仁暂不在中心城市群之列；清江上起湖北的利川到宜都入长江；沅江上起湖南的怀化市（会同侗族自治县）至常德市的汉寿县入洞庭湖而入长江。这三江不仅因为直接流入三峡“段”而与三峡有直接的关系，而且它们的生态保护和江上水库蓄水调控也可直接减轻长江三峡水流压力，1998 年抗洪中清江的隔河岩水库就发挥了不可替代的重要作用。

这样确定范围还有一个十分重要的原因就是，三峡库区生态保护十分重要，它需要从国家层面构建和发展三峡库区生态涵养区域，要使三峡库区形成一个生态保护区治理与生态涵养区发展相协调的生态文明建设的空间体系。

所谓“生态涵养区”，是指“能够保护生物多样性、保持水土和净化空气的一些功能区域”①。三峡工程竣工后，按“175 水位”，库区会形成一个长度为 663 千米，平均宽度为 1.6 千米，水域面积达 1 084 平方千米的巨大的人工湖泊。这个湖泊给相当大的一个区域的生态状况带来了巨

---

① 刘治彦：《生态涵养区怎样实现可持续发展——基于长江生态安全的渝东北区域战略》，人民论坛学术前沿，2015 年 9 月下。

大变化，库区的生态安全、生态保护、生态文明建设等都成为国家和社会关注和研究的热点，也成为国家和政府致力于研究和解决的后三峡工程中的重要问题。

2011 年 5 月 19 日，国务院批复了水利部《三峡工程后续工作规划》，其提出的主要目标是：到 2020 年，移民生活水平和质量达到湖北省、重庆市同期平均水平，覆盖城乡居民的社会保障体系建立，库区经济结构战略性调整取得重大进展，交通、水利及城镇等基础设施进一步完善，移民安置区社会公共服务均等化基本实现，生态环境恶化趋势得到有效遏制，地质灾害防治长效机制进一步健全，防灾减灾体系基本建立。强调要以洪水资源化、水库优化调度、供水效益拓展为主攻方向，拓展三峡工程防洪、发电、航运、生态和水资源配置等综合效益，提高在国家水安全和电网运行安全等方面的战略保障能力。还强调要妥善处理三峡工程蓄水后对长江中下游带来的不利影响。由此可见，三峡库区的生态环境建设和保护已成为国家后三峡工程的主要内容之一。笔者认为，解决这个问题，需要长远的、整体的和系统的角度思考，要把库区周边的相关区域的经济社会发展、地质灾害防治、水土保持和利用等综合考虑，从三峡库区生态涵养区的发展着手才能有效地实现库区生态安全、生态文明和生态发展，从而促进三峡库区的可持续发展。

在上面确定的三峡流域地理范围中，由长江上的三条支流乌江、清江和沅江以及所流经的地域共同构成了三峡库区的生态涵养区。乌江直接流入三峡库区，是库区水资源的重要来源之一，乌江的生态保护直接影响库区生态；清江在库区以下的在宜都市进入长江，它既是对长江中下游水资源的补充，其上的几个大电站水库又是中下游防洪的重要屏障；沅江从常德的汉寿进入洞庭湖继而进入长江中游，也是对长江中下游的水资源补充。三江的水土保持、合理利用与治理，都将直接有利于三峡库区以及由于库区带来的长江中下流地区生态发展。而这三江的水源来源于广阔的三峡流域丰富的天然水资源。所以三峡流域区域构成了三峡库区的生态涵养区，它的发展直接关系到三峡库区生态环境保护和可续发展。

因此，把“三江段”与“三峡段”所流经和涉及（相近连片的地县市）的县以上行政区区域作为一个整体社会地理空间统筹考虑，具有重要的科学意义和现实意义。

二　三峡流域所涉及的行政区域

根据前面地理范围的界定，目前三峡流域涉及湖南省、湖北省、重庆市和贵州省等四个省市及其13个地市州区（包括神农架林区）和其下的94个县市区。具体包括贵州省的铜仁市及其所辖10个县市区：万山区、沿河土家族自治县、德江县、印江土家族苗族自治县、思南县、石阡县、江口县、碧江区、玉屏侗族自治县、松桃苗族自治县；重庆市所辖3个区12个县：涪陵区、黔江区，万洲区、巫山县、奉节县、巫溪县、云阳县、开县、忠县、丰都县、武隆县、彭水苗族土家族自治县、酉阳土家族苗族自治县、秀山土家族苗族自治县、石柱土家族苗族自治县（重庆市各县均为副地级县）；湖北省的恩施土家族苗族自治州及其所辖8个县市：利川市、恩施市、建始县、巴东县、鹤峰县、宣恩县、咸丰县、来凤县；宜昌市及其所辖13个县市区：五峰土家族自治县、长阳土家族自治县、宜都市、枝江市、当阳市、远安县、秭归县、兴山县、首府城辖五区（西陵区、夷陵区、伍家区、猇亭区、点军区）；荆州市及其所辖9个县市区：荆州区（市城区）、沙市区、荆州经济开发区、江陵县、公安县、松滋市、石首市、监利县、洪湖市；荆门市所辖8个县区：沙洋县、京山县、钟祥县、东宝区、辍刀区、漳河新区、屈家岭管区、荆门高新区，神龙架区（副地级保护区）；湖南省的湘西土家族苗族自治区所辖8个县市区：吉首市、泸溪县、凤凰县、花垣县、保靖县、古丈县、永顺县、龙山县，张家界所辖4个县区：慈利县、桑植县、市首府辖两区（武陵源区、永定区），怀化市所辖13个县市区：鹤城区、洪江区、会同县、中方县、溆浦县、辰溪县、沅陵县、麻阳苗族自治县、芷江侗族自治县、靖州苗族侗族自治县、洪江市、新晃侗族自治县、通道侗族自治县，常德市所辖9个县市区：常德市武陵区（市城区）、鼎城区、桃源县、汉寿县、安乡县、澧县、临澧县、石门县、津市。

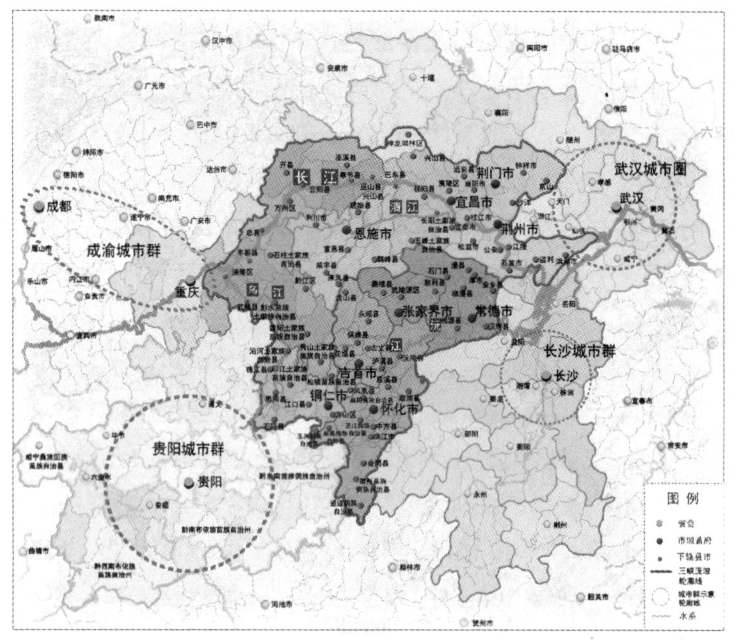

三峡流域地域范围图①

三　三峡流域地理空间

所谓三峡流域的地理空间指上面界定的三峡流域地理范围以及其上的自然物和人造物的总和。这个地理空间也称作“物质空间”。这个物质空间是三峡流域社会空间的基础（本书第一章论述）。即，三峡流域地理空间与三峡流域人文空间共同构成三峡流域社会空间。

第二节　三峡流域的主要地理特征

三峡流域的地理特征十分突出，这里，我们仅从水域特征、山地特征和区位特征进行一些典型案例描述，希望通过这些描述能给读者一些

① 此图系作者请本研究中心余菲菲副教授按照作者界定，根据中华人民共和国分省系列图之中国地图出版社编制出版发行的湖南省地图（2014 年修订版）、湖北省地图（2013 年修订版）、重庆市地图（2013 年修订版）及贵州省地图（2012 年修订版）绘制。

基本的地理特征印象。

一　水域特征

三峡流域的第一个重要特征，就是江河水流纵横，并由此而产生的电力能源。特别著名的是长江上的三峡段和流入长江三峡段及其附近的主要支流——乌江、清江和沅江，其特征分别如下：

1. 长江三峡的水与电：长江三峡（以下有时简称“三峡”）位于中国重庆市和湖北省境内的长江干流上，西起重庆市奉节县的白帝城，东至湖北省宜昌市的南津关，全长近200千米，由瞿塘峡、巫峡、西陵峡组成。长江三峡有三个大的峡谷地段：瞿塘峡大峡谷、巫峡大峡谷和西陵峡大峡谷，“三峡”因此而得名。

瞿塘峡指自重庆奉节县的白帝城至巫山县的大溪镇段大峡谷，全长8千米，景色最为雄伟险峻。主要景点有奉节古城、八阵图、鱼复塔、古栈道、风箱峡、粉壁墙、孟良梯、犀牛望月。刘皇叔托孤的故事就出于此。

巫峡指自重庆市巫山县城东面的大宁河口至湖北省巴东县官渡口段大峡谷，全长绵延46千米，包括金蓝银甲峡和铁棺峡，峡谷特别幽深曲折，是长江横切巫山主脉背斜而形成的。它又名大峡，以幽深秀丽著称。整个峡区奇峰突兀，怪石嶙峋，峭壁屏列，绵延不断，是三峡中最可观的一段。巫峡，其峡长谷深，奇峰嵯峨连绵，烟云氤氲缭绕，景色清幽之极，宛如一条迂回曲折的美不胜收的画廊，充满诗情画意。

西陵峡指自湖北秭归的香溪至南津关，全长76千米，西起香溪口。历史上以其航道曲折、怪石林立、滩多水急、行舟惊险而闻名。西陵峡以宜昌市的西陵山而得名的。西陵峡有三个之最。首先它是三峡中最长的一个峡；其次，它是自然风光最为优美的一个峡；再次，它有三峡的最险处。青滩北岸有一座“白骨塔”，以堆积死难船工的尸骨而得名。还有黄猫峡、灯影峡、崆岭峡、米仓峡又名“兵书宝剑峡”。新中国成立后，经过对川江航道的多年治理和葛洲坝水利工程建成后，水势已趋于平缓，然而绮丽景观如旧。

整个三峡两岸山峰海拔1 000—1 500米，峭崖壁立，江面紧束，最窄处是长江三峡的入口夔门，只有100米左右（三峡大坝蓄水前）。水道曲折多险滩，舟行峡中，有“石出疑无路，云升别有天”的境界。长江三峡是中国十大风景名胜之一，是长江上最为奇秀壮丽的山水画廊，也是长江上最为精彩的一段水域。中国科学院院士、西南大学教授袁道先等人的“长江三峡河谷发育与环境演变研究”成果取得重大突破，首次建立了三峡地区长江阶地年代序列，认定长江三峡形成于200万年前，并指出长江东流是由于青藏高原的抬升，三峡河段的贯通是长江演化历史中的一个重大地质事件。这一重大研究成果表明：三峡对于研究人类发展史和自然地貌变迁史具有重要的意义。

三峡的两岸高峰夹峙，水面狭窄曲折，水中滩礁棋布，水流汹涌湍急。北魏时郦道元在《水经注》中有一段关于三峡的生动叙述：“自三峡七百里中，两岸连山，略无阙处。重岩叠嶂，隐天蔽日，自非亭午夜分，不见曦月。至于夏水襄陵，沿溯阻绝。或王命急宣，有时朝发白帝，暮到江陵，其间千二百里，虽乘奔御风，不以疾也。春冬之时，则素湍绿潭，回清倒影。绝巘多生怪柏，悬泉瀑布，飞漱其间，清荣峻茂，良多趣味。每至晴初霜旦，林寒涧肃，常有高猿长啸，属引凄异，空谷传响，哀转久绝。”李白的《早发白帝城》：“朝辞白帝彩云间，千里江陵一日还；两岸猿声啼不住，轻舟已过万重山。”世代闻名郭沫若同志以题为《蜀道奇》的诗描绘了这一雄奇秀逸的峡区风景：“万山磅礴水泱漭，山环水抱争萦纡。时则岸山壁立如着斧，相间似欲两相扶。时则危崖屹立水中堵，港流阻塞路疑无。”郭沫若同志在《蜀道奇》一诗中，把峡区风光的雄奇秀逸描绘得淋漓尽致。这些都是对三峡自然风光的精彩描述。①

由于长江的世界性影响，以及三峡在长江上的特殊位置和对中国发展的特殊意义，几代领袖都特意关注长江三峡的开发问题。伟大的民主主义革命先驱孙中山先生二十世纪初就将筑建三峡大坝纳入他的建国方略，并在他的《建国方略之二：实业计划》中论述道：“自宜昌而上，入峡行，约一百英里而达四川之低地，即地学家所谓红盆地也。此宜昌以上迄于江源一部分河流，两岸岩石束江，使窄且深，平均深有六寻（三

① 以上资料性内容是作者根据相关地方的官方网站上公开的材料和调研时收集到的地方志及其政府提供的相关材料编写而成，可能有遗漏和不准确的地方，还请读者谅解。下同，恕不一一说明。

十六英尺），最深有至三十寻者。急流与滩石，沿流皆是。改良此上游一段，当以水闸堰其水，使舟得溯流以行，而又可资其水力。其滩应行爆开除去。于是水深十尺之航路，下起汉口，上达重庆，可得而至。”① 1944 年 5 月，国民政府邀请美国世界著名水利专家萨凡奇博士来华勘察，并提出了《扬子江三峡计划初步报告》，后因政局动乱而未付诸实施。

中华人民共和国刚刚成立不久，1953 年 2 月的一天，中华人民共和国主席毛泽东乘坐一艘军舰巡视万里长江。他那时就提出了在长江三峡修建大坝，根治长江水患的伟大设想。同年，长江水利委员会拿出了三峡防港工程研究报告，毛主席听了汇报后指出“费那么大力量修支流水库，还达不到控制洪水的目的，为什么不集中在三峡卡住它呢?”1956 年，毛主席畅游长江，思绪万千，颇有感触。挥笔写下了不朽诗篇《水调歌头·游泳》：“才饮长沙水，又食武昌鱼。万里长江横渡，极目楚天舒。不管风吹浪打，胜似闲庭信步，今日得宽余。子在川上曰：逝者如斯夫！风樯动，龟蛇静，起宏图。一桥飞架南北，天堑变通途。更立西江石壁，截断巫山云雨，高峡出平湖。神女应无恙，当惊世界殊。”诗中的景句“更立西江石壁，截断巫山云雨，高峡出平湖。神女应无恙，当惊世界殊”生动描绘了一代伟人胸中征服长江、建设三峡的宏伟蓝图。1958 年 1 月，在中共中央南宁会议上，毛主席提出了“积极准备，充分可靠”的方针，并委托周恩来总理亲自抓长江流域规划和三峡大坝工程建设。1958 年 3 月 30 日，毛主席乘坐“江峡”号客轮又一次考察三峡。1960 年，在毛主席主持下，长江三峡水利枢纽初步设计和施工方案完成，并确定西陵峡南津关以上 40 千米处的三斗坪为三峡工程坝址。

1970 年，由周恩来总理提出报告，毛主席批准，长江葛洲坝工程动工兴建。当时考虑，建葛洲坝工程一方面解决华中地区用电问题，一方面为长江三峡工程作“实战”准备，同时也可成为三峡水利枢纽的反调节的航运梯级。1991 年该工程全部竣工并投入使用。长江三峡工程酝酿已久，计划可行。由于国家曾出现暂时经济困难和“十年动乱”使工程

① 《孙中山全集》第 6 卷，北京：中华书局 2006 年版，第 300 页。

一再拖延。①

1992 年 4 月 3 日，第七届全国人民代表大会第五次会议审议并通过了《关于兴建长江三峡工程决议》。从此，三峡工程由论证阶段走向实施阶段。1994 年 12 月 14 日，三峡工程正式开工，到 2009 年全部竣工。

三峡工程是中国也是世界上最大的水利枢纽工程，是治理和开发长江的关键性骨干工程。三峡工程水库正常蓄水位 175 米，总库容 393 亿立方米；水库全长 600 余千米，平均宽度 1.1 千米；水库面积 1 084 平方千米。它具有防洪、发电、航运等巨大的综合效益。其中三峡电站安装 32 台 70 万千瓦水轮发电机组和 2 台 5 万千瓦水轮发电机组，总装机容量 2 250 万千瓦，年发电量超过 1 000 亿千瓦时，是世界上装机容量最大的水电站。

三峡工程的成功修建，使得三峡更加耀眼灿烂，长江更加壮丽雄伟，中国人更加扬眉吐气！

当然，如前所述，我们这里所说的三峡流域的三峡水域，不仅限于瞿塘峡、巫峡和西陵峡三个峡之间的长江段，而是扩充了上面描述的重庆的白帝城到湖北宜昌的南津关的范围（或者说长度扩充），是指从重庆的涪陵到湖北的荆州的长江段，这是从社会学的意义上考虑的，这正是国家长江经济带发展战略上的国家城市群（圈）战略——武汉城市圈和成渝城市群战略之间的衔接段。这样界定更加有利于统筹长江上这一区域社会的治理与发展。

2. 乌江的水与电

乌江，古时名有“巴江”“延江”“黔江”和“涪水”，思南地段唐代称内江，后改称德江，是长江上游右岸的最大支流。乌江跨中国贵州省北部和重庆市东南部。有南北两源，南源三岔河，北源六冲河，习惯上认为南源三岔河为乌江干流。南源三岔河发源于威宁彝族回族苗族自治县东的盐仓镇云铜村的石缸洞涌出的一股清泉形成的一条溪流。三岔河流至于化基与北源六冲河汇合，两源汇合后称鸭池河。东北流到息烽县乌江渡以下始称乌江口，经石阡、思南县、沿河土家族自治县等，再到重庆市境内的酉阳土家族苗族自治县的万木乡、龚滩古镇，折向彭

① 转引自温建良《高峡出平湖当惊世界殊》，《中国建设报》2004 年 1 月 1 日。

水县、武隆县到涪陵区入长江，全长1 037千米。乌江支流众多，呈羽状水系分布，主要支流有六冲河、猫跳河、清水江、洪渡河、芙蓉江、郁江、阿蓬江等。流域总面积为115 747平方千米。从河源到乌江渡为上游，长448千米，落差1 636米，平均比降3.65‰，河谷切割深，坡陡流急。从乌江渡到贵州沿河土家族自治县城为中游，长346千米，落差336米，平均比降0.97‰。从沿河县城到涪陵河口为下游，长243千米，落差152米，平均比降0.62‰。自中游余庆县构皮滩出峡谷后，江面展宽到200多米，水势平缓，但礁石、险滩多。流域内山峦起伏，石灰岩地层分布广泛，多溶洞、伏流。流域内年均径流总量503亿立方米。①

乌江水能蕴藏丰富，多优良电站坝址，全流域水能蕴藏量1 042.59万千瓦，可供开发的水力资源267处。其中，乌江干流为580.4万千瓦。仅中、下游即可进行9个梯级开发，乌江渡电站坝高162米，装机63万千瓦，是中国喀斯特地区已经建成的最大高坝。

我们确定的乌江水域指乌江流经的铜仁市区域段（自石阡县至沿河）至重庆段（彭水苗族土家族自治县至涪陵），这样界定也是基于贵阳城市群（或黔中城市群）的范围，包括了铜仁市周边的贵阳、黔东南、遵义等州市，铜仁市不在贵州省中心城市群战略之内。这一段全长约400千米。

3. 清江的水与电

清江，是长江的一级支流，古称“夷水”，因“水色清明十丈，人见其清澄”，故名清江。清江发源于湖北省恩施州利川市之齐岳山，流经利川、恩施、宣恩、建始、巴东、长阳、宜都等七个县市，在宜都陆城汇入长江。清江全长423千米，流域面积1.67万平方千米。流域山清水秀，号称八百里清江画廊。这里主要是土家、汉、苗三族混居地。主要包括白玉湖、花桥水库、平洛湖、柏园岛、柏竹岛、武落钟离山、隔河岩等景点。清江干流分为三段：河源至恩施为上游，全长153千米，河床平均比降6.5‰，多高山峡谷，地势崎岖，水流湍急，落差大，富水力资源，沿程多伏流、溶洞，如利川市长堰干流河段，伏流26千米，名为雪照

① 刘冰清、田永红：《乌江文化概论》，武汉：崇文书局2008年版，第3页。

河；恩施至资丘为中游，长 160 千米，平均比降为 1.8‰；资丘至河口为下游，长 110 千米，平均比降为 0.74‰。中下游为低山与丘陵，河谷渐宽，为半山溪性河型。

清江流域地势自西向东倾斜，除上游利川、恩施、建始 3 块较大盆地及河口附近有少数丘陵、平原外，80% 以上是山地，呈高山深谷地貌，自然落差 1 430 米；清江水系发育，支流流短坡陡，分布成羽状，流域面积在 500 平方千米以上的主要有忠建河、马水河、野三河、龙王河、招来河、丹水河、渔洋河、车坝河。

忠建河，又名牛草河、勇洞河，源出咸丰县梅子坪附近山丘，曲折南流折东流，经咸丰县城、宣恩县，至恩施入干流。主河道全长 117 千米，流域面积 1 881 平方千米，多年平均流量 48.8 立方米/秒。流域多山，水系发育，主要支流有中间河、长潭河等。

马水河，又名盆家河，源出建始县，南流经建始县东南境，又南至恩施县龟山河附近注入清江。全长 102 千米，流域面积 1 693 平方千米，多年平均流量 55.2 立方米/秒。水系发育，支流众多，主要有太阳河、东洛河、大池河等。

野山河，源出建始县西绿葱坡边界，沿巴东与建始县界南流，至野山口注入清江。全长 63 千米，流域面积 1 092 平方千米，多年平均流量 28.4 立方米/秒。中上游流经山区，支流发育，主要有中柱河等。

龙王河，源出鹤峰县芦草坪，北流至巴东县桃符口入清江。全长 51 千米，流域面积 624 平方千米，多年平均流量 16.0 立方米/秒。建始县红沙乡以上流经山区，河道弯曲，支流发育，水源充沛；以下地势平缓，无大支流汇入，系山溪性常年河流，有灌溉之利。

招来河，又名甘坪河，源出巴东县白岩东侧，东南流至长阳县招来河口注入清江。河长 50 千米，流域面积 787 平方千米，多年平均流量 16.7 立方米/秒。

丹水河，又名点心河，源出长阳县西堡镇附近山区，东流经贺家坪、高家堰等地镇，在长阳县津阳口注入清江。河长 70 千米，流域面积 512 平方千米，多年平均流量 17.8 立方米/秒。

渔洋河，源出长阳县西部雪尖山，西流折向南流，经五峰县东北部，至枝城市莲花堰北入清江。主河道全长 96 千米，流域面积 1 190 平方千米，多年平均流量38.0立方米/秒。中上游多山地丘陵，水流湍急。聂河镇以下，河谷展宽，建有幸福渠等水利工程。

车坝河，发源于利川市马鬃岭，在恩施市屯堡乡车坝村汇于清江，全长52.1千米，流域面积256.71平方千米。车坝河水库于1977年3月动工兴建，1985年12月竣工，总库容5 970万立方米。清江水质清澈，流域内自然景观与人文景观众多，是湖北省旅游业发展的重要地区。主要名胜有：利川市太平塘摩崖题刻、落水洞洞群、利川凉雾乡水帘洞；恩施市连珠塔、恩施梭布椏石林；建始县石通洞、野三河；巴东水布垭三里城、野三关世界最高桥——四渡河大桥；阳县“长阳人”遗址（武落钟离山）、清江画廊等。

清江流域内气候温和，雨量丰沛，平均年降雨量约1 400mm，平均流量440立方米/秒。开发清江，可获得丰富的电能，还可减轻长江防洪负担，改善鄂西南山区水运交通，对湖北省及鄂西南少数民族地区的发展具有重要意义。

全清江423千米，可开发水电装机容量为329万千瓦，相应年电能105亿千瓦时。经规划研究，清江干流恩施市以下河段分三级进行滚动开发，自下而上依次为：高坝洲水利枢纽（蓄水位80m）、隔河岩水利枢纽（蓄水位200m）、水布垭水利枢纽（蓄水位400m），总装机容量305万千瓦，年发电量81亿千瓦时。另有恩施大龙潭水电站（蓄水位460m），总装机容量3万千瓦。

隔河岩水利枢纽位于长阳县境内。隔河岩水利枢纽因其效益巨大，交通便利而首先兴建，为滚动开发清江流域打下基础。工程于1987年开工，1993年首台机发电，1996年建成。工程主要建筑物为重力拱坝，最大坝高151m，坝顶长653.5m，水库总容积为34.54亿立方米，电站总装机容量为121.2万千瓦，年发电量30.4万千瓦时，一座两级垂直升船机，通航吨位为300吨，水库深水航道91km，升船机年单向通过能力为170万吨。

高坝洲水电站，位于湖北省宜都市境内，是清江口的最下游一个发电梯级，也是隔河岩梯级的航运反调节梯级，坝顶长419.5m，最大坝高57m。正常蓄水位80m，水库库容4.3亿立方米，坝区回水长50km，与隔河岩电站尾水相接。高坝洲工程于1997年正式动工，1999年首台机组发电，2000年三台机组全部投产发电。

水布垭水电站，位于湖北恩施巴东县境内的清江，属于清江开发的龙头枢纽工程。开发的主要任务为发电和防洪，兼顾其他。水库正常蓄水位 400 米，相应库容 43.12 亿立方米，正常蓄水位以下预留防洪库容为 5 亿立方米，调节库容 23.83 亿立方米，具有多年调节性能。枢纽主要建筑物由混凝土面板堆石坝、左岸溢洪道、右岸放空洞、右岸引水式地下电站等组成，面板堆石坝最大坝高 233.2 米。电站装设 4 台混流式水轮发电机，总装机容量 1 840 兆瓦，多年平均年发电量 39.84 亿千瓦小时，是华中电力系统，特别是湖北电力系统中不可多得的大型调峰、调频和事故备用电站。水布垭水电站工程于 2002 年 1 月开工，2008 年 8 月 4 台机组全部并网运行。截至 2010 年 12 月 31 日，电站 4 台机组及其他主辅设备运行稳定，累计发电量约 120.26 亿千瓦小时。

大龙潭水利枢纽工程，是清江干流上游梯级开发的骨干工程，距恩施市城区 11km，是一座以防洪、发电为主兼顾城市供水的中型水利枢纽工程。枢纽工程主要由拦河坝、泄水建筑物、坝后式电站厂房等组成。坝址控制流域面积 2 396 平方千米，多年平均流量 70.3 立方米/秒；水库总库容 5 200 万立方米，设计防洪库容 2 700 万立方米，设计洪水位 461m，校核洪水位 461.5m，正常蓄水位 460m，死水位 450m；水库大坝为弧形砼重力坝，坝顶高程 462m，最大坝高 54m，大坝弧线长度 188m，坝上布置 3 个表孔和 2 个底孔，最大泄流能力 5 007 立方米/秒；电站装机 3 台，总装机容量 3 万千瓦，多年平均发电量 1.3 亿千瓦小时。大龙潭水利枢纽工程于 2003 年 8 月开工，2005 年 8 月第一台机组并网发电，2006 年 5 月三台机组并网发电，2008 年 7 月通过工程竣工验收。

4. 沅江的水和电

沅江，又名沅水，原于贵州省部，有南北二源：南源马尾河，又称龙头江，源出贵州省都匀县之云雾山鸡冠岭；北源重安江，又称诸梁江，源出贵州麻江县平越间大山，以南源为主干。两源在螃蟹山三汊河口相汇合后，称清水江，先后流经台江、剑河、锦屏、天柱等县，至会同县漠滨乡的金子村入怀化地区，再东流经芷江至黔阳县托口镇与渠水汇合，始称沅水（按《湖南省志·地理卷》第 513 页载“东流至黔阳县黔城镇与㵲水汇合，始称沅水”，与民间习惯说法相悖。今录以备考）。清水江，境内流程 29.2 千米，流域面积约 600 平方千米，最大流量为 5 890 立方米/秒，最小流量 37 立方米/秒，一般流量 271.8 立方米/秒（贵州锦屏洞水文站资料）。自东北流经原神场，折向东南流经江市至黔城镇与㵲水相汇，流量大增。东南流 23 千米至洪江，巫水自南来注入。继而转北至檀木洲纳公溪（源出绥宁县张家冲，流经绥宁、洞口、黔阳县，全长 64 千米，流域面积 488 平方千米，河流坡降 7.35‰），经安江、怀化铜湾、辰溪黄溪口至溆浦县大江口纳溆水。而后折西北流抵辰溪县城，辰水自西南注入。又北流经浦市至泸溪纳武水，后东流入沅陵县境，转北流至沅陵县城纳酉水，又折向东北行，于沅陵柳林汊乡界首出怀化地区，经桃源、常德注入洞庭湖，常德市德山为沅水河口。全长 1 033 千米，湖南境内流长 568 千米，其中怀化地区流长 446 千米。

沅水流域位于北纬 26°—30°、东经 107°—112°之间，流域面积为 89 163平方千米，其中约 54% 在湖南境内，35% 在贵州境内，4% 在湖北境内，7% 在四川境内。流域周围均有高山环绕，东以雪峰山与沅水分界，南以苗岭山与柳水分界，西以梵净山与乌江相隔，北以武陵山与澧水为邻。

我们这里界定沅江水域指从湖南省怀化市的会同县经湘西进常德经汉寿县入洞庭湖，而后融入长江，这也是考虑到武陵山区的一个重要部分（怀化、湘西、张家界、常德）与前面部分的地域逻辑联系和社会构成以及湖南长珠潭城市群战略等诸多因素确定的。

沅江总水能蕴藏量 794 万千瓦，是全国十二大水电基地之一。沅江上的五强溪水电站是湖南省最大水电站，装机容量 125 万千瓦。最早的电站是酉水上的凤滩电站，装机 40 万千瓦。2000 年后修建，现已建成投产的水电站还有三板溪（贵州锦屏县 100 万千瓦）、挂治（贵州锦屏县 15 万千瓦）、白市（天柱县白市镇 42 万千瓦）、托口（洪江市托口镇 83 万千瓦）、洪江（洪江区 22.5 万千瓦）、安江（洪江市安江镇 14 万千瓦）、铜湾（中方县铜湾镇 18 万千瓦）、清水塘（辰溪县仙人湾乡 12.8 万千瓦）、大伏潭（20 万千瓦）、凌津滩（桃源县 27 万千瓦）以及碗米坡（保靖县 24 万千瓦）。

二　山地特征

三峡流域有国土面积约 23 万平方千米，平均海拔 800 米，最高海拔

3 106 米（神龙架），最低海拔 18 米（荆州），平均气温 17℃左右。除荆州市属平原地带外，以武陵山脉和大巴山东段山脉为主要山地，属于西南地区腹地。特殊的地貌和生态展示了其独有的神奇和美妙。

（一）原始森林及自然生态

三峡流域山地特征特别突出，原始森林、自然生态、喀斯特地貌、水陆溶洞、地坑地缝等丰富多彩，数不胜数。这里选几个案例予以介绍：

1. 湖北的神农架

还在笔者儿时就常听长辈们谈论神农架有“野人”的传说，虎、豹、猴、狼等野兽多得可怕，还有不时伤人的故事。那时，给笔者的印象是神奇而且离我们很远很远……随着自己成长和事业的发展，笔者有机会走进了这个神奇的原始森林，去寻找儿时传说中的记忆，关注这里人们的社会生产实践活动，欣赏其自然生态的多姿多彩。

神农架是 1970 年经国务院批准建制的，直属湖北省管辖，是中国唯一以“林区”命名的行政区，叫湖北省神农架林区。林区地跨东经 109°56′—110°58′，北纬 31°15—31°75′，总面积 3 253 平方千米，辖 6 镇 2 乡，林地占 85% 以上。

神农架是“国家级森林和野生动物类型自然保护区”，位于中国地势第二阶梯的东部边缘，由大巴山脉东延的余脉组成中高山地貌，区内山体高大，由西南向东北逐渐降低。地处湖北西部边陲，东与湖北省保康县接壤，西与重庆市巫山县毗邻；南依兴山、巴东而濒三峡，北倚房县、竹山且近武当。平均海拔 1 700 米，山峰多在 1 500 米以上，其中海拔 3 000米以上的山峰有 6 座，海拔 2 500 米以上山峰 20 多座，最高峰神农顶海拔 3 106. 2 米，成为华中第一峰。神农架因此有“华中屋脊”之称。林区的西南部的石柱河海拔仅 398 米，为境内最低点，相对高差达 2 708. 2米。

神农架属于中纬度北亚热带季风区，气候偏凉而且多雨，年平均气温神农架为 12℃，年降水量 900—1 000 毫米。海拔每上升 100 米，季节相差 3—4 天。由于一年四季受湿热的东南季风和干冷的大陆高压的交替影响，以及高山森林对热量、降水的调节，形成夏无酷热、冬无严寒的宜人气候。地处中纬度北亚热带季风区，受大气环流控制，气温偏凉且多雨，并随海拔的升高形成低山、中山、亚高山 3 个气候带。年降水量也由低到高以此分布为761.4—2 500毫米不等，故立体气候十分明显。

神农架的气候随海拔每上升100米，气温低1℃左右，季节相差3—4天。随海拔增高，渐次迭现暖温带、中温带、寒潮带等多种气候类型，境内不同地点的温度从冬季最低零下20℃至夏季最高37℃。九月底到次年四月为神农架的冰霜期。神农架立体小气候明显，“东边日出西边雨”的现象常有发生。其气候时空变化较大，有“六月雪，十月霜，一日游四季”之说。

2. 贵州省的梵净山

梵净山是三峡流域中武陵山脉的主峰，位于贵州省铜仁市，坐落在东北部江口、印江、松桃三县交界处，总面积567平方千米。山体庞大雄浑，摩云接天，早在明代初就被尊为“名岳之宗”，是著名的佛教圣地。1978年建立为贵州省省级自然保护区，1986年国务院批准为国家级自然保护区，同年加入联合国教科文组织“人与生物圈”保护区网，主要保护对象为亚热带森林生态系统及黔金丝猴、珙桐等珍稀动植物，梵净山被誉为“地球和人类之宝”。

梵净山，全境山势雄伟，层峦叠嶂；坡陡谷深，群峰高耸；溪流纵横，飞瀑悬泻；古老地质形成的特殊地质结构，塑造了它千姿百态、峥嵘奇伟的山岳地貌景观。典籍上考证，梵净山唐朝以前称“三山谷”“辰山”“思邛山”，明代以后称“梵净山”，“梵净”乃“佛教净界”。梵净山的闻名与开发均源于佛教，遍及梵净山区的四大皇庵、四十八脚庵庞大寺庙群，奠定了梵净山著名“古佛道场”的佛教地位，为中国五大佛教名山中唯一的弥勒菩萨道场，佛教文化为苍苍茫茫的梵净山披上一层肃穆而神奇的色彩。

梵净山最高海拔2 572米，具有明显的中亚热带山地季风气候特征。本区为多种植物区系地理成分汇集地，植物种类丰富，古老、孑遗种多，植被类型多样，垂直带谱明显，为我国西部中亚热带山地典型的原生植被保存地。区内高等植物有1 000多种，其中国家重点保护植物有珙桐等21种，并发现有大面积的珙桐分布；脊椎动物有382种，其中国家重点保护动物有黔金丝猴等14种，并为黔金丝猴的唯一分布区。

3. 湖南省的张家界

张家界国家森林公园位于湖南省西北部张家界市境内，是1982年国家计委批准成立的中国第一个国家森林公园，1992 年 12 月因奇特的石英砂岩大峰林被联合国列入“世界自然遗产名录”，2004 年 2 月被列入世界地质公园。公园自然风光以峰称奇、以谷显幽、以林见秀。其间有奇峰 3 000多座，这些石峰如人如兽、如器如物，形象逼真，气势壮观。峰间峡谷，溪流潺潺，浓荫蔽日，有“三千奇峰，八百秀水”之美称。张家界有丰富的森林植物和野生动物资源，森林覆盖率达 98%，被称为“自然博物馆和天然植物园”，是一个完美的自然生态系统。

张家界有武陵源风景名胜区，桑植九天洞、八大公山，永定茅岩河漂流、天门山，慈利五雷山，永定玉皇洞石窟、普光禅寺等。还有张家界国家森林公园、索溪峪自然保护区、天子山自然保护区、八大公山自然保护区、天门山国家森林公园等。纪念地有红二方面军长征出发地、贺龙故居、中华苏维埃共和国湘鄂川黔省革命委员会、省军区旧址等。美国好莱坞曾到张家界来拍照取景，照片被卡梅隆导演看上，用在了电影《阿凡达》上。

张家界地处中亚热带气候区，高山峡谷，茂密的森林，使公园冬暖夏凉，年平均气温 12. 8℃，夏天平均最高气温 16. 8℃，冬天平均最低气温 9. 6℃，公园空气清新，富含负氧离子，身临其中，人体感觉特别舒适，是休闲避暑的理想之地。自然气候张家界的砂岩峰林地貌是一种独特的地貌形态和自然地理特征，发育于泥盆系云台观组和黄家磴组，峰林集中分布区面积 86 平方千米。它是在特定的地质构造部位、特定的新构造运动和外力作用条件下形成的一种举世罕见的独特地貌。在院内有 3 000多座拔地而起的石崖，其中高度超过 200 米的有 1 000 多座，金鞭岩竟高达 350 米，个体形态有方山、台地、峰墙、峰丛、峰林、石门、天生桥及峡谷、嶂谷等。公园以世界上独一无二的山岩峰林地貌景观为核心、以岩溶地貌景观为衬托，兼有成型地质剖面、特殊化石产地等大量地质遗迹，构成独具特色的砂岩峰林地貌组合景观。

位于三峡流域的国家级、省级的自然生态、森林保护区还有湖北利川的“星斗山国家自然生态保护区”，省级的还有湖北咸丰的“坪坝云自然生态保护区”，等等。

（二）喀斯特地貌及溶洞

由于三峡流域的武陵地区大多属于喀斯特地貌，因此，各种溶洞、峡谷绝壁、天坑地缝、奇山怪石美不胜收。这里择其最典型介绍：

1. 湖北利川的腾龙洞

腾龙洞位于湖北恩施土家族苗族自治州的利川市，既有水洞又有旱洞的腾龙洞是亚洲最大的溶洞，旱洞洞内最高处达 235 米，主洞长 52.8 千米，目前开发并开放的只是前面的约 5 千米的支洞。直升机可在洞口盘旋，说明整个洞穴相当大。旱洞育石笋、钟乳石、小水洞和一个腾龙洞的天然模型。旱洞洞口的旁边是水洞，水洞的两岸是一片密林，中间是瀑布和起伏的流水……

腾龙洞属大巴山与武陵源交汇部，地处清江的发源地。跨东经 108°21′—109°8′，北纬 29°44′—30°39′。腾龙洞位于清江上游利川市区近郊，距城 6.8 千米。该洞是中国目前最大的溶洞之一，也是世界特级洞穴之一。旱洞全长 59.8 千米，洞口高 74 米，宽 64 米，为亚洲第一大旱洞，水洞则吸尽了清江水，更形成了 23 米高的瀑布，清江水至此变成长 16.8 千米的地下暗流。更神奇的是，水旱两洞仅一壁之隔，洞中景观千姿百态，神秘莫测。洞外风光山清水秀，水洞口的卧龙吞江瀑布落差 20 余米，吼声如雷，气势磅礴。全国人大常委会原副委员长王任重题写了“腾龙洞”洞名；湖北省原省委书记关广富为水洞挥笔题词“卧龙吞江，天下奇观”；全国作家协会原副主席冯牧挥毫泼墨“登山当攀珠峰，揽胜应探腾龙”。1988 年，经 25 名中外洞穴专家历时 32 天实地考察论证：腾龙洞是中国目前最大的溶洞，世界特级洞穴之一。腾龙洞以独特的自然景观和宜人的气候环境，被公认为旅游、疗养、探险、地质考察的首选去处。

有特色的溶洞还有如湖北省利川市的玉龙洞、朝阳洞、水帘洞等，重庆市武隆县的芙蓉洞等，都有其独特的美景和神话般的故事！

2. 湖北恩施大峡谷

恩施大峡谷位于世界硒都——湖北省恩施市境内，被专家誉为与美国科罗拉多大峡谷难分伯仲，是清江大峡谷一段，峡谷全长 108 千米，面积达 300 平方千米。

峡谷中的百里绝壁、千丈瀑布、傲啸独峰、原始森林、远古村寨等景点美不胜收。自然风景主要由大河碥风光、前山绝壁、大中小龙门峰林、板桥洞群、龙桥暗河、云龙河地缝、后山独峰、雨龙山绝壁、朝东岩绝壁、铜盆水森林公园、屯堡清江河画廊等组成。其中两座位于一炷香石柱旁的山峰于2012年4月22日命名为迪恩波特双子峰。

除了大峡谷外，最大的景观特色是两岸典型而丰富的喀斯特地貌：有天坑，有地缝，有天生桥，有溶洞（200多个），有层层叠叠的峰丛，还有近乎垂直于大峡谷的大断崖。峡谷内有近10千米长的地缝幽深奇绝，世所罕见的奇山、异水、怪洞、珍禽数不胜数。

3. 重庆黔江的小南海地质公园

小南海是由于地震时山崩岩塌、溪流堵塞而形成的地震堰塞湖，位于重庆的黔江区境内，是目前中国国内历史最长、保存最为完好的地震堰塞湖，而且在世界上也“极为鲜见”。四周秀峰环列，湖内水碧岛绿，湖光山色，景色如画。小南海地震遗址为全国独有、世界罕见，其地震崩滑体、崩积物、淤坝等至今清晰可见。2001年，被国家地震局批准为“黔江小南海国家地震遗址保护区”和“全国防震减灾科普宣传教育基地”。

地震遗址是小南海最具科研价值和旅游价值之处。小南海处在渝东鄂西西褶皱带内，以震旦系变质岩为基底，最近的构造运动主要表现为大面积的隆起抬升。所以小南海地震的发生，可能与本地区基底断裂活动有关。由于小南海远离城市，人烟稀少，所以地震遗址得以完整保存下来。

主要地震遗址包括：小南海地震遗址、八面山岩溶地质地貌、仰头山岩溶地质地貌、古生物化石遗迹、沉积构造、古冰川遗迹及流水地貌。主要自然景观有：大垮岩、小垮岩、轿顶山、崩滑体、堆石坝、堰塞湖、岩溶景观（石芽、石笋、峰林、漏斗、溶蚀洼地等）、泥岩页岩中的波痕、槽模、沟模及虫迹构造、冰川U型谷、冰碛体等。

三　区位特征

一个区域的区位特征表现为社会空间的空间实在形式和区位位置，也从一个方面反映其作为社会空间的重要性程度。三峡流域社会的区位特征有三个：

一是三峡流域社会空间位于湖北、湖南、重庆、贵州四个省市交界处，由长江三峡和乌江、清江、沅江四条江水为纽带形成的跨省地域空间。

二是三峡流域的四周由四个中心城市群（圈）所隔离，即武汉“8 + 1”城市圈、长株潭城市群（2015 年 4 月 5 日新华网北京电，国务院批准了《长江中游城市群发展规划》，此规划又包含了这两个群、圈）、成渝城市群和贵阳城市群（在讨论和规划中），这些以省会城市为中心形成的国家和省城市发展战略规划，已客观上形成三峡流域社会发展边缘化趋势（从国家和省战略的视角看），加上这一地区本来就相对比较落后的现实，该区域在未来发展中会产生更大的差距而形成新的发展不平衡。如果对三峡流域社会发展不引起高度重视的话，必将出现更大的差距，而影响长江经济带战略发展的整体水平，进而成为其发展瓶颈。

三是三峡流域有世界最大的水电工程——三峡水电工程和葛洲坝水电工程，是我国重要的水电能源基地和动力心脏，也是我国生态安全、水安全、工程安全最集中的重中之重的重要区域，它既是国家发展的战略要地，也具有重要的国际影响和战略地位。再加上乌江、清江和沅江上的水电能源也是各地重要的能源基地。所以，水能源的开发、利用和保护在国家发展层面上具有重要的战略地位。

因此，从三峡流域的三个区位特点来看，该区域的经济社会发展应该纳入国家重点关注和支持的发展战略，予以进一步高度重视。

第三节　三峡流域社会的基本状况

三峡流域社会在社会主义建设中，特别是改革开放以来取得了重要成就，为未来进一步发展奠定了良好的基础。

一　基本情况

1. 基本规模数据

三峡流域社会是由湖南、湖北、贵州和重庆四省市接壤的相关地、市、州、区行政区域组成的区域社会，涉及市、州、区级行政区域 13 个，县、市、区 94 个，其中重庆 12 个县属于副地级县。三峡流域有国土总面积 23 万平方千米，总人口 4 600 多万；有土家、苗、侗等 30 余个少数民族，少数民族总人口 1 400 余万，占总人口 30%。该地区目前有大中小 3 类城市共计 106 个，其中，只有湖北省宜昌市城区有 130 万人口，按照新的城市规模标准，属于大城市，其余有 8 座地市州区级行政首府城市人口在 30 万至 50 万人之间，属于小城市，3 个 50 万人以上中等城市；94 个小城镇（县市级行政首府）有县市区级首府城市 94 个，其人口均在 30 万人以下，且绝大多数在 10 万人左右。该地区有城镇人口 1 800 余万，城镇化率 39.1%。大部分位于武陵山和大巴山区，属于山城。城镇化发展相对滞后，存在的困难较多，存在的问题较多，需要在城镇化发展中加速发展。

2. 经济社会发展情况

随着国家西部大开发战略实施和扶贫攻坚战略的不断推进，该地区在经济社会发展的各个方面都有了根本性的变化。其一，交通得到了根本性的改善。该地区现有机场 10 个（含在建的），分别是三峡机场（宜昌）、恩施机场（恩施）、漳河机场（荆门）、沙市机场（荆州）、张家界荷花国际机场、怀化芷江机场、常德桃花源机场、黔江武陵山机场（也称舟白机场）、铜仁凤凰机场、神农架机场；现有焦柳铁路、京广铁路、宜万铁路、渝怀铁路等 4 条铁路线，还有宜（宜昌）张（张家界）铁路、蒙华铁路、郑万铁路、沪昆高铁和黔张常高铁铁路等 5 条铁路线和高铁铁路线正在动工建设或已获批建设，除神农架不通铁路外，截至 2014 年底，铁路总里程达到了 2 186.42 千米（荆门、湘西州因无具体统计数据不包括在内）；有高速公路：沪渝高速、沪蓉高速、荆宜高速、恩（恩施）黔（黔江）高速、宜（宜昌）张（张家界）高速、宜（宜昌）岳（岳阳）高速、二广高速、常（常德）张（张家界）高速也正在建设之中，截止到 2014 年，除常德、神农架外，该区域共建成高速公路 2 488 千米，三峡流域的各个地市级城市之间已形成了一张高速公路网，实现了公路互通；还有若干国道公路、省道公路等，已达到地市州区级首府均通高速公路和铁路，并各地正在推进村村通公路；还有长江沿线（三峡段）港口等。现在基本形成了“海陆空”“铁公机”的交通网络，并正在不断完善和提升。

其二，旅游业发展迅速。该地区民族文化底蕴丰厚，自然景观独特，旅游资源十分丰富。目前在国内外享有盛誉的景区、景点有神农架、张家界、凤凰古城、长江三峡、三峡大坝、清江画廊、恩施大峡谷、利川腾龙洞、梵净山等风景区，与之相适应的是旅游产业已成为该地区的支柱产业之一，得到了迅速发展，根据2014年的统计数据，2014年该地区共接待国内外游客2.578 021亿人次，接待游客人次连年增长，与2013年相比，该地区除了铜仁（增速为9.7%）、张家界（增速为12.9%）外，增幅均超过20%；旅游收入1 648.5 366亿元，旅游收入持续并以较大幅度予以增长，与2013年相比，绝大部分地方旅游收入的增幅超过20%，宜昌、铜仁、湘西等地的旅游收入增幅超过了30%，如湘西土家族苗族自治州、涪陵二地的旅游收入增幅达到了37.5%、41.5%，张家界的旅游收入增幅最低，但也达到了17.2%的增幅。

其三，经济结构转型加速，经济基础在逐步增强。该区域产业机构进一步优化，第一、二、三产业协调发展，三次产业内部结构不断优化，第一产业比重持续下降，第二产业和第三产业比重继续提高，第二产业和第三产业成为该区域经济增长的主要力量。尤其是作为第三产业的旅游业及相关产业发展迅速，逐渐成为该区域主要的经济增长点之一；该区域的经济实力逐步壮大，经济基础也正在逐步增强，据不完全统计，该地区2013年的国民生产总值已超过11 830亿元，年平均增长速度达到或超过了10%。

其四，社会发展与社会治理取得较大进步并形成了自己的特色。从社会发展来看，该区域城乡居民收入持续增加，人民生活日益改善，据不完全统计，该区域绝大部分地区城镇居民收入和农民人均纯收入年均增长接近或超过了10%；社会就业不断扩大，该地区绝大部分的城镇登记失业率控制在3%以内，社会保障体系不断完善，各种社会保险参保人数持续增加，基本做到了新型农村养老保险和城镇居民养老保险制度全覆盖，基本实现了城乡低保应保尽保，使城乡居民生产生活条件得到了明显改善；从社会治理情况来看，该地区社区治理能力和水平得到了明显提高，社会治理取得较好效果。社会治理基本架构基本完成，社区（村民委员会）作为社会治理的基础单元，根据居（村）民需要合理布局，组织机构健全，逐渐从过去的单纯管理的观念转化为以为民服务为宗旨的社会治理理念。尤其是，该地区正在进行社会治理新模式的探索与实践，如宜昌市的“一本三化”社会治理模式[①]，在全国引起了较大反

① 谭志松、王俊等：《现代城市社会治理创新“一本三化”模式研究——来自宜昌的中国经验》，北京：中国社会科学出版社2015年版，第49页。

响，在该地区乃至全国均具有较大的推广价值，取得了良好的社会反响。还有湖北秭归的“幸福村落”社会治理模式[①]，湖北巴东的“农民办事不出村”的社会治理模式，探索出了农村社会治理的新路子，取得了较好的社会治理效果。[②]

二　丰富的特色文化

该地区主要呈现三类文化：

一是民族文化。该地区有30多个少数民族，有恩施土家族苗族自治州和湘西土家族苗族自治州等2个少数民族自治州，有沿河土家族自治县、印江土家族苗族自治县、玉屏侗族自治县、松桃苗族自治县、彭水苗族土家族自治县、酉阳土家族苗族自治县、秀山土家族苗族自治县、石柱土家族苗族自治县、五峰土家族自治县、长阳土家族自治县、麻阳苗族自治县、芷江侗族自治县、靖州苗族侗族自治县、新晃侗族自治县、通道侗族自治县等15个少数民族自治县（所以，三峡流域共有31个少数民族县，占总共94个县市区的1/3），还有若干少数民族乡镇。少数民族人口占总人口30%，大多聚集在武陵山区内，以土家族、苗族为主，留下了灿烂的优秀的民族文化。主要表现在以下几个方面：

土家族图腾文化——图腾白虎——白虎文化[③]；土家族艺术文化，如摆手舞、撒叶尔嗬、山歌、情歌等[④]；土家族民俗民间文化，如土家族节庆文化、土家族礼仪文化、土家族故事、民间民谣、童话、土家族诗歌；土家族工艺文化，如土家族吊脚楼建筑、土家族织锦和服饰工艺文化、器具工艺文化等；土家族医药和体育文化、饮食文化；土家族宗教文化；土家族制度文化、土家族乡规民约文化、土司文化。[⑤] 苗族也是一个具有优秀传统文化的民族，具有自身特色的丰富文化。如苗族宗教信仰文化、

---

① 谭志松、陈瑶：《武陵山片区乡村社会治理“幸福村落”模式研究——秭归县“幸福村落”治理模式有效性分析及其启示》，《吉首大学学报》（哲学社会科学版）2015年第6期。

② 以上四个方面有关数据由三峡大学区域社会管理创新与发展研究中心覃美洲副教授根据2014年7月至10月课题组成员调研和收集的各地文件总结资料数据整理而得。

③ 朱炳祥：《土家族文化的发生学阐释》，北京：中央民族大学出版社1999年版，第62—94页

④ 彭英明：《土家族文化通志新编》，北京：民族出版社2001年版，第235页。

⑤ 同上书，第98—378页。

民俗民间与文学艺术文化、织锦和刺绣文化、姓氏与婚嫁文化、苗族建筑文化、制度文化等等。①

土家族、苗族传统文化概括起来表现出三种形态，即物态文化、精神文化和制度文化。物态文化表现为三个特征，首先是生产、生活、器具的竹木化及其形状的特殊性，这与当地自然植物资源和生活习俗有关；其次是以吊脚楼为代表的建筑文化，与当地动植物资源状况和生态环境直接相关；再次是以西兰卡普为代表的织锦文化，它反映土家族人的聪明智慧和爱美的心理特征，并将自然生态各种美的形态提升融入织锦的图案中，形成多姿多彩的鲜活的文明文化。土家族、苗族精神文化表现为图腾，信巫鬼、重人祠以及各种艺术文化。制度文化主要围绕经济形态而形成的。它表现为采集经济、渔猎经济、农耕经济需求所产生“崇拜”制度文化，如树神崇拜、猎神崇拜、山神崇拜、太阳神崇拜、雨神崇拜、土地神崇拜、牛崇拜等等，还有族、乡约定俗成的乡规民约也发挥了重要的制度作用。②

二是地域文化。三峡流域是一个特殊的社会空间，从历史到现实经历了悠久的历史变迁，沉积了丰富的具有地方特色的社会历史文化，如楚文化、巴文化、三峡文化、三国文化等；有名人文化，如屈原文化、昭君文化、欧阳修文化等；还有红色文化等。

三是水文化。丰富的水域是三峡流域的第一大地理自然特征，因为水、江河与陆地相依相伴而演绎了三峡流域无数精彩的故事，成为令世界关注的最美的内陆区域之一。水是生命之脉，没有水，地球上就不可能存在生命，包括植物的生命。三峡流域以四江之水为生命之脉，养育了这里千秋万代的子民，造就了这里无数的自然奇观和人文故事。在当下，水的意义在延伸，水的保护需加强，水的利用与开发该理性，水的泛滥要根治，水的生态要维护。在该地区，有独一无二的水工程文化——三峡工程、葛洲坝工程文化，包括特有的乌江、清江、沅江的水

① 李廷贵、张山、周光大：《苗族历史与文化》，北京：中央民族大学出版社 1996 年版，第 147—418 页。

② 谭志松：《武陵地区民族教育的历史与现状》，北京：民族出版社 2005 年版，第 8—9 页。

及水工程文化一起创造了世界水工程文化之最。所以，挖掘和深化水文化研究，建立水的文明世界是人类共同的事业。

三　三峡移民特征

三峡流域社会还有一个独一无二的特征，即三峡移民特征。整体来看，三峡流域地区的移民大概有这样几种类型：一是水库移民，特别是三峡工程移民（也简称库区移民或水库移民），总共120万人（直接淹地移民84.8万人），其中重庆7万农村移民分别安置到四川、江苏、浙江、山东、湖北、广东、上海、福建、安徽、江西和湖南等11个省市，其余113万余人由湖北和重庆两省市内安置。城镇迁建有重庆的涪陵区和万州区的首府城市，湖北的秭归、巴东、兴山3个县城和重庆的巫山、奉节、云阳、开县、忠县、丰都、长寿（现在改为长寿区）等7个县城，还有116个乡镇（其中27个建制乡镇和82个集镇，还有7个一般场镇）①。三峡水库移民属于国家制度性移民（笔者不赞成对此称“非自愿移民”和“政府移民”），其规模是新中国成立以来最大的。另外还有乌江水电开发移民、清江四大水电工程，即大龙潭电站、隔河岩水电工程、高坝洲水电工程和水布垭水电工程的移民，还有沅江水电开发移民，均由地方制度性和非制度性解决。二是城市化建设移民。三是劳动力转移移民。四是其他工程移民。后三类移民具有规模小、流动大、分散性等特点，全由地方就地解决。在三峡流域社会移民中，最受关注的和有全国甚至世界影响的是三峡水库移民。因为三峡工程不仅是中国最大的能源工程，也是震撼世界的、最大的、技术含量最高的水利工程。要使这个工程能顺利完成，第一个要解决的重大问题就是120万移民的安置和生存发展问题。这个问题备受国内外关注。

党中央国务院高度重视这个重大问题，并为之做出了艰辛的努力，还留下了一段值得怀念的故事。1984年三峡工程的“150方案”开始论证，到1994年12月14日按“175方案”执行并举行开工仪式，历时10年艰苦的筹备过程。其间，为了较好地解决120万移民安置和致富等问

① 国务院三峡工程建设委员会移民开发局：《三峡工程移民手册》（内部资料），2001年6月。

题，党中央、国务院在1984年成立了“三峡工程筹备领导小组”，并同时提出组建“三峡省”（先后论证过“三峡行政特区”“三峡特区”“三峡行政区”和“三峡省”等名称），1985年2月8日在北京成立了“三峡省筹备组”，当时的国务院主要领导代表党中央、国务院到会讲话，指出了成立“三峡省”主要目的是：“中共中央、国务院为什么要组建三峡省，主要是为了保证三峡工程顺利建成，妥善安置库区移民，加快三峡地区的经济开发。”1985年4月15日，“三峡省筹备组”在宜昌桃花岭饭店正式挂牌亮相。筹备组组长李伯宁（时任水电部副部长）等一行正式履职。7月6日，筹备组正式报告国务院《关于三峡省省级机构设置和人员编制方案的报告》，涉及湖北和四川（现重庆）的30个县级行政区域，总面积84 213平方千米，总人口1 759.65万人。① 直到1986年3月，筹备领导小组办公室因故停止办公，历时两年的“三峡省”筹备工作告一段落。尽管筹备“三峡省”的时间很短（两年），但这一历程却反映了三峡“水库移民”是三峡流域社会中的一个突出的特点。直至今天，近三十年了，三峡库区移民的安稳、致富、发展等仍然是这一区域面临的重大问题，需要国家和地方继续给予足够的重视和支持。

第四节　关注和研究三峡流域社会的重要意义

以上我们阐述了三峡流域的概念、范围、特征，以及三峡流域社会的基本状况及内外主要特征，基本了解了三峡流域是一个具有独特性的社会空间，从中我们也看到了其概念提出的现实意义。事实上，研究三峡流域社会还有其发展性的重要战略意义。

一　三峡流域社会发展的战略意义

笔者认为，三峡流域社会发展的战略意义体现在三个方面：

1. 三峡流域区位的特殊性强调了其社会建设和发展的重要性。国家的“长江经济带战略”和与其相连的国家的“城市群战略”：“成渝城市群发展战略”“长株潭城市群发展战略”“武汉城市圈发展战略”，以及

① 范长敏、赤男、白丁：《“三峡省”筹建始末》，《党史博览》2001年第5期。

2015年4月国务院批准的《长江中游城市群发展规划》等国家级战略的实施，客观上要求人们需要从整体上深入关注和研究三峡流域社会这个特殊社会空间的发展问题。要把长江上最精彩的三峡流域社会空间建设发展得更加精彩，而不能因为长江上一系列大战略的实施而产生新的差距，进而成为长江经济带发展的一大瓶颈。这既是全面建成小康社会和四个现代化的需要，也是建设中国特色社会主义和谐社会和特色发展的必然要求。

2. 三峡流域的水电能源已成为中国能源的心脏，其重要地位不言而喻。三峡流域社会的良性运行和协调发展，以及其社会发展水平直接关系到三峡流域水电能源的有效利用和安全运行。这些问题直接关系到国家发展的大局。因此，关注和研究三峡流域社会的进步和发展具有重要的现实意义和战略意义。

3. 三峡流域有三峡水电工程、张家界国际旅游、四大原始森林保护区等具有国际影响和国家名片效应的自然和科技特征。三峡流域已逐步成为全世界关注和热爱的旅游目的地区域。在未来的建设发展中，将有更多的国际游客来三峡流域旅游度假、生活、投资。同时，这一地区的生态保护和水库地质灾害防治也备受国际社会和学界的特别关注，必须在国家层面上采取专项得力措施，防止和治理好三峡水库灾害、建设库区生态文明，这既是我国国力的象征，又是科技实力和文明程度的体现。因此，三峡流域社会的发展水平在某种意义上将成为国家发展和进步的一个部分缩影而逐步展示给国际社会，进而对中国的国际地位和影响产生重要作用。所以，研究和发展三峡流域社会具有国际性战略意义。

4. 三峡流域社会的特殊构成和未来发展给我们提出了一系列需要深入研究和解决的社会发展问题。因此，开展三峡流域社会的深入研究，有利于国家和政府科学决策和采取有效措施，以确保该地区可持续健康快速发展，进而把三峡流域建设成为一个各方面发展水平较高，且特色鲜明、运行良好、安全有效、生态文明、人民幸福的社会空间。

二　三峡流域社会发展的现实意义

就以上四个方面的意义，笔者有三点思考：

1. 三峡流域社会的进步与发展是国家长江经济带战略发展的关键，

必须纳入国家战略统筹考虑。

2014 年 9 月 25 日，国务院发布了《关于依托黄金水道推动长江经济带发展的指导意见》（以下简称《意见》），这标志着长江经济带已上升为国家战略。《意见》明确指出：长江经济带包括上海、江苏、浙江、安徽、江西、湖北、湖南、重庆、四川、云南和贵州 11 个省市，面积约 205 万平方千米，横跨中国东中西三大区域，人口和生产总值均超过 40%，具有独特优势和巨大发展潜力。《意见》确定了“四带”战略目标定位：即要建成“具有全球影响力的内河经济带、东中西互动合作的协调发展带、沿海沿江沿边全面推进的对内对外开放带、生态文明建设的先行示范带”。《意见》还布局了“提升黄金水道功能、打造综合立体交通，优化沿江城市化格局”的战略措施。在这一重大战略的实施过程中，三峡流域社会无疑是最关键的一个社会区域。它不仅在地理位置是长江上最为精彩的一段，需要在社会转型加速期发展得更精彩，而且从战略地位上也是最需加快发展的区域。目前它的经济发展现状相对滞后必将成为长江经济带整体发展的一个瓶颈，进而影响整体发展；库区灾害的防止和治理，生态修复、保护和建设直接关系到三峡工程和整个长江水安全以及区域社会安全；移民安稳致富问题直接关系三峡流域的社会稳定与和谐。

2. 把三峡流域作为一个整体行政区域划分建设，是加速三峡流域社会健康快速发展的最有效的机制体制调整。

三峡流域社会空间是湖南、湖北、重庆和贵州等四省市接壤的地区组成的区域社会空间，由于多方面的原因，这些地方都分别在相应省市长期处于边缘而且相对比较落后，而现在的有关国家和省的发展战略都基本上以省会为中心或者以大区域中心为核心进行投入建设和促进发展。因此，笔者认为，要解决三峡流域社会的良性运行和协调发展，最有效的办法是从解决发展途径、体制和机制问题入手，从根本上解决三峡流域社会的发展问题。笔者建议，国家把三峡流域所涉及行政区域从相应省市划出，成立省级三峡流域行政管理区域，可称“三峡省”（1984 年至 1986 年党中央国务院曾围绕三峡工程建设的需要，进行过“三峡省”的筹备工作，因故而停止。当然，当时设想的“三峡省”与现在提出“三峡省”的内涵和外延是有本质的区别的）。直属于党中央国务院领导和建设，这样就能更好地集中解决三峡流域的健康、快速、全面发展的问题，更加有效地促进长江经济带建设战略的全面实施和科学发展。

3. 从空间社会学的角度看，三峡流域社会是整个长江流域社会（长江经济带社会）的一个区域性子空间社会，又处在国家中西结合部。这一子空间的发展直接影响其母空间（长江流域社会）的发展，只有子空间社会的发展与母空间社会发展相协调、相适应，才能使母空间和子空间都得到健康快速发展。否则，就会出现新的社会矛盾和问题。因此，三峡流域社会空间的特殊性和复杂性需要中央政府采取特殊的政策和改革措施，才能使国家的、省的和区域性的在长江线上的经济社会发展战略得以顺利有效的实施。这需要学者们深入三峡流域社会实际，开展客观的、科学的、创新性的深入研究，提出新的科学的理论观点和富有实际指导意义的途径和方法，为加速三峡流域社会的现代化进程和促进区域空间社会学学科发展作出贡献。

4. 国家从整体上系统解决三峡库区生态保护和生态涵养区发展问题，这事关三峡库区的生态安全和可持续发展。根据国务院批复的《三峡工程后续工作规划》，到 2020 年主要有三大任务：三峡库区的经济与社会发展、库区及其中下游的地质灾害防止与治理、库区生态保护与建设。这三项任务都需要做好三峡库区生态涵养区的规划与发展，才能更好地实现三峡区域以及长江经济带的可持续发展。三峡流域正是三峡库区生态涵养区功能的最佳区域，把三峡流域的发展按照三峡库区生态涵养区功能进行全面系统的整体规划建设具有重要的现实意义。

第五节　三峡流域社会需要深入关注和研究的十大问题

关于三峡流域社会究竟应该关注和研究哪些问题，是一个较为宏大的课题。这里就笔者的视野，主要从社会学的角度，探究性地提出 10 个方面需要深入关注和研究的主要问题：

1. 三峡库区需要研究的问题

这里所说的库区是指四条江上的水电工程形成的库区。特别是几个大电站库区，重点是三峡库区。要从以下几个方面进行深入的研究：

一是库区地质灾害防止与治理研究。这是一个交叉学科研究的问题，一方面，它需要科学家和工程技术人员普查和认识库区存在的地质灾害的隐患和预警机制、创造和使用地质灾害防止和治理的技术。这在三峡水库库区有许多需要集中攻克的世界性难题，需要相关科学家们联合攻关，创造出世界级科技创新成果并付诸应用，解决现实存在的相关问题。另一方面，需要社会科学家们研究三峡库区地质灾害防止和治理的机制、政策和制度。要从治理规划和治理体制上进一步创新，要从国家战略上实现长治久安，现实上达到安全发展。

二是库区生态及其文明建设研究。三峡水库蓄水 175 米，打破了 200 多万年来形成的三峡区域自然生态的平衡，在工程完成和库区新环境下形成新的平衡是三峡水电能源永葆青春的基础工程。要尽快实现这个目标，最重要的是人类加快生态建设，在进行生态环境建设中，必须把人类文明建设与生态环境建设结合起来，建设文明生态，文明生态建设必须与社会文明建设结合起来同步进行，才有可能尽早实现库区生态文明，从而实现三峡库区新的生态平衡。

三是社会转型与库区移民及其发展研究。三峡工程 120 余万移民 90% 都在当地进行城市（镇）搬迁、城市（镇）后靠以及就近迁移安置，所以社会转型视阈下在移民的新建家园的建设和就业致富方面有许多问题需要研究，这与库区产业发展和地方经济结构调整研究直接相关。

四是三峡工程建设的文化总结性研究。三峡工程的成功建设，一方面促进了我国科学水平和工程技术的提高，反映了国家发展实力的进步；另一方面，工程建设凝聚了中华民族的智慧和文明，在其伟大壮举和建设历程中形成了一种特有的中华民族的不朽精神，是伴随我国改革开放的深入、经济体制转轨、市场经济建立过程而完成的，它是改革开放和新机制的伟大胜利。对此，应该对三峡工程，包括葛洲坝工程以及清江“梯级开发”经验等进行深入的文化性总结和精神经验的充分挖掘，为后人留下宝贵的精神财富和文化文明成果。

五是三峡库区生态涵养区发展研究。把三峡流域视为为三峡库区生态涵养区进行整体规划和建设，研究其功能布局、协调机制和生态产业发展。

2. 三峡流域社会治理研究

据我们在三峡流域大部分地方的调研情况，三峡流域社会治理创新总体来讲取得了一定成绩，但还有需要进一步提升的较大空间（本书第五章将专门阐述），发展也不平衡，有部分地区坚持探索并取得了可喜的成就。笔者认为，当下三峡流域社会治理创新研究可以主要从三个方面深入。其一是城市社会治理创新研究。这方面湖北省宜昌市经历了五年多的实践，成功地探索出了现代城市社会治理“一本三化”模式，值得推广；[①] 同时，要从体制改革、法制化道路上进一步探索区域协调的城市社会治理创新体制和机制，促进城市社会治理创新水平的提高。其二是农村社会治理创新研究以及城乡统筹协调的三峡流域社会治理创新体系和模式。这方面湖北秭归县实践探索了“幸福村落”建设模式[②]，具有对山区农村社会治理创新的借鉴和指导意义。其三是库区社会治理与安全保护研究。三峡库区的安全保护与当地社会治理创新直接相关，要研究如何建立确保库区安全的当地社会治理创新体系与模式，即研究如何建立库区社会治理与安全保护有机结合的有效治理机制与体制。

3. 三峡流域城镇化建设研究

在三峡流域城市建设和发展方面，最主要的是三个领域：

一是三峡流域城市发展和建设战略性研究。在现代追求“高楼大厦”现代化象征的城市建设时代里，在政府主导城市建设的当下，如何根据三峡流域社会的地域特征和文化特征，规划和构建具有三峡流域特色的山水城市，是一个值得研究和重视的问题，这也是该地区城市发展的战略性问题。这就要求政府和政府委托的技术权威在进行三峡流域城市空间再现的规划和设计中，强调三峡流域的特殊性，它的城市空间再现要不同于长江流域上其他地方城市的格调、风格和气势。

二是三峡流域的城市社会文明、城市生态文明和基层政治文明研究。因为城市社会发展是社会文明的象征，反映区域社会的文明程度；另外，城市社会文明水平直接辐射和影响区域社会文明程度。所以，加强三峡流域的城市社会文明、生态文明和基层政治文明研究和建设，具有重要

---

① 谭志松、王俊等编著：《现代城市社会治理创新“一本三化”模式研究——来自宜昌的中国经验》，北京：中国社会科学出版社 2015 年版，第二章—第六章。

② 谭志松、陈瑶：《武陵山片区乡村社会治理创新“幸福村落”模式研究——秭归县“幸福村落”治理模式有效性分析及启示》，《吉首大学学报》（哲学社会科学版）2015 年第 6 期。

的现实意义。

三是三峡流域城市的信息化、现代化与地域性有机结合的建设研究。这是一个时代性、综合性、前沿性重要课题，这在三峡流域社会现实中稍显滞后，有待研究和进一步推进其发展。

4. 三峡流域社会文化建设与发展研究

前面已经论及，三峡流域有着丰富的社会文化积淀，包括民族文化、地域文化和水文化。文化是社会的灵魂，所以，研究地方的文化发展也是研究地方社会发展的基本课题之一。笔者认为，三峡流域文化研究主要是三个方面：

一是三峡流域历史文化挖掘、发现、整理、保护和传承研究，特别是武陵民族文化、三峡地域文化、水文化与水工程文化等方面的深入研究。在这方面，学者和政府对武陵山区的民族文化，特别是土家族、苗族、侗族等少数民族文化的挖掘、发现、整理、保护和传承研究时间较长，成果颇丰，并形成了基本的系统和理论，且有了一支壮大的研究队伍。[①] 当然，也还有继续深入研究的问题。但在地域文化研究方面，主要是巴文化和楚文化研究成果比较丰富，形成了系统的高水平研究成果。[②] 其他的主要是各地民族与文化的主管部门组织了许多普查和地方志方面的研究，系统性和创新性研究还比较薄弱。水文化研究起步晚，更显弱势，有待深入。

二是三峡流域文化开发与文化产业发展研究。这方面是弱项，除了在旅游事业建设的推动和带动下在旅游产业中含有文化产业的因素外，

① 作者注：武陵山民族文化研究的部分代表性成果有：（1）中南民族大学教授们主持完成的《土家族问题研究丛书》共10本（民族出版社2000年）；（2）湖北民族学院教授们主持完成的《土家族研究丛书》共16本（中央民族大学出版社1999年）；（3）吉首大学教授们主持完成的《土司研究》；（4）宜昌长阳自治县组织专家编写的《巴土文化研究丛书》共20余部著作（云南人民出版社2008年）；（5）恩施自治州组织专家编著了八个县市各一套土家族文化资料性丛书（近100本）；（6）湖北民族学院组织教授完成的《武陵地区民族教育研究丛书》共6本；（7）一批以湖南吉首和贵州为首的苗族学者出版了相当数量的苗族文化研究专著；等等。这些成果基本反映了土家族文化研究的状况。

② 作者注：如具有代表性的成果有张正明的《楚史》（中国人民大学出版社2010年版）、《楚文化史》（上海人民出版社1987年版）等一系列重要成果；刘玉堂的《武汉通史》（10卷，武汉出版社2008年版）等。

真正本地成熟并持续于民族文化、地方文化的文化产业企业还较少，需要深入研究和大力推进文化产业的发展。

三是文化发展与社会建设方面的研究。这方面主要是研究在进行地方社会建设和管理中如何推进文化发展，从而使其文化发展自然地成为社会发展的有机部分。

5. 三峡流域水资源开发与小水电建设研究

该问题看似是一些自然科学领域的问题，但笔者认为，它首先是一个社会科学领域的问题，因为，首先是解决对三峡流域社会和地质资源价值的认识问题，其次如何决策和制定政策的问题，再次是怎样有效实施的问题（科学与技术）。这些问题都为社会科学家们所关注。所以，该问题是一个自然科学与社会科学交叉问题。作为社会科学和社会学的视角，主要是两个方面：一是水利资源普查与小水电建设开发的发展战略问题研究；二是水土保护与农田水利建设研究，这是与农业现代化直接相关的问题。从社会学的角度，研究在农村个体化、私人化的山田属性中的三峡流域山村水土治理合作化问题，农业现代化的基本建设问题。

6. 三峡流域社会法治建设研究

在国家法律不断完善的同时加强地方和行业立法建设，建设与国家法制建设相契合、适合三峡流域社会发展的法规体系。笔者认为，主要是：（1）三峡流域水保护与库区生态建设保护及其条例制定研究；（2）三峡流域民族自治州、自治县、民族乡等的自治条例及其实践研究；（3）社会建设与社会治理的法治化问题研究。

7. 三峡流域社会经济发展研究

三峡流域社会经济发展还处在相对比较滞后的状态，包括经济社会结构调整、产业发展和开发等一列问题有待深入研究。这既是经济学家的事情，也需社会学家研究三峡流域社会的良好运行和协调发展的条件和机制，以利于支撑或维护新常态下三峡流域经济的可持续发展。特别要加强三峡流域全面建成小康社会研究。

8. 三峡流域社会跨省协调发展机制与国家发展战略及扶持政策研究

三峡流域社会是一个地跨湘鄂渝黔四省市的区域社会，如何使其能够很好地协调发展，需要研究协调运行的体制和机制，需要从国家战略层面去研究省与省的协调机制和政策措施，包括宏观区域布局和区域内的协调机制。上一节，笔者提出了以三峡流域建设“三峡省”的设想和建议，这可能是一个最有效和最根本的途径，但不是唯一的途径，关键是这个途径的实现程序复杂，需要时日和机会。因此，寻找现有分辖在四省市体制下的三峡流域社会的协调机制和措施并付诸实施，仍然是一件紧迫的事情。

9. 三峡流域的人类学研究

三峡流域涉及四条江河，长江上的三峡段是整个长江上最精彩、最有故事、最令世人瞩目的流域段。中国科学院院士、西南大学教授袁道先等的“长江三峡河谷发育与环境演变研究”成果取得重大突破，首次建立了三峡地区长江阶地年代序列，认定长江三峡形成于200万年前，并指出，长江东流是由于青藏高原的抬升，三峡河段的贯通是长江演化历史中的一个重大地质事件。在这样的历史背景下，研究三峡河段流域人类学具有新的科学意义和历史意义。这方面，已经有学者开始进行相关探讨。2010年，三峡大学启动“三峡通史”的研究和编撰工作，宜昌市正在组织编写“宜昌文化简史”的工作。2014年11月，西南大学召开了“流域人类学工作坊”学术研讨会。另外，乌江、清江、沅江都是当地人民的母亲河，如古代巴人（土家人的先民）发源地——长阳武落钟离山坐落在清江之岸，养育了世代土家族人；乌江、沅江同样繁衍着人类发展历史，等等。因此，三峡流域人类学是一个有价值有丰富内容的研究领域。

10. 信息化时代三峡流域网络空间社会的治理与发展问题

上面论及的领域都是建立在三峡流域社会空间实在基础上的。然而，随着信息化时代的迅速发展，网络空间社会的形成已成为现代社会一个重要标志之一，它直接影响和推进现代社会实在的快速发展。因此，在三峡流域这样一个特殊的社会空间，如何有效利用网络空间的现代技术与信息优势，服务于三峡流域社会空间实在的优质发展，是一个需要深入研究的问题。

第四章

三峡流域城市社会

前面第三章第三节介绍了三峡流域共12个地（市、州、区）的首府城市[①]和78个县市区（不包括地市州区首府所在县市区中心城区）首府城市，各县市区还对乡镇城镇化建设做了许多实践探索和战略规划。由于本书研究的对象是城市社会治理，所以，我们的研究以地、县两级首府城市治理问题为重点，当然，也涉及一些城乡统筹治理的内容。本章介绍三峡流域城市社会基本情况。

第一节　三峡流域城市建设现状

一　总体基本情况

通常地，我们称地（市、州、区）、县（市、区）政府的首府城区为这个地（市、州、区）、县（市、区）域内的中心城区或中心城市。三峡流域共90个地（市、州、区）和县（市、区）级以上中心城市（区）的基本分布情况是：

湖北省有地（市、州、区）级中心城市4个：（1）宜昌市中心城区，它包括五个县级区的行政范围：西陵区、夷陵区、伍家区、猇亭区和点军区，“十二五”城区面积超100平方千米（“十一五”末69.6平方千米）[②]，人口130万人（2011年）；远景规划2030年，中心城区建设用地

---

① 湖北神农架首府木鱼镇的规模暂时还很小，因为全区总人口不足10万，加上林区特点不宜在此建立过大的城市，所以，在研究三峡流域城市社会时作为特例暂不纳入。

② 《宜昌市国民经济和社会发展第十二个五年规划纲要》，2011年1月26日宜昌市第四届人民代表大会第六次会议通过。

总量为 300 平方千米，总人口 302 万人。[①] 宜昌市域总人口 415 万，国土面积 21 230 平方千米。另有县（县、市）级中心城区 5 个。（2）恩施土家族苗族自治州首府城区，它即是其下的恩施市的中心城区（包括三个街道办事处：舞阳坝街道办、六角亭街道办、小渡船街道办）和恩施经济开发区（其地域在舞阳坝街道范围内），规划已将龙凤镇改为龙凤街道办，划归中心城区管理，2011 年总人口 25.34 万。远景规划 2030 年，中心城区建设用地总量为 60 平方千米，总人口中心城区人口 60 万人；恩施州州域总人口 84.5 万（2015 年规划达到），国土面积 24 061 平方千米。[②] 另有县（市）中心城区 7 个。（3）荆州市中心城区包括荆州区和沙市区以及荆州开发区，2011 年中心城区人口 90.42 万人，用地面积 66.4 平方千米[③]；规划 2020 年中心城区人口控制在 100 万人以内，用地面积控制在 102.5 平方千米[④]；荆州市域总人口 657.13 万人（2011 年），用地面积 1.41 万平方千米。另有县（市）中心城区 8 个。（4）荆门市中心城区，包括主城区和五个组团（漳河组团等），现有人口 74 万（规划预计 2015 年达到的人口）；规划 2020 年中心城区人口 100 万人左右，用地面积 107.8 平方千米；规划 2030 年中心城区人口 128 万人，用地面积 134.8 平方千米；荆门市域总人口 300 万人，国土面积 1.24 万平方千米。另有县（市）城区 7 个。[⑤]

湖南省有地（市、州、区）级中心城市 4 个：（1）怀化市中心城区——鹤城区，现有总人口 37 万，用地面积 32 平方千米；远景规划 2020 年，总人口 60 万，用地面积 65 平方千米；怀化市域总人口 509.248 万人，国土面积 2.76 万平方千米。另有县（市、区）中心城区 7 个。[⑥]（2）湘西土家族苗族自治州中心城区即吉首市中心城区，城区人口 2010 年 25 万人，用地面积 23.80 平方千米；规划 2020 年达到人口 35 万人，

---

① 《宜昌市城市总体规划修改（2011—2030 年）》，中国城市规划设计研究院，2013 年 2 月。

② 《恩施市城市总体规划修改（2011—2030）》，湖北省城市规划设计研究院，2013 年 3 月。

③ 《荆州市城市总体规划（2011—2020）》，荆州市发改委 2015 年 5 月提供的文本。

④ 《国务院办公厅关于批准荆州市城市总体规划的通知》，国办函【2011】45 号。

⑤ 《荆门市城市总体规划（2011—2030）》，荆门政府网 2015 年 8 月 22 日。

⑥ 《怀化市城市总体规划》（2011—2030），怀化市发改委，2014 年 7 月提供的文本。

用地面积34.30平方千米。另有县（市、区）中心城区7个。[①]（3）张家界市中心城区包括两个区，即永定区和武陵源区，现有城区人口21.16万人（2006年数据），用地23.64平方千米；规划2020年中心城区人口37.5万人；2030年人口47.5万人，用地53平方千米。[②]另有县中心城市2个。（4）常德市中心城区规划面积包括武陵区全部行政辖区；鼎城区的武陵镇、灌溪镇、斗姆湖镇、白鹤山乡、太阳山林场、牛鼻滩乡2个村，许家桥乡4个村，以及石门桥镇15个村；至2015年，中心城区城市人口100万人以内，2015年城市建设用地105平方千米；至2020年，中心城区城市人口115万人，2020年城市建设用地118平方千米；至2030年，中心城区城市人口155万人，2030年城市建设用地160平方千米。常德市域现有总人口650万人（2015年），国土面积18190平方千米。另有县（市、区）中心城区8个。[③]

重庆市有地（市、区）级中心城区3个：（1）涪陵区中心城区含李渡、南岸浦、江北、江南和江东等5个片区，人口50万人（2010年），用地44平方千米，规划2020年达70万人，用地65平方千米；涪陵区区域现有总人口118万（2010年），国土面积2 942.46平方千米。[④]（2）黔江区中心城区，由老城、正阳、舟白、青杠和冯家五个组团组成，现有人口28万人（规划时提出的2015年的目标），城建用地32平方千米；2020年规划人口45万人，用地49.45平方千米；黔江区域现有总人口54.51万人，国土面积2402平方千米。（3）万州区中心城区2015年总人口100万人（规划达到），用地面积100平方千米；2020年130万—150万人，用地面积135平方千米；万州区域现有总人口156.31万人（2010第六次全国人口普查数据），国土面积3 457平方千米。[⑤]

贵州省1个地级中心城区，即铜仁市中心城区，包括碧江区的中心城区和万山区中心城区，市府在碧江区的花果山。市中心城区人口40万人（2015年），用地面积42.8平方千米，2020年规划人口60万人用地

① 《吉首市城市总体体规划》（2003—2020），湘西州发改委，2014年7月提供的文本。

② 《张家界市城市总体规划2007—2030》，张家界发改委，2014年7月提供的文本。

③ 《常德市城市总体规划（2009—2030）》，常德政府网下载，2015年8月21日。

④ 《涪陵区城市总体规划（2004—2020）》，涪陵区城市规划局2014年7月提供文本。

⑤ 《万州区城市总体规划（2003—2020）》，万州区政府网下载，2015年8月21日。

66.1 平方千米；远景 2030 年，人口 120 万人，用地 129.48 平方千米；铜仁市域现有总人口 427.2 万人（2011 年），国土面积 1.8 万平方千米。[①] 另有县中心城区 9 个。

对于 84 个县（市/区）的县域中心城区，由县统筹规划各县的城镇化建设。这里不再介绍，有兴趣的读者，可根据需要查各县市区的“‘十二五’规划纲要”和“城市规划”。

二 三个层次的结构

由上面数据我们看到，12 个地市级中心城区中，现有人口过 100 万的城市，只有宜昌市中心城区，50 万—100 万的也只有 5 个，即荆州、荆门、常德、涪陵、万州等的中心城区，其余 6 个均在 50 万人以下。规划 2020 年超过 100 万人口有 5 个，即宜昌（现已 140 万人）、常德、万州、荆州（上级批复要求控制在 100 万人内）、荆门（规划在 100 万人左右）等中心城区。其中宜昌提出建设特大城市，规划 2030 年中心城区 302 万人，常德提出 2030 年中心城区人口达 155 万人。所以，按现有规模情况（包括 2015 年计划达到的数据的中心城区），并用 2014 年我国新出台的城市规模标准划分，三峡流域现有大城市 1 个（100 万人以上），即宜昌，中等城市 5 个（50 万—100 万），其余为小城市（50 万人以下）；按规划 2020 年有 3 个中心城区进入大城市（100 万—500 万人），中等城市 5 个（50 万—100 万人），其余 4 个为小城市，没有达到特大城市规模（500 万人以上）的城区。

另外，84 个县级中心城区无论是现有规模还是 2020 年规划规模，均在 50 万人以下。所以，三峡流域目前城市格局是：1 个大城市，5 个中等城市，100 个小城市；2020 年规划达到的格局是：3 个大城市，5 个中等城市，98 个小城市，没有能达到特大城市规模的城区。

第二节 三峡流域部分城市建设与规划特点分析

本节以三峡流域中我们课题组实地调研过的地市州区中心城市为重

---

① 《铜仁市城市总体规划（2013—2030）》（修订），贵州省城乡规划设计研究院，2014 年 2 月。

点讨论和分析城市建设情况的对象。

一 宜昌市城市建设与规划的概要分析

（一）宜昌市简介[①]

宜昌历史可追溯到距今20万年前，清江流域的“长阳人”活动。境内数十处新石器时代遗址的发现，证明七八千年前中华民族的祖先就在这块土地上繁衍生息。宜昌远古属西陵部落，夏商时为古荆州之域，春秋战国时为楚国的西塞要地，建有城邑，以后为历代郡、县、州、府的治所；楚顷襄王二十一年（公元前278）秦将白起“攻楚、拔郢、烧夷陵”，夷陵之名始见于史籍。秦始皇二十六年（公元前221）置郡县，宜昌市大部分地域属南郡；南北朝时宋、齐皆与晋同；梁改宜都郡为宜州，西魏改为拓州，后周改为峡州；隋大业三年（公元607）改峡州为夷陵郡，辖夷陵、夷道、长杨、远安4县，夷陵县为郡治，隶属荆州都督府。

唐初，改夷陵郡为陕州，领上述4县，属山南东道。天宝初又改为夷陵郡。乾元元年（758）复改陕州，辖原4县，仍属山南东道；五代时，陕州与荆州、归州为南平国；北宋复称陕州，属荆湖北路，仍辖原夷陵4县；元丰年间（1078—1085）改“陕”为“峡”；元至元十七年（1280）升峡州为峡州路，领原4县，属河南行省荆湖北道；明初改峡州路为峡州府。洪武九年（1376），改峡州为夷陵州，领宜都、长阳、远安3县，治所夷陵，隶属湖广布政使司荆州府上荆南道；清顺治四年（1647），夷陵州隶属荆州府。顺治五年，改“夷陵”为“彝陵”。雍正十三年（1735），升彝陵州为宜昌府，改彝陵县为东湖县并为宜昌府治所，领东湖、兴山、巴东、长阳、长乐5县及归州、鹤峰2州，隶属荆宜施道。宜都、枝江、当阳、远安4县属荆州府。光绪二年（1876）中英《烟台条约》签订，宜昌被辟为通商口岸。次年，宜昌设立海关，正式对外开放。

民国初年废府、州建制，实行省、道、县三级制。1912年改东湖县为宜昌县，与兴山、秭归、巴东、长阳、五峰、鹤峰县属荆南道。当阳、远安属襄南道；1922年，宜昌属荆宜道；1932年、1936年宜昌、宜都、

① 引编自《宜昌市概况》，宜昌市政府网，2015年25日。

当阳、远安、兴山、秭归、长阳、五峰8县先后属第九、第六行政督察区，专员公署设于宜昌县城。枝江县先后隶属于湖北省第七、第四行政督察区，在第二次国内革命战争时期的1928年至1932年，宜昌是湘鄂西苏区湘鄂边根据地、归（秭归）兴（山）巴（东）根据地、荆（门）当（阳）远（安）根据地的重要组成部分，中国共产党领导的人民革命武装斗争，在许多地方建立过革命政权。

解放战争时期，1948年8月，中共江汉区委决定正式成立襄西专署；1949年1月改为当阳专署；1949年5月20日在当阳成立宜昌专员公署，同月在当阳组建宜昌市党政领导班子。6月11日，在当阳芦家湾正式成立中共宜昌市委员会、宜昌市人民政府；1949年7月16日，宜昌城区解放。宜昌专署机关和宜昌市党政机关随即从当阳迁驻宜昌城。

1949年11月15日，宜昌市全境解放。中华人民共和国成立后，湖北省分设8个行政区，宜昌行政区专员公署辖宜昌、宜都、枝江、当阳、远安、兴山、秭归、长阳、五峰9个县；同时划出原宜昌县城区和近郊农村置宜昌市，直属湖北省人民政府管辖。

1951年，改湖北宜昌行政区专员公署为湖北省人民政府宜昌区专员公署，1955年改为湖北省宜昌专员公署；宜昌市改属宜昌专署领导，此时，宜昌专署辖9县1市。1955年7月撤枝江县，将其辖区并入宜都县，此时宜昌专员公署辖8县1市。1958年12月，撤销宜昌专员公署，建立宜都工业区行政公署。1961年5月，撤销宜都工业区行政公署，设立宜昌专员公署。1962年6月，复置枝江县，仍为宜昌专署所辖。至此，宜昌专员公署辖9县1市。1968年1月成立宜昌地区革命委员会。1971年1月，神农架林区划归宜昌地区领导，1972年3月复为省属。1978年8月，撤销宜昌地区革命委员会，设立宜昌地区行政公署。

1979年6月，宜昌市复为省辖市。1984年7月13日，国务院批准撤销长阳县和五峰县，分别成立长阳和五峰两个土家族自治县，实行民族区域自治。1986年12月13日，国务院批准宜昌市设置西陵、伍家岗、点军3个县级行政区。1987年11月30日，国务院批准撤销宜都县，建立枝城市（1998年6月11日更名为宜都市）。1988年10月22日，国务院批准当阳县撤县设市。

1992年3月，为适应改革和发展的需要，经中央批准，宜昌地市合并，实行市领导县的体制。此时，宜昌市辖7县（宜昌县、枝江县、远安县、兴山县、秭归县、长阳土家族自治县、五峰土家族自治县7个县）、2市（枝城市、当阳市）和3区（西陵、伍家岗、点军）。1995年3月21日，国务院批准成立宜昌市，设立市管猇亭区。1996年7月30日，国务院批准枝江县撤县设市。

2001年3月22日，国务院批准撤销宜昌县，设立夷陵区。至此，宜昌市辖5区5县3市，即西陵区、夷陵区、伍家岗区、点军区、猇亭区，长阳土家自治县、五峰土家族自治县、远安县、秭归县、兴山县，当阳市、枝江市、宜都市。

宜昌古名夷陵（彝陵），位于湖北西南部，地处长江上游与中游的结合部，鄂西山区向江汉平原的过渡地带，地跨东经110°15′—112°04′、北纬29°56′—31°34′，东西最大横距174.08千米，南北最大纵距180.6千米。东邻荆州市和荆门市，南抵湖南省石门县，西接恩施土家族苗族自治州，北靠神农架林区和襄阳市。

宜昌市位于长江北岸、三峡东口，它“上控巴蜀，下扼荆襄”。自古以来号称“川鄂咽喉，西南门户”，交通、军事地位十分重要。全市共辖远安县、兴山县、秭归县、长阳土家族自治县、五峰土家族自治县、宜都市、当阳市、枝江市、夷陵区、西陵区、伍家岗区、点军区、猇亭区，总人口415万人，其中城区人口133万人；共有25个乡、62个镇、20个街道办事处。总面积2.1万平方千米，城区面积828平方千米。

随着万里长江上的葛洲坝工程和三峡工程的先后建成，宜昌已成为中国的热点城市之一，并迅速发展成为全国水电能源的中心，内陆经济发展的中转港口，海内外客商投资开发的聚集地，长江经济带的重要工业城市，湖北省域副中心城市；是全国11个重点旅游城市之一。宜昌境内有三游洞、三峡人家、清江画廊、白马洞、桃花村、黄陵庙、金狮洞、白果树瀑布、晓峰悬棺、猇亭古战场、高岚风光、葛洲坝工程、三峡工程、三国古战场、玉泉寺等众多历史文化古迹和风景名胜。

宜昌属亚热带季风性湿润气候。四季分明，春秋较长。年平均水量在992.1—1 404.1毫米，雨水丰沛。全年积温较高，无霜期较长，年平均气温为13.1℃—18℃，但随着海拔高度上升而递减。极端最高气温41.4℃，最低气温－15.6℃。其中三峡河谷及清江、香溪河谷地带，由于高山对峙，下有流水，故在600米以下存在逆温层，在冬季比较暖和，极端最低气温小于-7℃的机会只有5%。

（二）宜昌市城市建设及规划概要

宜昌市自改革开放以来加快了城市建设速度，特别是近十多年宜昌市城市建设进一步大提速，并扎扎实实地取得了显著成就。到“十一五”末，市府城区建成区面积达到100平方千米，常住人口超过了100万人，进入大城市，随着城市发展加速，城市的综合实力也都得到了较大发展；“十一五”时期，全市生产总值年均增长14.5%，高于全国、全省平均水平，综合实力跃居长江沿线和中部地区同等城市发展前列，进入全国百强城市行列。2010年，全市实现生产总值1 547.32亿元，人均生产总值3.8万元；国税、地税收入双过百亿元；全社会固定资产投资949.5亿元，年均增长23.8%，五年累计完成投资2 937.14亿元，一、二、三产业比重为11.4：57.5：31.1。2010年实现工业总产值2 142亿元，规模工业增加值到747.5亿元，年均增长22.4%；规模工业企业由523家增加到1 252家；年主营业务收入过10亿元企业由5家增加到30家。国家级高新技术企业达到49家，高新技术增加值占全市生产总值的比重达到8.1%。三峡工程建成投产，宜化集团进入中国企业500强，成为我国石化行业最具影响力的十大企业之一，兴发集团成为全国最大的精细磷化工企业，安琪集团成为全球第三、亚洲最大的酵母生产基地，人福药业成为全国最大的麻醉药品生产基地和研发基地，稻花香酒业、枝江酒业进入全国白酒十强。全市中国名牌产品由1个增加到4个，中国驰名商标从3个增加到17个，成为国家商标战略实施示范城市，服务业发展充满活力。2010年第三产业实现增加值480.7亿元，年均增长13.7%。社会消费品零售总额达到550.8亿元，年均增长19.4%。旅游业在转型中加快发展。2010年，全市接待国内外游客1 522万人次，旅游总收入突破100亿元。金融业显现积聚效应，浦发银行、兴业银行、汉口银行等相继布局宜昌。2010年底，全市金融机构贷款余额1 426.8亿元，存款余额1 923.1亿元。

特别是“综合立体交通运输网络全面形成，基本建成长江中上游区域性综合交通枢纽。三峡机场一类口岸顺利开通，沪渝高速宜昌段、荆宜高速、三峡翻坝高速、宜万铁路及宜昌东站建成通车，宜巴高速、保宜高速、汉宜高速铁路、宜昌客运枢纽站、云池深水港、太平溪港加紧建设。全市高速公路总里程达到347千米，铁路总里程达444千米，天然气输送管道160千米，港口吞吐量3 614万吨，85%的县市区通达高速或一级公路，95%的县乡道达到四级以上标准，所有行政村通达沥青或水泥路。城市骨架快速拓展，城市功能不断完善，市容市貌、城市形象持续提升，影响力和带动力明显增强”①。城市基础设施和经济发展都在湖北省排在第二位，进而进入湖北省域副中心城市建设行列。近些年在省域副中心城市建设的推动下，中心城区在经济建设、政治建设、文化建设、社会建设和生态文明建设方面上先后获得全国文明城市、国家园林城市、国家卫生城市、国家环保模范城市等一系列国家级荣誉。

宜昌市的“十二五”规划中关于“十二五”城市规划目标是“中心城区建成区面积达到160平方千米，力争达到200平方千米；常住人口达到160万人，力争达到200万人。省域副中心城市功能更加完善，综合实力不断增强，城市品位显著提升。建成3个城区人口过20万人的中等城市、40个重点镇和特色镇。转移35万农村人口进城务工经商，城镇人口达到220万人，城镇化率达到54%。基本实现城镇医疗、教育、文化、体育、社会保障、劳动就业、社会救助等公共服务均等化”②。《宜昌市城市规划（2011—2030）》中，制定了建设“特大城市”的20年远景规划，提出“发挥资源优势，凸显城市特色，完善城市基础设施配套，提升公共服务设施系统服务水平，加大城市在区域内的辐射能力，促进经济、社会、资源环境和谐发展，使宜昌市成为宜居、宜业、宜旅、具有较强影响力和辐射带动力的世界水电旅游名城、长江中上游区域性中心城市和湖北省域副中心城市；在未来二十年内，全面达到和超越小康社会目标，建设现代化特大城市，实现城市规模与城市质量的跨越式发展；创建人与自然和谐共处的集约、高效、生态型发展新模式，打造宜昌成为可持续发展、环境协调、景观优美的生态型城市”。到2020年中心城区的常住人口规模为226万人；到2030年中心城区的常住人口规模达302

---

① 《宜昌市国民经济和社会发展第十二个五年计划纲要》，2011年1月26日宜昌市第四届人民代表大会第六次会议通过。

② 同上。

万人，建设用地总量为300平方千米。①

近些年宜昌市在国家城镇化战略和省域副中心城市建设的推动下，方面中心城区在经济建设、政治建设、文化建设、社会建设和生态文明建设都取得了可喜的成就，先后获得全国文明城市、国家园林城市、国家卫生城市、国家环保模范城市等一系列国家级荣誉，中心城区真真切切地取得了发展规模和发展质量的双丰收。

宜昌市城市规划除了主要对中心城区建设全面规划外，还就市域内全市城镇化建设做了宏观性战略规划，各县城的具体城市规划在各县的城市规划中，这里暂不展开论述。

（三）几点分析与思考

阅读宜昌市“十二五”规划和城市规划后，有以下体会和思考：

1. 两个“规划”给宜昌中心城区建设绘制了一个比较宏伟的蓝图，通过它使笔者看到了宜昌中心城区未来的基本景象，并感到震撼和欣慰。因为，笔者认为，在三峡流域这个社会空间中需要有这样一个具有辐射力和影响力的中心城市，它的过去、现在和将来都应该担当起这个责任，而现实情况看，也着实走在了三峡流域城市社会建设的前面，具有一定的示范和影响力，具有了成为三峡流域的中心城市的可能性。

2. 从宜昌近十多年城市发展速度和国家城镇化发展战略以及相关战略看，宜昌市的这个城市规划具有一定的可行性。虽然，某些数据站在眼前宜昌市所处的社会格局中的地位状况看，要在计划时间达到目标有一定难度，甚至有可能当地少部分群众对于建“特大”城市还有不太理解的情绪，但是，如果把视野跳出宜昌、跳出湖北，放眼国家和区域大格局中看，把三峡流域建成“三峡省”（第三章提出的），而宜昌成为省会，那么，这个规划不仅可行而且必要，甚至还有提升的空间。所以，笔者建议，宜昌市城市规划的中心城区的定位应该为“建成三峡流域的中心城市”比较恰当。

3. 从宜昌市城市规划以及目前建成的状况看，现代城市气息很浓，充分体现了现代性。但是，缺乏地方性特色，或者说宜昌城市的地方标志性不强，缺乏留住宜昌城市记忆的品牌和标志。换句话说，宜昌城市

① 《宜昌市城市总体规划修改（2011—2030）》，中国城市规划设计研究院，2013年2月。

的文化灵魂和精神符号有待挖掘和提炼，这不只是文字工作的事，更主要的是对宜昌城市空间构建与深化的程度。在这方面是宜昌市能不能辐射和影响三峡流域其他城市的关键。就目前看，宜昌市对湖北周边的城市，包括自己所辖范围的县级城市的示范作用有待提升。

4. 宜昌市城市建设应该以更大的气魄去融合三峡流域的大资源、大社会、大环境，吸收更多地方特色的养分，建设三峡流域的大宜昌。

二　荆州市城市建设与规划的概要分析

（一）荆州概况①

1. 历史沿革

荆州历史悠久，可追溯至旧石器时代，早在5万年前，就有人类繁衍生息。五六千年前，人类就在这里创造了大溪文化等原始文化。荆州之名源于《尚书·禹贡》：“荆及衡阳惟荆州”，为古九州之一；以原境内蜿蜒高耸的荆山而得名。荆是古代楚国的别称，因楚曾建国于荆山，故古时荆、楚通用。荆州系楚文化的发祥地，春秋战国时属楚。楚文王元年（公元前689），楚国迁都于郢（今荆州区纪南城），都郢400余年。秦属南郡，定治江陵，故常以南郡喻荆州。汉武帝元封五年（公元前106），设立荆州刺史部，东西汉时皆属南郡。三国时期，魏、蜀、吴三分荆州，后归吴荆州，定治南郡。晋永和八年（352），荆州定治江陵。南北朝时，齐和帝、梁元帝、后梁、萧铣皆以荆州为国都。

隋朝开皇二年（582），因与后梁联姻，罢总管府；开皇七年并后梁，又置江陵总管；二十年改为荆州总管。大业初，复称南郡。唐朝贞观元年（627）属山南道；开元二十一年（733）山南道分为东、西道，属山南东道江陵府，设荆州大都督府，至德后置荆南节度使。上元元年（760），以江陵为南都，改荆州为江陵府；次年（761）罢都。五代十国时（925），荆南节度使高季兴割据荆、归、峡三州，称南平王，国都设江陵。

宋朝至道三年（997）始为荆湖北路，治江陵府；建炎四年（1130）

---

① 这部分内容，是作者根据荆州政府网的《荆州概况》（2015年）以及我们现场调研获得的相关资料编写的。

更名为荆南府，寄治枝江县，绍兴五年（1135）复名为江陵府，仍徙治江陵县；淳熙元年（1174）复更名为荆南府，淳熙十年之前仍更名为江陵府。元朝属河南江北等处行中书省荆南府，至元十三年（1276）升江陵路，天历二年（1329）更名中兴路。至正二十四年朱元璋称吴王，改置荆州府，改属湖广行省。龙凤十一年（1365）改属湖广分省，吴元年（1367）复改属湖广行省。

明朝洪武九年（1376）湖广行省改置湖广承宣布政使司，荆州府改属河南布政司；洪武二十四年荆州府复属湖广布政使司。清朝康熙九年（1670）置上荆南道，驻荆州府；雍正十三年（1735）上荆南道更名荆宜施道；光绪三十年（1904）荆宜施道更名荆宜道。民国元年（1911）1月，荆州府裁府留县，所辖各县直属荆宜道；1914 年荆宜道更名为荆南道；1921 年 8 月复称荆宜道。1932 年为湖北省第七区行政督察专员公署；1936 年改为湖北省第四行政督察区。

1949 年 7 月成立荆州行政区督察专员公署（荆州专区），专署驻江陵县荆州镇，辖荆门、京山、钟祥、天门、潜江、公安、松滋（驻新江口镇）、江陵等 8 县；同月，析江陵县之沙市镇建沙市市，属省辖市。同年设沔阳专区，专署驻沔阳县（1951 年驻沔阳县新堤镇），辖沔阳（驻仙桃镇）、汉川、汉阳（驻蔡甸镇）、嘉鱼、蒲圻、监利、石首等 7 县及新堤办事处。1950 年撤销新堤办事处，改设新堤镇，归沔阳县领导。1951 年 5 月 26 日，荆州行政区督察专员公署改为“湖北省人民政府荆州区专员公署”；同年，撤销沔阳专区，将沔阳（驻仙桃镇）、监利、石首 3 县划归荆州专区；汉川、汉阳 2 县划归孝感专区；嘉鱼、蒲圻 2 县划归大冶专区。

1952 年由沔阳县析置洪湖县，驻洪湖。1953 年由公安、松滋、石首 3 县析置荆江县，驻陡湖堤；同年 2 月，五三农场成立；7 月 1 日，全国第一次人口普查，荆州地区总人口 541.02 万人。1955 年撤销荆江县，并入公安县，公安县迁驻原荆江县址陡湖堤，原公安县城关改名为南平镇；同年，沙市市划归荆州专区管辖。1960 年以江陵县的沙洋镇设立沙洋市，由荆州专署领导。1961 年撤销沙洋市，改设为沙洋镇，划归荆门县领导。1968 年 3 月 27 日，荆州地区革命委员会成立。

1970 年，荆州专区改称荆州地区，地区驻江陵县，辖沙市市及江陵、荆门、钟祥、京山、监利、石首（驻绣林镇）、天门、潜江、沔阳（驻仙桃镇）、洪湖（驻新堤镇）、公安（驻陡市镇，即原陡湖堤镇）、松滋（驻新江口镇）等 12 县。1975 年全地区“撤区并社”，撤销 119 个区（镇），将 721 个小公社合并为 221 个大公社。1978 年 10 月，撤销荆州地区革命委员会，设立地区行政公署。

1979 年沙市市改由省直辖；由荆门县的城关镇及附近地区设立荆门市，由荆州地区领导。1983 年 3 月，全区开展“政社分开，建立乡政权”，公社、管理区、生产大队和县辖镇分别改为 105 个区、596 个乡、5 720个村和 58 个县辖镇；8 月 19 日，国务院批准荆门市升为地级市；撤销荆门县，将荆门县的行政区域并入荆门市（1985 年设立东宝区、沙洋区）。

1986 年 5 月 27 日，国务院批准撤销石首县，设立石首市（县级）。1987 年 7 月 31 日，国务院批准（国函［1997］130 号）撤销洪湖县，设立洪湖市（县级）。1987 年 9 月 28 日，公布省批准的撤区并乡方案：全区设乡镇和市辖办事处 240 个，其中乡 67 个、镇 158 个、办事处 15 个。1990 年 7 月 1—10 日，开展第四次人口普查。全区总人口为 10 919 475 人，总户数 2 601 461 户。

1994 年 9 月 29 日，国务院批准（国函［1994］99 号）：（1）撤销荆州地区、沙市市、江陵县，设立荆沙市（地级），市人民政府驻新设立的沙市区北京路。（2）荆沙市新设沙市区、荆州区和江陵区。沙市区辖原沙市市的解放路、崇文路、中山路、胜利路、朝阳路 5 个街道办事处和立新、关沮、联合、罗场 4 个乡，区人民政府驻北京路；荆州区辖原江陵县的荆州、川店、马山、李埠、弥市 5 个镇和纪南、八岭山 2 个乡，区人民政府驻荆州镇；江陵区辖原江陵县的郝穴、观音垱、岑河、资市、滩桥、熊河、白马寺、沙岗、普济 9 个镇和马家寨、秦市 2 个乡，区人民政府驻郝穴镇。（3）荆沙市辖原荆州地区的松滋县、公安县、监利县、京山县和新设的沙市区、荆州区、江陵区。原荆州地区的仙桃市、潜江市、天门市、钟祥市、石首市、洪湖市由省直辖。湖北省政府批准，钟祥市、石首市、洪湖市由荆州市代管。

1995 年 12 月 29 日，民政部批准（民行批［1995］86 号）撤销松滋县，设立松滋市。1996 年 11 月 20 日，国务院批准（国函［1996］99

号）将荆沙市更名为荆州市。1996 年 12 月 2 日，国务院批准（国函［1996］111 号）将荆州市管辖的京山县划归荆门市管辖和将荆州市代管的钟祥市划归荆门市代管。全市总面积 14 032 平方千米，人口约 613.8 万人，市政府驻沙市。辖沙市、荆州、江陵 3 区，公安、监利 2 县，代管松滋、石首、洪湖 3 个县级市。

1998 年 7 月 2 日，国务院批准撤销荆州市江陵区，设立江陵县。县人民政府驻郝穴镇。2000 年第五次全国人口普查，荆州市总人口 6 279 990人。其中：沙市区 591 572 人、荆州区 585 578 人、公安县 1 009 690人、监利县 1 363 132 人、江陵县 389 653 人、石首市 602 649 人、洪湖市 877 775 人、松滋市 859 941 人。

2001 年，荆州市辖荆州、沙市 2 个区，公安、监利、江陵 3 个县和松滋、石首、洪湖 3 个县级市。全市辖 103 个乡镇、12 个街道，421 个居委会、2927 个村委会，24 476 个村民小组。全市国土面积 14 067 平方千米，其中市区面积 1 558 平方千米，市区建成面积 53 平方千米。2004 年末，全市辖 2 个市辖区、3 个县，代管 3 个县级市，共有 12 个街道、88 个镇、14 个乡。[①]

2. 自然资源与历史文化

荆州市位于东经 111°15′—114°05′，北纬 29°26′—31°37′。地处湖北省中南部，江汉平原腹地，长江自西向东横贯全市，全长 483 千米。荆州东连武汉、西接宜昌、南望湖南常德，北毗荆门、襄阳。总面积 1.41 万平方千米，其中平原湖区占 78.7%，丘陵低山区占 21.1%。

自然物产资源丰富，以植物为最多，动物次之。盛产粮食（水稻、麦、豆等）、棉花、油菜、花生、芝麻、蔬菜、瓜果、林木、药材，以及优质猪、鱼、鸡、鹅等。区域内地表水、地下水资源丰富。已探明的矿产资源有石油、盐、澎润土和矿棉石等，除盐外，均已部分开采。土壤资源多样，以水稻土、潮土、黄棕壤土等土类为主，自然肥力较好。

河流交错、湖泊密布。全市有大小河流近百条，均属长江水系，主要有长江干流及其支流松滋河、虎渡河、藕池河、调弦河等。荆州湖泊众多，全市有千亩以上湖泊 30 多个，总面积 8 万公顷，其中洪湖为湖北

① 《荆州概况》，荆州市政府网，2015 年 6 月 22 日。

省第一大湖，总面积3.5万公顷，长湖次之，总面积1.2万公顷。全市水域面积大，以洲滩、湖泊为主的湿地资源独具地域特色。历史上水产生产以天然捕捞为主，1952年养殖水面只有0.1万公顷，随后水面开发利用逐年增大，1998年全市养殖水面7.29万公顷，其中池塘占48%、湖泊占37.7%、水库占5.4%。

荆州属亚热带季风气候区。光能充足、热量丰富、无霜期长。全市太阳年辐射总量为104—110千卡/平方厘米，年日照时数1 800—2 000小时，年平均气温15.9℃—16.6℃，年无霜期242—263天，多数年份降雨量在1 100—1 300毫米。有足够的气候资源供农作物生长。4—10月份降水量占全年80%，太阳辐射量占全年75%，≥10℃的积温为全年80%，水热同步与农业生产季一致的气候条件，适宜多种农作物生长发育。区内四季分明，光照充足，温和湿润，无霜期长。年平均气温为16℃—16.4℃，年平均降水量为904—1 127毫米，年平均日照时间一般在1 800—2 100小时。

荆州市是一个以汉族为主、少数民族分散杂居城市。全市有31个少数民族，3.34万人，约占全市总人口0.35%。其中中心城区少数民族人口1.12万人，占全市少数民族人口的32.01%。全市有2个民族乡，即洪湖老湾回族自治乡和松滋卸甲坪土家族自治乡。少数民族人口达百人以上的村、街、场、厂有36个。少数民族中万人以上的民族2个，即回族、土家族；万人以下千人以上的民族1个，即满族；千人以下百人以上的民族4个，即蒙古族、苗族、侗族、壮族。回族主要分布在洪湖老湾回族乡及沙市、荆州、公安等地；满族、蒙古族主要分布在沙市、荆州一带；苗族主要分布于沙市、荆州两地；侗族、壮族主要分布于洪湖、沙市等地。全市正式挂牌的民族中学有2所，即洪湖老湾回族乡民族中学和松滋卸甲坪土家族乡初级中学；有民族小学5所，其中洪湖老湾回族乡2所、松滋卸甲坪土家族乡1所、石首市和荆州区各有回族小学1所。

荆州历史文化资源丰富，孕育出楚文化、三国文化、关羽文化等等，传承下了极为丰富的民俗文化遗存。如鸡公山旧石器时代遗址、楚都纪南城遗址、荆州的商代遗址：周良玉桥遗址、官堤遗址、梅槐桥遗址、荆南寺遗址和岑河庙兴八姑台遗址等，以及秦墓与秦简（公元前278）、汉墓与汉简等多处（种）文化遗存。特别是三国文化在荆州古城留下来最为丰富和集中的内容。三国历史的文学名著《三国演义》，以大量篇幅生动描绘了三国荆州之争，全书120回，计有三分之二的回目直接或间接写到荆州。

3. 荆州经济社会发展状况

荆州“十一五”期间，全市生产总值年均达到837.1亿元，地方一般预算收入2010年达到27.6亿元。产业结构逐步优化，第一产业年均增值6.1%，第二产业比重不断提高，2010年达到38.9%，第三产业快速发展，年均增长11.1%，比“十五”高1.3个百分点。

积极开展创新型城市建设，城乡面貌发生新变化，城市架构不断拓宽，城市功能逐步完善，城市形象得到提升，各市县中心城区建设取得了显著成绩。全市城镇居民年均可支配收入14 708元，农村居民人均纯收入6 453元。生态文明、精神文明建设也发生了质的变化，社会稳定和谐。

“十二五”城市社会发展目标是：城市化程度明显提高，中心城区对全市发展的辐射带动力显著增强，城镇基础设施明显改善，城乡统筹发展协调性提高。城镇居民收入明显增加，2015年全市城镇居民人均可支配收入达到27 000元。年均增长13%。①

（二）荆州城市规划概要

荆州市的总体区域定位是：国家历史文化名城、长江中游重要的交通枢纽、湖北省重要的粮棉油及水产生产基地、鄂中南地区的中心城市。在这样一个区域定位前提下制定了《荆州市城市总体规划（2011—2020）》（以下简称“规划”），这个《规划》重点对荆州市区的行政管辖范围，包括荆州区、沙市区的地域范围进行了规划，也对整个市域城镇体系进行了规划。提出：以荆州市中心城区为核心，形成定位科学、分工合理、层次清晰的市域城镇体系，强化荆州作为湖北省域二级中心城市的地位。实施“中心极化战略”“结构优化战略”和“集聚发展战略”，大力发展市域中心城区、县（市）域中心城市；并促进东部城镇对接武

① 数据来自《荆州市经济和社会发展第十二五个五年规划纲要》，2011年2月16日荆州市第四届人民代表大会第一次会议审议批准。荆州市发改委2015年4月提供文本。

汉城市圈，西部城镇对接宜昌，北部城镇对接荆门、襄阳，南部城镇对接常德、岳阳，实现协调发展。

到 2020 年，规划建立四级城镇结构体系：一是规划将荆州市中心城区建成市域中心城市，人口 100 万人；二是把各县（市），即洪湖市、石首市、松滋市、监利县、公安县、江陵县等的中心城区（县市首府城区）建成县（市）域中心城市，总人口在 20 万人至 30 万人；三是把县（市）域中发展基础较优的城镇建成重点镇（人口 10 万人至 20 万人）；四是发展一般城镇总人口在 5 万人左右。市中心城市（中心城区）规划范围为北至海子湖，南至长江，东至南北渠，西至引江济汉渠，面积为 480 平方千米。其中中心城区规划建设用地面积为 102 平方千米。

荆州 2015 年市域总人口 670 万人，其中城镇人口为 315 万，城镇化水平为 47%；2020 年市域总人口 685 万，其中城镇人口 377 万人，实现城镇化率 55%。

荆州城市空间布局结构是：以荆州市中心城区为核心，沿长江南北两侧的高等级公路发展，形成“一心、五轴、六点”的市域城镇空间结构。所谓一心，即指一个区域中心——荆州市中心城区；五轴，即指“两横三纵”五条城镇空间发展轴。“两横”，即指江北城镇发展主轴和江南城镇发展主轴；“三纵”，即指市域东、中、西部沿重要交通道路形成的三条南北向城镇发展次轴；“六点”，指市域的三市三县的中心城区，形成带动县（市）域发展的中心城市。[①]

（三）分析思考

1. 纵观《规划》全部内容，深感《规划》站在国家发展和区域特点的大局看到了荆州现在具有的地位和应该发挥的功能，虽然看起来格式程序都一个模式，但其确定的内容确有高度，具有科学性也具有可行性，可信度较高。

2. 该《规划》是一个市域城镇化发展的全面远景规划，从市中心层面、县中心层面到乡镇重点与一般，从地域特点和交通发展，其空间布局呈现出一幅完整秀美的区域中小城市群画面，让市域各个层面和荆州人民明确了这个地区城镇化前景和自己的历史使命，并从中可以憧憬到

---

① 《荆州市城市总体规划（2011—2020）》，2015 年 4 月，课题组实地调研时提供的文本。

荆州城镇化发展的美好未来。

3.《规划》不仅全面规划了市域内的城镇建设，还充分考虑到了荆州市与周边地区和城市的和谐对接，使《规划》成为一个具有开放性意义的连通性战略规划，从而有利于建立荆州城市发展的地理和社会生态环境。

4.《规划》的一系列重要措施落地有声，又具有可操作性。

三　恩施土家族苗族自治州城市建设与规划的概要分析

（一）恩施土家族苗族自治州基本概况

恩施土家族苗族自治州（以下简称“恩施州”或“恩施自治州”），位于湖北省的西南端，是中国最年轻的自治州，其首府所在地是恩施市中心城区。恩施自治州地处东经 109°4′48″—109°58′42″，北纬29°50′24″—30°40′00″，属云贵高原的东延部分，全境绝大部分是山地，平均海拔在1 000米以上。西面和北面邻接重庆市，东临宜昌市，南邻湖南湘西土家族苗族自治州，东北接神农架林区。辖恩施、利川两个县级市和巴东、来凤、咸丰、建始、鹤峰、宣恩 6 个县。国土面积 24 111 平方千米，人口 397 万，其中汉族约占 45%，土家族约占 46%，苗族约占 6. 5%。春秋时期为古巴国地，1949 年设恩施专区，1970 年改恩施地区，1983 年置鄂西土家族苗族自治州，1993 年 4 月改名为恩施土家族苗族自治州。全州共有 88 个乡、镇、街道办事处，其中 46 个乡，37 个镇，5 个办事处；2 627 个村、居民委员会，其中村民委员会 2 543 个；23 510 个村、居民小组，其中村民小组 22 662 个。全州有土家族、苗族、侗族、汉族、回族、蒙古族、彝族、纳西族、壮族等 29 个民族，少数民族人口占总人口的 54%。29 个民族团结和睦，习俗相互影响，文化相互交融，婚姻相互缔结，经济互相交流，发展互相促进，共同组成了一个团结和睦的“民族大家族”。

恩施自治州历史悠久，春秋为巴子国地；战国为楚地；秦属黔中郡；汉属南郡、武陵郡；三国先属蜀，后属吴建平郡、武陵郡；两晋与南北朝宋、齐、梁、北周属建平郡、天门郡、武陵郡、信陵郡、秭归郡、业州军屯郡、清江郡；隋属巴东郡巴东县，清江郡清江县、开夷县、建始县；唐属归州巴东县，施州清江县、建始县；五代先后为前、后蜀所据；

宋属归州巴东县，施州清江县、建始县及辰州、富州、高州、定州等许多小羁縻州；元属归州巴东县、施州建始县，南部少数民族地区实行土司制度，先后置散毛、唐崖、金峒、龙潭、忠建、毛岭、施南等土司；元末明玉珍据蜀时本区为其所控制；明属夔州建始县、归州巴东县、施州卫军民指挥使司，南部地区仍实行土司制度，设有容美宣慰司，施南、散毛、忠建3个宣抚司，9个安抚司，13个长官司，5个蛮夷长官司；清初沿用明制，雍正六年（1728）裁施州卫，设恩施县，辖区未变，雍正十三年改土归流，置施南府，辖恩施县、宣恩县、来凤县、咸丰县、利川县，乾隆元年（1736），夔州建始县划归施州，巴东县、鹤峰州属宜昌府。

中华民国元年（1912）废府设道存县，1916年设荆南道，治所恩施县，辖恩施、建始、宣恩、来凤、咸丰、利川6县，1927年改荆南道为施鹤道，鹤峰州改县划入施鹤道，1929年改设鄂西行政区，1933年改为第十行政督察区，巴东县划入，州域始为8县之治。1937年改为第七行政督察区，辖区未变。

1949年11月6日恩施县城解放，建立湖北省恩施行政区，置专员公署，仍辖原8县；1955年5月12日改称湖北省恩施专员公署。

“文化大革命”中，1967年1月30日造反派夺权，专署陷于瘫痪，3月2日经湖北省军区党委批准，由恩施军分区成立抓革命促生产办公室，5月13日改为抓革命促生产指挥部；1968年成立湖北省恩施地区革命委员会；1978年废除革命委员会成立恩施地区行政公署。

1983年8月19日，国务院批准撤销恩施地区行政公署，成立鄂西土家族苗族自治州，12月1日正式成立，全州辖恩施市、巴东、建始、利川、来凤、咸丰、宣恩、鹤峰等7县1市；1986年11月14日，利川撤县建市；1993年4月4日，国务院以国函［1993］36号文批复同意将鄂西土家族苗族自治州更名为恩施土家族苗族自治州。

恩施自治州属于亚热带地区，湿润性气候和山地立体气候构成了恩施气候的多样性。恩施属亚热带季风性山地湿润气候。冬少严寒，夏无酷暑，雨量充沛，四季分明。海拔落差大，小气候特征明显，垂直差异突出，“一山有四季，十里不同天”。境内年均气温16.2℃，年平均降水量1 600毫米。地处武汉和重庆两大“火炉”之间，是最适宜人类居住的地区之一。

恩施自治州生物种类多样丰富，世界上各种动植物在这里都能找到自己生存和栖息的场所，秦岭和大巴山的阻隔，使这一区域免遭第四纪冰川的洗劫，成为动植物的“避难所”。这里动植物种类繁多，有215科、900余属、3 000余种植物和500多种陆生脊柱动物，其中有40余种植物和77种动物属于国家级珍稀保护动植物，是华中地区重要的“动植物基因库”。

这里，厚重的历史文化、多彩的民族文化构成了恩施文化的多样性。人类文化的积淀使恩施州成为“大武陵文化圈”的核心区，在这块土地上留下了厚重的文化：这里有200多万年前“远古建始直立人”留下的世界最早的“古人类文化”，有与楚渝文化交相辉映的“巴文化”；有土家、苗、侗等29个民族在这里创造的色彩斑斓的民族文化，这里是“歌舞的海洋”，有唱响世界的世界优秀民歌《龙船调》，有精美绝伦的土家织锦西兰卡普，有中国南方杆栏式建筑经典土家吊脚楼；有源远流长的古迹文化，有“中国南方第一佛教石窟”——仙佛寺，有被称为“武陵第一寨”的鱼木寨，有代表近代建筑文化最高成就的古建筑群大水井，有被称为“荆南雄镇”“楚蜀屏翰”、占地100公顷，一度比北京紫禁城还大的唐崖土司皇城，现已列世界文化遗产名录；有世界上独一无二的健康长寿文化“硒文化”，硒文化给旅游者带来的健康和长寿意义深远，闪耀着生命文化的光芒；有“二战”时期，恩施作为湖北省临时省会所在地和世界反法西斯东方战场第六战区指挥中心形成的“抗战文化”；有中国工农红军在这里开展武装斗争八年之久、建立湘鄂西革命根据地积淀的“红色文化”。

大自然的神奇造化和恩赐，构成了恩施资源的多样性。这里有着丰富的特色生物资源。森林覆率盖达67%，有60万亩优质烟叶，是亚洲最大的白肋烟基地；有80万亩优质茶园，是湖北省重要的茶叶生产出口基地；有100万亩优质林果基地、100万亩道地药材基地和100万亩特色蔬菜基地。这里有丰富的旅游资源，独特的喀斯特地貌，溶洞众多、峡谷幽深、洞奇峰秀、密林掩映，均以“雄、奇、秀、幽、险”著称于世。有“亚洲第一洞——腾龙洞”；有比美国科罗拉多大峡谷还壮观的“恩施大峡谷”，土家人的母亲河清江穿山走谷，形成了八百里的“山水画廊”；

有两亿年前形成的“世界第一缝——云龙河地缝”；有长50千米的“世界第一暗河——龙桥暗河”；有4.6亿年前形成的“世界第一奥陶纪石林——梭布垭石林”。加上多彩的民族文化、良好的自然生态、宜人的气候，使这里成为“旅游胜地”“休闲之都”。这里有丰富的矿产资源，已经探明的金属或非金属矿产有75种，铁矿、煤矿、天然气、高岭土、硒矿、磷矿、石膏矿等7种金属或非金属的储量在湖北省居第一位。煤矿保有储量1.66亿吨，铁矿储量达12.93亿吨（预测资源量为40亿吨），磷矿储量达11亿吨，硒矿在全世界居第一位，享有“世界硒都”之美称，天然气储量达1 500亿立方米（预测资源量1.5万亿立方米），占全省的95%，被称为“矿产宝库”。这里有丰富的水能资源。恩施州的水能资源理论蕴藏量达600万千瓦，可开发的在450万千瓦左右，是省内仅次于宜昌三峡的水能基地，被称为“水能宝库”。

全州基础设施日趋完善。铁路、高速公路、恩施机场改扩建相继建成，318国道209国道横贯全境，全州已建成了“三小时交通圈”网。同时，“十一五”期末水电装机已达到400万千瓦，还建成了以500千伏为枢纽、200千伏为骨干、100千伏为支撑的外联华中，内联全州的电网；已建成了覆盖全州、联通世界的发达的信息网；恩施自治州属少数民族地区，同时也是国家扶贫开发和西部大开发地区。[①]

（二）恩施自治州城市建设及规划概要

恩施州的城市规划与建设体制机制是：恩施自治州人民政府整体规划全州域内的城市布局结构体系、提出总体目标和要求、各县市在自治州整体要求下各自规划和建设特色城镇、恩施州政府与首府恩施市共同规划和建设全州中心城市（恩施市中心城区）。

恩施自治州政府在《恩施州经济和社会发展第十二个五年规划纲要》中提出恩施州城镇空间布局总要求：“按照统筹规划、合理布局、完善功能、以大带小的原则，优化城镇布局，构建以州城（即指恩施自治州政府所在地——恩施市中心城区，笔者注）为中心，利川市、来凤县为副中心，辐射带动县城区、乡集镇、中心村镇发展的城镇体系。突出恩施州城龙头地位，努力把州城建设成为武陵山区域性中心城市，人口达到

---

① 参见《恩施州概况》，恩施自治州人民政府网：2010－11－02。

50 万人，构建大城市框架；围绕中国西部旅游名城的定位，把利川市（中心城区）建成中等规模城市。支持来凤县抓好城乡统筹试点，推进来凤—龙山城市一体化建设，加快武陵山经济协作区龙凤先行区建设步伐，打造湘鄂渝黔边区明星城市。推动巴东县融入全省长江经济带新一轮开放开发，促进沿江城镇发展。进一步加快其他县城发展；大力发展重点镇、中心镇和特色镇，积极推进农村新型社区和中心村建设，统筹各类城镇发展。"[①] 短短一段文字清晰地规划了全州城市建设的蓝图和方向。

在《恩施市城市总体规划（2011—2030）》（以下简称《规划》）[②] 中第二章，专门具体化了州域城市发展的战略和规划。其州域城镇体系结构规划为："一核两圈三副" + "T 字形主轴" 的城镇空间总体布局结构。

一核：恩施中心城区（即"州城"），实现总人口 60 万人，城区规划范围为北起龙凤，南至大沙坝约长 20 千米，宽为 10 千米地域，由现状城区办事处范围和龙凤坝、经济开发区组成，中心城区规划用地总面积约 120 平方千米，规划面积约 308 平方千米。

两圈：紧密联系圈和外围辐射圈，前者为恩施中心城区至利川城区、宣恩城关与建始城关的半小时城镇经济圈，后者为恩施中心城区至咸丰城关、来凤城关、鹤峰城关及巴东野三关的一个半小时城镇经济圈。

三副：利川中心城区（30 万人）、来凤城关（20 万人）与巴东城关和野三关镇复合副中心（22 万人）。

T 字形主轴：沿沪渝高速、宜万铁路、G318 和 G209 北段的复合城镇发展轴；沿安吉高速和 G209 南段的复合城镇发展轴。

《规划》还具体到把全州域内城镇进行城乡统筹分成五个等级结构：

一级城镇 1 个：恩施中心城区；

二级城镇 3 个：利川市中心城区、来凤县中心城区、巴东县中心城区（巴东城区和野三关镇集镇）；

---

① 《恩施州经济和社会发展第十二个五年规划纲要》，2011 年 2 月 16 日恩施州第六届人民代表大会第六次会议通过，2015 年 7 月课题组实地调研时恩施州发改委提供文本。

② 《恩施市城市总体规划（2011—2030）》，湖北省城市规划研究设计院，恩施城市规划局于 2014 年 7 月在课题组实地调研时提供文本。

三级城镇 6 个：巴东城区（城关镇）、建始城区、宣恩城区、咸丰城区、鹤峰城区、巴东野三关镇；

四级城镇 24 个：屯堡镇、芭蕉镇等；

五级城镇 23 个：三岔镇、太阳河镇等。

由此可以看出恩施州人民政府的城市发展思路是清晰的。在这个大前提下，恩施市对全市的城市做了总体规划：

恩施市 2011 年有市域总面积 3 967 平方千米，辖 10 个乡、3 个镇、3 个街道办事处共 172 个行政村、34 个居委会。市域总人口约 80 万人，市域城镇人口约 30 万；预测到 2030 年市域总人口 92 万人，城镇人口 70 万人左右。

恩施市城市规划形成“三级三等”城镇等级规模结构：

一级城镇：即恩施中心城区，规划至 2030 年城市人口规模 60 万人。

二级城镇：即屯堡镇、芭蕉镇、崔坝镇和白杨坪镇等四个重点镇，规划至 2030 年镇区人口在 1 万—3 万人。

三级城镇：即其他建制镇作为一般城镇，规划至 2030 年镇区人口在 1 万人以下。乡集镇与一般镇并列作为第三级城镇，但行政上不属城镇序列。

（三）分析与思考

品读《规划》，笔者有以下体会和思考：

1.《规划》把恩施自治州城市规划与其所在地首府恩施市城市规划融为一体，这是一个创举，因为这样实际上确定了州域的中心城区（市）和恩施市中心城区的融合度并同时也确定了恩施市在全州城镇化发展的引领地位和作用。这种定位才能真正发挥州中心城区和恩施市城市发展的重心和辐射带动作用。这种《规划》实质上还同时确定了恩施州州委政府在城市建设中的实质性的责任和义务，为《规划》的全面实现提供了强有力的保证。

2.《规划》突出了州市的民族地域和文化特点以及生态特征，确定规划从州中心城区到乡镇集镇的五级城镇建设体系，并根据区位、文化、生态的不同特征确定各层次城镇的职能和性质，整体上规划其交通、运输、信息网络。市域按从中心城区到乡镇集镇“三级三等”构建城镇体系与州城镇体系契合。

3.《规划》体现了城乡大统筹，按照目标，恩施自治州到2030年将形成以州中心城区为中心的区域性中小城镇群格局。并在这个格局形成中既有整体建设规划的阶段性目标，又给各市县政府有足够构建自己城镇体系的自主发展空间。

4.《规划》还将周边县市城市建设与周边省市的相邻县市的城市建设结合，探索“一体化”协调建设发展的规划与实践，如将在恩施州的来凤县中心城区与湘西州的龙山县中心城区之间实行“来凤—龙山一体化”城市建设等，创造和积累武陵山跨省市边区民族地区城市协调发展、互动共进的运行机制的经验。几年的实践已经取得良好进展。

5. 实践效果突出，恩施自治州近十年的城市建设发展成就令人震撼。恩施州全域内的各大中小城镇在近十年发生了翻天覆地的变化。作为土生土长于恩施的笔者，调离恩施到三峡大学工作九年时间的亲身感觉认为，城市变化主要表现在以下几个方面：

一是规模翻了一番。恩施州从州中心城区（恩施市中心城区）和州副中心城区（利川、来凤、巴东等三个县市中心城区）到各县中心城区和重点乡镇集镇，无论是实在的城市空间规模还是城市人口规模基本上都翻了一番；铁路、高速路、国道、省道、县道纵横交错形成了良好的交通网络，相当一部分乡镇还实现了村村通公路，城乡距离大大缩小，方便了农民，也为农民享受现代化成果和城市氛围提供了基础条件。

二是城市面貌焕然一新。恩施州各类城镇的过去面貌自不必说了，且看今天的状况。笔者这些年虽然不在恩施工作，但先后主持的两个国家社科基金课题和两个教育部和国家民委的重点课题都直接与恩施相关，所以，笔者除了定期回老家探望母亲和亲人们外，每年都会带着课题组的教授博士们到州、县（市）和乡镇甚至村进行实地调研和田野调查，因而亲眼目睹了恩施州城乡面貌的重大变化，其中特别是州县中心城区和重点乡镇集镇面貌的重大变化。其一是街道整洁卫生大改观；其二是城镇功能比较齐全（虽然部分地方质量有待进一步提高），方便了市民；其三是各类产业企业特别是服务性行业产业发展迅速；其四是社会秩序大好转。因此，各个层次的中小城镇都呈现出异常繁荣的景象。各类各层次城镇真正成了所在区域的中心。

三是城市经济和产业结构发生根本性变化。由于城镇发展加速，恩施州城镇的经济和产业结构发生了根本性的变化，特别是城市旅游业、服务业、中小型企业等在恩施州各类城镇都发展很快，这不仅促进了城市经济的发展和经济结构转变，带动促进了城镇所在区域的发展。

四是城镇化全方位发展，直接支持着农村社会的发展。由于城镇化发展大量增加了各个层次的就业岗位，加上国家支持农村发展的政策到位，使得劳动力转移出现新趋势。过去大量农村劳动力到州外、省外务工，农村出现了大量农田抛荒、孤寡老人问题、留守儿童问题、民族文化传承问题，还出现了尼姑村、光棍村等现象，农村部分地方因此而带来的农村社会矛盾十分突出，社会秩序比较混乱。[①] 现在，相当一部分农民工精英回地方（回乡）创业，利用学到的技术和管理在地方发展，用带回来资金支持地方，又办起了企业为当地农民的农产品销售提供了可靠途径，还为农村劳动力就近转移提供条件，特别是乡镇集镇的城镇化发展为当地农民工离土不离乡的转移创造了条件，使得这些农民工既可以关顾自己的农田并发挥作用，又能就近打工赚钱，还解决了赡养老人和下一代的教育问题。据我们在巴东县野三关镇的实地调查，野三关镇近些年城镇化快速发展对农村经济社会发展发挥了重要作用，有关数据表明，农村劳动转移就近务工不断增多，而且许多外出务工精英回乡创业发展情况良好，带动当地农民提高收入，农村出现了人丁兴旺的景象，而外出务工的农民工越来越少。与此同时，由于农村新景象出现，人们的思想素质和认识水平得到提高，一种重视当地民族文化传承和发展、重视后代教育的良好社会风气已经形成，整体教育水平大大提高[②]，民族文化传承取得大进步，整个社会和谐安定。

6. 笔者作为恩施人，建议恩施在城镇化大发展中还要进一步注重城市生态的保护和建设。恩施州地处民族山区，无论城市怎么发展，地方政府都必须始终坚持这些城市必须坐落在山清水秀之地、民族文化之中。山城、水清、气爽等宜人宜居和土家族文化等特点必须保持甚至做到更

① 谭志松：《湖北民族地区农村劳动力转移研究——以民族教育为视角》，北京：民族出版社2008年版，第19—32页。

② 谭志松、李素芹：《乡村教育与农村社会发展——野三关教育现象》，北京：中央民族大学出版社2011年版，第65页。

佧。这些是恩施城市持续发展的生态环境基础，损坏了这些基础就失去了恩施城市的精神魅力。城市环境生态状况也从一个方面反映这个区域的干部和民众的精神文明程度。

四　涪陵区城市建设与规划的概要分析

（一）涪陵区简介

涪陵区 2012 年年末全区户籍户数 46 万户，户籍人口 116.66 万人。其中，农业人口 68.48 万人，非农业人口 48.18 万人，户籍人口城镇化率为 41.3%。按性别分，男性人口 59.45 万人，女性人口 57.22 万人，人口性别比（以女性为 100）为 103.9。人口自然增长率为 2.79‰。

按照人口普查和 1% 人口抽样调查资料计算，年末全区常住人口 109.84 万人，其中城镇人口 65.11 万人，城镇化率为 59.3%，比上年提高 1.7 个百分点。（本资料由涪陵区统计）早在距今 5 000 年以前，涪陵区境已有人类居住。夏商至春秋前期，为濮人居住区。春秋中后期至战国中期为巴国地（曾为巴国国都，巴先王陵墓所在地）。战国中后期为楚国地。战国后期为秦巴郡地。秦昭王三十年（公元前 227 年）置枳县，为区境置县之始。东汉时，分枳县置平都县。三国蜀汉时，增置汉平县，隶涪陵郡（郡治彭水郁山镇）。东晋穆帝永和三年（公元 347）置涪郡（又名枳城郡），为区境置郡之始。南北朝时，郡县建置变化较大。隋置涪陵县、丰都县、垫江县，分隶巴郡、巴东郡和宕渠郡。唐置涪州，辖武隆县、涪陵县、隆化县。北宋改隆化县为宾化县，建置同唐。南宋置涪州，辖涪陵县、武隆县。元置涪州，辖武龙县。明置涪州，辖武龙县（后改为武隆县）。清置涪州，不领县。民国初（1913 年），改涪州为涪陵县，先后隶属川东道（东川道）四川省和四川省第八区。

中华人民共和国成立后，1950 年年初，置川东涪陵区，辖涪陵、南川、酆都、石柱、武隆、长寿、彭水 7 县，隶川东行署区。1952 年，川东酉阳区并入川东涪陵区，增辖垫江、黔江、酉阳、秀山 4 县，隶四川省人民政府。1958 年，长寿县划入重庆市。1968 年改称涪陵地区。1983 年撤涪陵县设涪陵市。1988 年，分黔江、酉阳、秀山、彭水、石柱 5 县设黔江地区，涪陵地区辖涪陵市、南川县、丰都县（1958 年由酆都县更名）、垫江县和武隆县。1994 年，撤南川县，设南川市。经国务院批准

（国函［1995］106号，1995年11月5日），1996年1月，撤涪陵市，设涪陵地区，下辖枳城区、李渡区；1996年3月，撤涪陵地区，设地级涪陵市，下辖枳城区、李渡区、南川市、垫江县、丰都县、武隆县。1996年9月15日，经党中央、国务院批复同意，涪陵市划归重庆市代管。①

1997年3月14日，全国人民代表大会五届五次会议审议通过国务院关于提请审议设立重庆直辖市的议案，涪陵市正式改隶重庆直辖市。1997年12月20日，经中共中央办公厅和国务院办公厅批准，撤销原地级涪陵市和枳城区、李渡区，设立重庆市涪陵区，重庆市涪陵区辖原枳城区、李渡区的行政区域。原涪陵市所辖（代管）的南川市、武隆县、丰都县、垫江县改归重庆市直接管辖。

涪陵区位于北纬29°21′—30°01′、东经106°56′—107°43′。地处重庆市中部，东邻丰都县，南接南川市、武隆县，西连巴南区，北靠长寿区、垫江县。全境东西宽74.5千米，南北长70.8千米，面积2 941.46平方千米。涪陵区居重庆市及三峡库区腹地，扼长江、乌江交汇要冲，历来有川东南门户之称，经济上处于长江经济带、乌江干流开发区、武陵山扶贫开发区的结合部，有承东启西和沿长江、乌江辐射的战略地位。

涪陵区地处四川盆地和盆边山地过渡地带，境内地形以低山丘陵为主，横跨长江南北、纵贯乌江东西。地势大致东南高而西北低，西北——东南断面呈向中部长江河谷倾斜的对称马鞍状。海拔最高1 977米，最低138米，多在200—800米。涪陵区属中亚热带湿润季风气候，常年平均气温18.1℃，年均降水量为1 072毫米。境内长江流程86千米，乌江流程35千米。汇入长江的一级支流有35条，其中流域面积大于100平方千米的河流有乌江、梨香溪、小溪、渠溪河等12条。

2011年，地区生产总值突破430亿元，五年年平均增长19.1%，人均生产总值跃上6 000美元。地方财政增收近6倍，达到47.3亿元。固定资产投资累计达703亿元，增长2倍。社会消费品零售总额突破100亿元，增长1.6倍。工业总产值突破600亿元，增长2.9倍。科技对经济增

---

① 参见《涪陵概况》，涪陵政府网，引自2015－08－23。

长的贡献率达到47%。[①]

（二）涪陵区城市建设及规划概要

城市建设展现新形象。“一城两区”大城市骨架全面拉开，新添3座跨江大桥、2条城市隧道，高速路收费站合并西迁，城市建成区面积扩大到43平方千米，城镇化率达58%。江南城区完成113万平方米旧房拆迁，开工江东、江北防洪堤，大规模市容市貌整治和景观改造扮靓城区，滨江路、两江广场、南湖健身步道等一批新地标和便民设施极大提升城市形象和品质。新城开发开启大幕，“五纵四横”城市干道基本建成，教育、医疗、行政等功能性项目先行布局。[②]

涪陵区的《涪陵区城市总体规划（2004—2020）》于2004年3月由重庆市规划局批准。

涪陵区行政辖区面积2 941.46平方千米，中心城区规划包括李渡、桥南等1区1管委5个街道办和3个镇等共462.9平方千米，2020年规划建成城区面积65平方千米，人口70万人。城市性质为“重庆市中部区域性中心城市，长江上游与乌江流域重要的交通枢纽和物流中心，三峡库区具有山水园林特色的新型工业城市。”2010年，人口50万人，建成面积44平方千米。2020年将形成“一城二区五片”的总体规划布局。远景（2050）中心城区将达到人口80万—90万人，用地面积75—85平方千米。成为“一心二翼”的大城市格局，即形成以长江、乌江汇流处的老城区为全区政治、金融、文化中心，以西部新城区和韩家沱产业区为两翼的沿江大城市格局。[③]

（三）分析与思考

1. 涪陵区是1997年随重庆成为中央直辖市而改为涪陵区的，它经历了川东涪陵区（1950年年初）到涪陵地区（1968），到涪陵市（1983年县级隶属涪陵地区），到涪陵市（1988年地级市）再到涪陵地区（1996年1月），又回到当年涪陵市（1996年3月），最后改为涪陵区（1997年

---

① 《涪陵区国民经济与社会发展第十二个五年规划纲要》，2011年1月21日重庆市涪陵区第三届人民代表大会第六次会议第三次全体会议通过。

② 同上。

③ 《重庆市涪陵区城市总体规划（2004—2020）》，重庆市规划局2004年3月批复。

12 月）。频繁的改名和相关变化，既反映了涪陵发展历程的艰辛，也让人看到了涪陵的进步与重庆成为直辖市有直接的重要关系，即因重庆的直辖给涪陵带来了发展机遇，也有了较好发展的基础和经验。所以，其城市总体规划较早，在 2004 年就制定了《重庆市涪陵区城市总体规划（2004—2020）》，2008 年进行了修订（但没有看到正式文本，调研时，相关单位只提供了"修编大纲"）。由此可见，涪陵全面规划城市建设问题是三峡流域中启动较早的地区之一。

2. 《规划》（2004 年版）本身的编制有超前性，且符合涪陵城市社会发展实际，定位准确，思路清晰，城乡统筹，全局观照，也有自己一定的特色。

3. 笔者思考：如果考虑到涪陵地处长江和乌江的交汇地这个特殊地理位置，而且三峡库区在涪陵境内全长 86 千米（库区水尾泥沙沉积段），乌江在境内 35 千米（终端水量最大段），应该明确提出在三峡库区安全和生态等方面承担一定责任（内容），这亦应成为涪陵城市功能或职能的重要组成部分。

4. 按照 2014 年国家城市规模标准，现有的规划到 2050 年也达不到大城市规模（100 万人以上），所以其规划需要做适当的修订或再定位。

五　怀化市城市建设与规划概要分析

（一）怀化市简介

怀化市地处湖南省西南部，位于湘、鄂、渝、黔、桂五省（市、区）周边中心地带，面积 2.76 万平方千米，辖 13 个县（市、区），人口 513 万，其中侗、苗、土家等少数民族 48 个，人口占 40%。由于森林覆盖率高，自然生态良好，被誉为"一座会呼吸的城市"；怀化是"大西南桥头堡、原生态植物园、古建筑博物馆、多民族文化村、杂交稻发源地、抗战胜利受降地"。

怀化历史悠久，古称"荆楚之地"。早在新石器时代，这里的先民们就进入了原始农业和家畜饲养经济为主的定居生活。春秋之时，属楚巫中地。战国之世，属楚黔中郡地。秦朝统一中国后，在此设郡置县，开始了国家的行政治理。魏晋六朝，治所加密，又有发展。唐代以辰州为据点，经营今怀化市，有州 6 个：辰州卢溪郡、锦州卢阳郡、叙州潭阳郡、奖州龙溪郡、晃州、诚徽州。宋代属荆湖路，有辰州、叙州、晃州、鹤州、锦州等30余州。元代设中书省，省下设路、府、州、县，怀化境内设辰州路、沅州路、靖州路，隶属湖广行省。明代设一府二州。辰州府，治沅陵，领沅陵县、卢溪县、辰溪县、溆浦县。二州：沅州，隶辰州府，领黔阳、麻阳二县；靖州，隶湖广布政使司，领会同、元故、通道、绥宁四县。清代置有2府、1州、1厅：辰州府，直属湖南省，领沅陵、卢溪、辰溪、溆浦四县。沅州府，治芷江，隶辰州府，领芷江、黔阳、麻阳三县。靖州直隶州，治今靖州县，领会同、通道、绥宁三县。晃州直隶厅，治老晃城，今新晃县地。新中国成立后，怀化分设会同、沅陵两个专区，1952年撤销沅陵专区，以会同专区为基础成立芷江专区，将原沅陵专区的沅陵、辰溪、溆浦、麻阳等4县划归芷江专区，形成现在怀化市的雏形。1953年改名黔阳专区，1968年改称黔阳地区，1981年改称怀化地区。1998年撤销怀化地区，改设地级怀化市，辖12个县（市、区）和一个管委会，包括鹤城区、洪江市、中方县、沅陵县、辰溪县、溆浦县、会同县、麻阳苗族自治县、新晃侗族自治县、芷江侗族自治县、靖州苗族侗族自治县、通道侗族自治县和洪江区管委会。

怀化自古以来就有“滇黔门户”“全楚咽喉”之称，是我国东中部地区通往大西南的“桥头堡”。湘黔、枝柳、渝怀铁路以及正在建设的长昆铁路客运专线在市区交汇，怀邵衡铁路正在开展前期工作。沪昆、杭瑞高速公路穿境而过，包茂高速、娄怀高速公路即将建成通车。芷江机场已开通至长沙、广州、北京、上海、昆明等地的航线，正在按照打造湖南第二大航空港的目标进行改建。水运体系通江达海。现代综合交通运输体系日臻完善，怀化作为我国大西南地区交通枢纽地位日益突出。

怀化地处武陵、雪峰两大山脉之间，溪河密布，雨水充沛，全市森林覆盖率达到68.7%，是全国9大生态良好区域之一，有原始次森林30多处，国家级、省级自然保护区、风景名胜区、地质公园、森林公园和工农业旅游示范点27个，处处都是“天然氧吧”，被誉为一座“会呼吸的城市”。2012年，国家环保部正式命名怀化市为湖南省首个市级“国家生态示范区”。

怀化是历史悠久的“文化宝地”。自战国时设黔中郡，距今已有2 200多年的历史。这里有秦始皇焚书坑儒时秦人藏书处——二酉藏书洞，有与古都咸阳相媲美的秦黔中郡古城遗址，世界上最早的书院——龙兴讲寺；有因“诗家天子”王昌龄而闻名的芙蓉楼，蜚声中外的芷江抗日胜利受降纪念地；有保存最为完整的明清古商城——洪江古商城，被誉为“建筑史书”的会同高椅古民居和黔城古城；这里有原汁原味的侗文化风情和巫傩文化，世界最长的侗乡风雨桥——龙津风南桥；有万佛山丹霞地貌、中坡原始次森林、五强溪平湖泽国等自然景观。向警予、粟裕、滕代远等老一辈无产阶级革命家诞生于此，“杂交水稻之父”袁隆平从这里走向世界，爱国将领张学良曾被囚禁羁绊于沅陵凤凰山。全市现有全国重点文物保护单位 9 处、省级历史文化名城 3 个；拥有以洪江古商城、黔阳古城、荆坪古村、高椅古民居、通道芋头侗寨等为代表的集中连片的古城古镇古村群落 30 多处，为全国所罕见。长期以来，汉、侗、苗、瑶、土家等 49 个民族在这里繁衍生息，创造了辰河高腔、目连戏、侗族大歌等浓郁多彩的民俗文化，其中部分已被列入国家级非物质文化遗产。

怀化素有“广木之乡”“水果之乡”“药材之乡”的美誉。全市有活立木蓄积量 6 690 万立方米，居湖南首位。有中药材 26 万亩，1 900 多个品种，其中 175 种为国家重点中药材保护品种，茯苓和天麻产量居全国第一。年产水果 90 多万吨。其中靖州的杨梅、溆浦的蜜枣、麻阳的冰糖橙久负盛名。探明矿藏 11 类 45 种，黄金、铜、磷储量分居湖南第一、三、四位，石煤、硅砂、重晶石储量居全国前列。水能理论蕴藏量 500 万千瓦，现已开发 450 万千瓦，为全国十大水电基地的主体地带之一。沅江是长江中上游支流之一，全长 1 033 千米，而在怀化境内就有 446 千米，成为怀化又一亮丽的风景线和丰富的水电资源库。

改革开放以来，特别是近几年来，怀化围绕“构筑商贸物流中心、建设生态宜居城市”战略目标，大力实施“科技引领、交通先行、兴工活商、富民强市”发展战略，经济社会发展取得了显著成就，经济实力迈上新台阶。2011 年，全市完成生产总值 837. 36 亿元，增长 14. 1%；完成财政总收入 75. 22 亿元，一般预算收入 47. 54 亿元，分别增长 29. 6%、33. 3%，总量连续三年排名全省第八；完成全社会固定资产投资（不含跨区）438. 97 亿元，增长 35. 2%；完成社会消费品零售总额 274. 74 亿元，增长 18.1%，增幅居全省第一。城乡面貌发生新变化。[①]

（二）怀化市城市建设与规划概要

“十一五”期间，在市委、市政府的正确领导下，全市人民深入贯彻落实科学发展观，紧紧围绕“构筑商贸物流中心、建设生态宜居城市”的战略目标，大力实施“科技引领、交通先行、兴工活商、富民强市”战略，抢抓机遇，攻坚克难，锐意进取，较好地完成了“十一五”规划各项目标任务，为“十二五”加快发展奠定了坚实基础。“2010 年全市 GDP 达到 674.92 亿元，五年年均增长 13.36%，超出预期目标 2.4 个百分点，分别比‘九五’‘十五’年均增速提高 3.86 和 3.36 个百分点，连续五年实现两位数增长，是改革开放以来我市经济社会发展最好、最快的时期。人均 GDP 突破 2 000 美元（现价时比计算），超出预期目标 14.2 个百分点，全市已总体达到小康水平，正向建设全面小康社会迈进。财政总收入达到 58.02 亿元，年均增长 27.5%。”[②]

怀化城市规划较早，自 1998 年上级批准撤地设市开始就着手从长规划城市建设问题，所以，该市的城市规划为 1999—2020 年。其中近期至 2005 年，中期至 2010 年，远期至 2020 年。并要考虑远景 2050 年怀化城市发展的构想。从总体上思考市域的城乡统筹，也突出中心城市建设的重点。

规划提出市域城市化速度力争年均增长一个百分点以上。到 2020 年，市域城市化水平达到 42%—45%；市域城镇人口由 1998 年的 100 万发展到 2005 年的 140 万左右，2010 年的 170 万左右，2020 年的 250 万左右，2050 年市域城市化水平将达到 60% 以上。城镇个数由现状的 68 个发展到 2020 年的 120 个左右，撤县建市 4 个，撤乡建镇 55 个左右，构成大中小城市和大中小城镇相结合、城乡一体化相结合的网络体系。

市域将建成以怀化城区（首府城区）为中心，洪江城市为次中心，溆浦、沅陵、靖州、新晃、麻阳为片区中心的大中小城镇相结合的网络体系。其中设市城 6 个，县城 5 个，主要建制镇 25 个，一般建制镇 87 个

---

① 参见《怀化概况》，怀化市政府网，2013 年 11 月 21 日。

② 《怀化市国民经济和社会发展第十二个五年规划纲要》，2014 年 8 月，怀化市发改委提供文本。

左右。

力争怀化城市国民生产总值保持10%以上的速度增长，至2010年城市国民生产总值达200亿，基本建成湖南西部的中心城市。至2020年城市国民生产总值达420亿，基本建成湘、桂、黔、渝、鄂五省（区、市）边区的中心城市。

规划2020年中心城区建设用地范围：中心城区的城中、迎丰、红星、坨院、铁北五个办事处和石门乡、盈口乡、鸭嘴岩乡、中方片，总用地面积165.2平方千米，（其中城市1999年建设用地32.82平方千米，总人口29.5万，其中城市人口28.5万。）。怀化中心城区人口由1998年的28.5万发展到近期2005年的35万，其中主城32万，中方3万；中期2010年的43万，其中主城38万，中方5万；远期2020年的60万；远景2050年怀化中心城区人口达到100万左右。

中心城区总体布局是：由现状的“一体两翼”向“一城两片三区，四山五水结合”的形态发展，形成“山水相间、组团布局、城乡交融、共为一体”的生态型山水城市空间结构。主城片由东、中、西三个分区及城中、铁北、迎丰、湖天、河西、坨院、杨村七个用地功能组成团构成，中方片由鸭嘴岩、中方镇两个用地功能组团构成。“四山”指主城东南以凉山为依托，西南以南山寨为界面，西北以钟坡山为依靠，北面以韭菜坡山为衬托，构成怀化城市的天际轮廓线和对景轴。“五水”由贯穿城市的舞水河、太平溪、锦溪、潭口溪、板木溪组织“水绿风光带”，将山水自然景观引入城市，山、水、城共融一体，构成山水园林城市。①

（三）分析与思考

1. 怀化市城市规划启动很早，属于三峡流域最早启动制定城市总体规划的地市之一。这当然意味着该市城市建设进入规范化建设较早，所以城市建设有了较好的基础。提出中心城区建成“一城两片三区，四山五水结合”的“山水园林城市”和“构建商贸物流中心、建设生态宜居城市”目标和理念是一个创新，符合三峡流域大环境也符合怀化本身的实际地理状况和区域地方特色。

2. 因为《规划》提出较早，所以，规划的城市规模发展速度不适应

---

① 《怀化市城市总体规划（1999—2020）》，2014年8月，怀化市城市规划局提供文本。

现代社会对城市发展的要求，也不符合这些年怀化城市发展的实际速度。如，在怀化《“十二五”规划》提出了做大做强“中心城市”，“到2015年，力争怀化中心城市建设面积达到80平方千米，总人口75万。”① 这个目标比《怀化市城市总体规划（1999—2020）》中的远期目标2020年的60万人还多15万人；而现实发展状况也证明了，其原来的规划有待修订。

3. 怀化市近些年整体社会发展较好，城市建设也取得了喜人成绩。现在又正逢国家城镇化建设发展大好时机，有必要进一步根据怀化实际和未来发展新要求，切实修订完善城市发展总体远景规划。构筑新的既体现城市的现代化水平又能充分展示地方文化与自然特色的区域性中小城市群空间，为实现怀化腾飞插上更加强劲的翅膀。

六　湘西土家族苗族自治州城市建设与规划的概要分析

（一）湘西自治州简介②

湘西土家族苗族自治州（以下简称“湘西州”或者“湘西自治州”）位于湖南省西北部，地处湘鄂渝黔四省市交界处，地理坐标为东经109°10′—110°22.5′，北纬27°44.5′—29°38′。武陵山脉自西向东蜿蜒境内，系云贵高原东缘武陵山脉东北部，西骑云贵高原，北邻鄂西山地，东南以雪峰山为屏。东部、东北部与湖南省怀化市、张家界市交界；西南与贵州省铜仁市接壤；西部与重庆市秀山县、酉阳县毗连，西北部与湖北省恩施州相邻。湘西州境域，南北长约240千米，东西宽约170千米，土地总面积15 462平方千米，占湖南省总面积的7.3%。

湘西州境域，战国时属楚黔中郡。西汉属武陵郡。三国时初属蜀，后属吴。西晋、东晋属荆州武陵郡。隋唐五代时期属黔中道。宋为荆湖北路的辰州、澧州。元为湖广行省恩州宣慰司、辰州路、澧州路和四川行省永顺宣慰司，以及新添葛蛮安抚司地。明置永顺宣慰司、保靖州宣

① 《怀化市国民经济和社会发展第十二个五年规划纲要》，怀化市发改委2014年8月提供文本。

② 这部分内容资料主要来源于《湘西概况》（湘西州政府网）和2014年7月在湘西实地调研时获得的相关资料。

慰司，其余为岳、辰两州地。清置永顺府和凤凰、乾州、永绥直隶厅，东北部为澧州地。1914—1922 年为辰沅道。1938—1949 年为第八、九行政督察区。

中华人民共和国成立之初，凤凰、乾城、永绥、泸溪等县和永顺、龙山、保靖、古丈等县分属沅陵专区和永顺专区。

1952 年设立湘西苗族自治区，自治区人民政府驻乾城县所里。原永顺专区所属永顺、龙山、大庸、保靖、桑植、古丈 6 县及原沅陵专区所属乾城、永绥、泸溪、凤凰 4 县划入湘西苗族自治区，辖 10 县。1953 年乾城县改名为吉首县；永绥县改名花垣县。1954 年永顺、龙山、桑植、大庸 4 县改由省直辖，仍委托该自治区代管。1955 年湘西苗族自治区改设湘西苗族自治州，自治州人民委员会驻吉首县。1957 年 9 月 20 日设立湘西土家族苗族自治州。自治州驻吉首县。原湘西苗族自治州所属吉首、泸溪（驻武溪镇）、凤凰（驻沱江镇）、花垣、保靖（驻迁陵镇）、古丈 6 县及原由湘西苗族自治州代省领导的永顺、龙山、桑植、大庸 4 县划归湘西土家族苗族自治州，辖 10 县。1949 年设永顺专区，专署驻永顺县。辖永顺、龙山、大庸、保靖、桑植、古丈等 6 县。1952 年撤销永顺专区，原永顺专区所属永顺、龙山、大庸、保靖、桑植、古丈 6 县划归湘西苗族自治区。

1952 年 8 月 1 日，湘西苗族自治区成立，辖吉首、古丈、泸溪、凤凰、花垣、保靖 6 县，代管永顺、龙山、桑植、大庸 4 县。年底，4 县亦属直接管辖。1955 年 4 月 28 日，湘西苗族自治区更名为湘西苗族自治州。1957 年 9 月 20 日，湘西土家族苗族自治州成立，州府设吉首，辖原管 10 县。1982 年 8 月 3 日，国务院批准撤销吉首县，设立县级吉首市。

1985 年 5 月 24 日，国务院批准（国函［1985］77 号）撤销大庸县，设立大庸市（县级），以原大庸县的行政区域为大庸市的行政区域。

1988 年 5 月 18 日，国务院批准将大庸市升为地级，设立永定区、武陵源区，将原常德市的慈利县和湘西州的桑植县划归大庸市。湘西州由原管辖 8 县 2 市减为 7 县 1 市，即泸溪、凤凰、古丈、花垣、保靖、永顺、龙山 7 县和吉首 1 市。全州共有 156 个乡、61 个镇、4 个街道办事处、1 个场，2 643 个村民委员会，168 个居民委员会，15 548 个村（居）民小组。

1999年末，湘西州辖1市7县，即吉首市和泸溪、凤凰、花垣、保靖、古丈、永顺、龙山7县，州府设在吉首市。全州共56个镇，162个乡。总人口为259.30万人，其中土家族94.59万人，占总人口的36.5%；苗族82.41万人，占总人口的31.8%。

2000年，据第五次全国人口普查数据：湘西土家族苗族自治州总人口24 636 171人；吉首市294 297人、泸溪县256 869人、凤凰县343 878人、花垣县253 750人、保靖县260 034人、古丈县119 202人、永顺县445 224人、龙山县490 363人（按当年行政区划）。

2001年6月27日，民政部批准（民发［2001］165号）将泸溪县人民政府驻地由武溪镇迁至白沙镇。

截至2010年12月31日，湘西自治州辖吉首市、泸溪县、凤凰县、花垣县、保靖县、古丈县、永顺县、龙山县等1市7县。下辖152乡66镇4个街道办事处；有2 654个村民委员会，177个居民委员会。总面积15 461平方千米，总人口2 845 797人，其中城镇人口88.52万，乡村人口166.44万人。全州有少数民族人口1 967 096人，其中土家族1 089 301人，苗族863 141人，其他少数民族人口1万人。①

湘西州有着神奇的山水风光和丰富的自然资源。境内有国家级景区景点36处。国家级风景名胜区猛洞河漂流，被誉为“天下第一漂”；小溪国家级自然保护区，是免遭第四纪冰川侵袭的原始次生林；国家级风景名胜区吉首德夯，被人们称之为“天凿奇峡”，拥有全国最高的流沙瀑布。还有沈从文笔下的边城茶峒等一批著名景区景点。湘西有着独特的资源优势。山地资源丰富，全州山地面积占总面积的70%，堪称华中“生物基因库”和“中药材宝库”，拥有中药材资源2 000多种。矿产资源丰富，在州域内已勘查发现63个矿种485处矿产地，锰、汞、铝、紫砂陶土矿居湖南省之首，锰工业储量居全国第二，钒矿遍及全州，有“锰都钒海”之称，全州矿产资源总价值达2万亿元以上。旅游资源丰富，拥有50多个国字号生态和文化旅游品牌，荣膺“中国魅力城市”和“中国最佳旅游去处”，“神秘湘西”旅游品牌已蜚声海内外。

湘西州历史文化悠久而丰富。国家级历史文化名城凤凰古城，被新

---

① 《湘西统计年鉴2011》，湘西自治州统计局国家统计局湘西调查队编。

西兰著名作家路易·艾黎誉为中国最美丽的两座小城之一；里耶战国古城，考古专家称之为“北有西安兵马俑，南有里耶秦简牍”；八百年土司王都“老司城”2015年成为联合国公布的世界文化遗产，堪称“中国的马丘比丘”和“东方庞贝古城”。厚重的历史文化，孕育了民国总理熊希龄、现代文豪沈从文、著名画家黄永玉、民族歌唱家宋祖英等一批政治文化名人。湘西有着浓郁的民俗风情。湘西土家族、苗族是能歌善舞的民族。土家族山歌、苗族的对歌，曲调优美，悠扬悦耳；土家族茅古斯舞被称为民族舞蹈活化石，苗族鼓舞堪称中华一绝；酒鬼酒、土家织锦和苗族银饰、蜡染已成为游客珍藏的佳品。

湘西州域内平均海拔500米，最高海拔1 736.5米，位于龙山县的大灵山；最低海拔97.1米，位于泸溪县上堡乡大龙溪口河床。州域8县（市）的主要农耕区（指海拔500米以下，下同），年平均气温与≥0℃积温低于省内同纬度滨湖地区，1月平均气温偏高，据1961—1990年气象资料统计：最冷月1月平均气温均在4.4℃以上，最高为5.2℃，比同纬度的滨湖区高0.4℃—1.2℃，冬季寒冷。月平均日数10—17天，寒冷持续期短16—32天。盛夏多地形雨影响。

（二）湘西州城市建设与规划概要

湘西自治州的城市规划是由州委和州政府在相应阶段的国民经济和社会发展纲要中提出总要求，具体规划和实施则由各县市（7县1市）党委政府根据具体情况分别制定的。这里我们实地调研时通过自治州政府得到了州首府吉首市发改委提供的《吉首市城市总体规划（2003—2020）》文本（以下简称《规划》）①，我们仅对此做一些概要分析。

吉首市市域总面积1 058.5平方千米，其中中心城区规划区总面积165.7平方千米，包括吉首市石家冲、峒河、红旗门、乾州四个街道办事处和吉首乡、万溶江乡、河溪乡的马鞍山村、寨阳乡的曙光村以及跃进水库水源保护区，还包括凤凰县竿子坪乡湾溪、牯牛坪木林坪、棒棒坳、廖家冲五个村。中心城区规划城市建设用地面积2010年达到23.8平方千米，2020年达到40平方千米。《规划》提出吉首市国内生产总值到2010

---

① 《吉首市城市总体规划（2003—2020）》，湖南省城市规划研究设计院、吉首市城市规划管理局，2003年10月制定，2014年7月吉首市发改委提供文本。

年达到41.18亿元，到2020年达到100亿元。[①] 按《规划》吉首市域总人口规模2020年达45万人左右，城镇人口达38万人左右。

《规划》提出市域城镇发展总体空间格局为“极化一点、构筑两带、发展两翼”，即以吉首市中心城区为极化点，发展东向沿319国道、南北向沿209国道、S229省道的不同等级各具特色的城镇，“构筑两带”一级城镇发展轴，并在一级城镇发展主轴向两侧辐射的主要交通走廊上，培育二级城镇发展轴（即“发展两翼”）。具体目标是，吉首市的城镇划分为四个等级：一级城镇1个，即中心城区（吉首市区），到2020年人口规模达35万人左右；二级城镇2个，即河溪、马颈坳两个中心镇，2020年城镇人口规模分别在1万人以上；三级城镇3个，即矮寨、双塘、丹青，2020年人口规模为5 000人到8 000人；四级集镇7个，人口规模5 000人以下。

总体定位是：把吉首中心城区建设成湘、鄂、渝、黔四省市边区重要中心城市和以绿色产品工业和旅游业为主导的生态园林城市。

（三）分析与思考

1. 该《规划》制定于2003年，虽然时间较早，《规划》制定必然受到当时实际城市和经济发展情况的限制，但总体上讲还是一个比较全面的规划，主要有两大特点：

一是构筑的是吉首市市域整体城市发展蓝图，城乡统筹直到最底层（村落镇）。层次清晰，符合民族地区城镇当地实际，在今天城镇化大发展形势下仍具有可行性；

二是抓住地理和自然资源以及民族文化特征。

2. 吉首市是湘西自治州首府所在地，突出中心城市（吉首市中心城区）这个极化点建设，对湘西自治州整个城市建设发展有重要的辐射和带动作用，也具有实际上的指导意义。

3. 《规划》的确因为是2003年制定的，所以部分目标数据与已经走过的这些年的实际发展结果差距较大，实际数据已远远超过相关阶段的

---

① 根据2010年12月27日吉首市第八届人民代表大会第四次会议通过的《吉首市国民经济和社会发展第十二个五年规划纲要》数据显示，2010年全市国内生产总值达71.6亿元，2015年规划目标133亿元。

规划数据，这从一个方面也说明《规划》需要系统修订。当然，笔者也在实地调查时，已得知2013年进行了修订，但当时相关负责人说还没有形成正式文本，只给我们提供了《吉首市城市总体规划（2003—2020）》文本，所以，我们只能在这个文本上进行一些粗略的分析。

七　张家界市城市建设与规划概要分析

（一）张家界市简介

张家界是一座新兴的国际旅游城市。它地处湘西北边陲，澧水之源，武陵腹地，总面积9 563平方千米，总人口150余万。其中少数民族居多，土家族、白族、苗族等就占了人口总数的60%。

张家界历史悠久，它的前身是大庸市。早在新石器时代，其境内澧水两岸就有人类活动了。上古时期典章文献《尚书·舜典》中便有“舜放欢兜于崇山”的记载。又据清康熙二十四年（公元1685年，农历乙丑年）杨显德纂修的《永定卫志》与清道光三年（公元1652年，农历癸未年）修刊的《永定县志》以及《慈利县志》和《桑植县志》等史书记载，公元前221年秦统一六国，划全国为三十六郡，当时的大庸与慈利便属于黔中郡，它是湖南境内第一个行政区，比省会长沙还早。黔中郡所辖包括慈姑县（县址在今慈利蒋家坪乡太平村一带）、桑植县与大庸县（今永定区）、石门县、安乡县、澧县、津市、临澧，以及湖北省公安、鹤峰两县与湖南桃源县一部分地区。西汉时期，除地方设立郡县外，还加封国，实行的是郡县国交错体制。西汉高祖五年（公元前202年，农历已亥年），刘邦当朝，他下令分黔中郡为武陵郡，析慈姑县为孱陵、充县（含永定、武陵源两区与桑植县）。后历代王朝变更其归属时有变化，但其作为一级政府中心性质运行没有大的改变。

直到民国时期，先在省下设三个道，六十个县，后废道设“行政督察专员公署”。民国五年（1916年，农历丙辰年）湖南省裁撤武陵道，将大庸、桑植、慈利县划归辰沅道。民国十一年（1922年，农历壬戌年）裁撤“道”的建制，仅存省、县两级，所以，大庸、慈利、桑植三县均属省直辖。民国二十三年（1934年，农历甲戌年）11月24日，贺龙、任弼时、肖克、关向应等，领导红军二、六军团解放大庸县，建立中华苏维埃湘、鄂、川、黔革命委员会。民国二十四年（1935年，农历乙亥年）红军长征，湖南省肆湘西绥靖处，管辖慈利、大庸、桑植、临澧、石门、澧县等6个县，专员办事处，设在慈利县。民国二十七年至三十八年（1938年至1949年，农历戊寅年至己丑年），湖南全省调整为10个行政督察区，大庸与桑植属第八督察区，专员办事处设在永顺。慈利县属第四督察区，专员办事处设在常德。

1949年中华人民共和国成立，张家界市全境解放。1949年至1988年（农历己丑年至戊辰年），慈利县属常德专区管辖，而大庸、桑植两县则于1949年10月16日至1952年8月属永顺专区管辖，8月后划归湘西苗族自治区管辖，1957年9月湘西土家族苗族自治州成立，大庸和桑植属该自治州管辖。1988年至1990年（农历戊辰年至庚午年）经国务院批准，成立大庸地级市，辖慈利、桑植两县和永定、武陵源两区。1994年4月4日，经国务院批准，大庸市更名为张家界市，仍管辖永定、武陵源两区和慈利、桑植两县不变。[①] 关于张家界市的其他情况笔者在第三章中已作简要介绍，这里从略。

（二）张家界城市建设与规划概要

张家界经济发展迈上新台阶。2009年全市生产总值突破200亿元，人均GDP突破2 000美元。预计（下同），2010年全市生产总值达230亿元，比2005年翻一番，“十一五”年均增长13.5%，比“十五”快2.9个百分点；人均GDP达14 500元，年均增长12.5%；地方财政收入达20亿元，超过规划目标6.5亿元，年均增长21.5%，比“十五”快6.4个百分点，财政收入占GDP的比重由“十五”末的6.9%上升到8.7%；社会消费品零售总额达85亿元，超过规划目标20亿元，年均增长18%；全社会固定资产投资五年累计达440亿元，超过规划目标90亿元，年均增长22%。

张家界市制定了《张家界市城市总体规划（2007—2030）》，此后进一步大力度推进城市基础设施项目建设，城市扩张与提质并进，城市骨架进一步拉开，城市功能进一步增强，城市大交通体系加快形成，构成了市区到区县的“一小时交通圈”，城市面貌发生深刻变化。“十一五”累计完成城市基础设施建设投入40亿元，城市城区面积由“十五”末的

---

① 参见《张家界概况》，张家界政府网：www. zjj. gov. cn，2015年8月19日引用。

18.2平方千米扩大到24平方千米，城市人口由18.3万增加到23万，城市人均道路面积由8.46平方米增加到15平方米，人均公共绿地面积达由3.94平方米增加到8.5平方米，建成区绿化覆盖率由17.5%上升到40%。农村水、电、路等基础设施全面加强，城镇化率由32.1%上升到40.5%。①

规划市域总人口2020年规模为172万人，2030年人口规模为181万人；市域城镇化水平2020年的城镇化率为52%，2030年的城镇化率为65%。

2030年年末张家界市的市域城镇分为四级，即一级：张家界市域中心城区（47.5万人）；二级：慈利县城（20.4万人）、桑植县城（10.7万人），称之为市域副中心城市；三级：江垭镇（4万人）、瑞塔铺镇（4万人）、沅古坪镇（3万人）、岩泊渡镇（3万人）、阳和乡（2万人）、陈家河镇（2万人），称重点镇；四级：镇区人口1万人以下的一般城镇26个。

规划发展的目标是：到2030年，将张家界市建设成为旅游产业高效发展、旅游设施完备、环境优美、生态良好、社会和谐的国际风景旅游城市。②

（三）分析与思考

1. 张家界市因地理自然的独特性而设市立市，所以，其定位“国际风景旅游城市”是准确的，符合当地实际也符合国家的期望，同时，也是可以实现和必然实现的目标。

2. 关于城市建设规划中的旅游发展提出了一些有价值的措施和设想，如果在加强地方文化挖掘、保护和传承的前提下，构建文化产业和旅游产业的有机结合机制和运行机制，就更加有利于张家界市高品位、高效率的旅游目的地城市建设。所以，当地政府要把城市文化建设放在特殊重要的位置，通过打造张家界特有的文化产业，既充实城市文化内容又促进城市经济发展，还给当地旅游增添厚重特质。

---

① 《张家界市国民经济和社会发展第十二个五年规划纲要》，2014年8月张家界市发改委提供文本。

② 《张家界市城市总体规划（2007—2030）》，2014年8月张家界市发改委提供文本。

3. 张家界城市发展规划还有提升质量层次和建设档次的空间，这个提升不只是规模太大的提升，而更重要的是内涵的提升；进一步突出地方性、民族文化性、现代文明性和管理创新性；还应进一步加快建设速度，尽快成为“宜居享旅”的、在世界上独具风格的高规格中等城市。

八　铜仁市城市建设与规划概要分析

（一）铜仁市简介

铜仁市位于贵州高原东部，武陵山区腹地，东邻湘楚，北接重庆，铜仁市位于东经107°44′—109°28′，北纬27°08′—29°05′，是连接中原地区与西南边陲的纽带，享有“黔东门户”之美誉。铜仁历史悠久，春秋属荆楚，秦属中道，明代设府，沿袭至今。铜仁，是一片古老神奇的热土，是一个美丽富饶的地方。佛教名山梵净山，通天一柱，伟岸挺拔，气贯寰宇，是铜仁的象征。这里有十多亿年前的古老地层，有冰川时期大自然留下的奇迹，有同纬度目前保存最完好、最典型的原始森林；有野生植物3 000多种，珙桐、钟萼木、莲香、鹅掌楸等属国家重点保护树种；有野生动物400多种，黔金丝猴、华南虎、熊猴等属国家一级保护动物。景色隽秀的乌江，气势磅礴，撼人心魄；风情万种的铜仁锦江，清澈透亮的石阡温泉，曲径幽幽的九龙洞更是让人心坦身舒，耳目清新。铜仁因其高原山水、曲径通幽的独特魅力，而被美誉为桃源铜仁。新中国成立后，原铜仁市一直是贵州省铜仁地区行政公署的驻地。

2011年11月，国务院下发国函〔2011〕131号文件，批复同意撤销铜仁地区，设立地级铜仁市。接着根据批复的内容进行了调整和规范。截至2012年10月1日，铜仁市辖2个市辖区、4个县、4个自治县，即碧江区、万山区、江口县、石阡县、思南县、德江县、玉屏侗族自治县、松桃苗族自治县、沿河土家族自治县、印江土家族苗族自治县。铜仁市有土家、苗、侗、仡佬、回、布依、蒙古等29个少数民族；少数民族人口占总人口的54%。铜仁市总人口427万人。

铜仁市属中亚热带湿润气候区，气候受季风影响明显；其基本气候特征是：春温多变，绵雨较多；夏季炎热，日照充足；秋温速降，多阴多雨；冬少严寒，无霜期长；年平均气温在18摄氏度左右；境内降雨充沛，年平均降雨在1 100—1 400毫米。

铜仁市河流密布，是贵州省水文条件较好的地区。境内以梵净山至佛顶山山脉为分水岭，分为两大水系，东为沅江水系，主要河流有锦江、松桃河、车坝河等；西为乌江水系，主要河流有六池河、石阡河、印江河、马蹄河、坝坨河和洪度河等。特别是乌江流经石阡、思南、印江、德江和沿河等5个县，境内全长268千米。[①]

（二）城市建设与规划概要

铜仁市的城市建设是伴随着“撤地设市”的目标实现而大发展的。2011年11月铜仁撤地建市以来，铜仁市大力实施“四化同步、一业振兴”战略，推动全市由“地区时代”转入“城市时代”，城市建设走上新台阶。几年来，铜仁市围绕“武陵之都·仁义之城”的城市定位和“厚德铸铜·仁义致远”的城市精神，实施“五城联创”和中心城区城市功能“十大提升工程”，城市在建设中转型、在转型中升级，城乡面貌焕然一新，城市建设实现跨越式发展。目前，铜仁市中心城区建城区面积已达42.8平方千米，全市城市建城区面积已达130平方千米以上，城镇化率达38.41%。[②]

把推进城镇建设作为优化要素资源空间布局、转化经济发展方式的重要途径，大力实施城镇化带动战略。进一步优化城镇体系和城镇发展布局，做大做强铜仁中心城市，加强县城和重点城镇建设，大力发展城镇经济，加强城镇基础设施建设，增强城镇综合承载能力和辐射带动能力。创新城镇发展体制机制，加快农村人口转移，积极统筹城乡发展，建立健全推进城镇化的领导机制、工作机制和政策体系，不断加快城镇化步伐。到2015年，全区城镇化水平达到40%以上。

按照统筹规划、合理布局、完善功能、以大带小的原则，遵循城市发展客观规律，积极构建以高速公路和快速铁路为主轴线，以铜仁中心城市为龙头，以玉屏、松桃、思南、德江、印江、沿河、石阡、江口等县城为重点，以主轴线上的其他小城镇为依托的各具特色、布局合理、有产业支撑、协调发展的城镇体系，推进大中城市和小城镇协调发展。

---

① 参见《铜仁概况》，铜仁政府网：www. tongren. gov. cn。

② 李迪：《从地区时代迈向城市时代——铜仁城市建设实现跨越式发展》，《贵州日报》2014年9月18日第4版。

“十二五”期间，重点扩大铜仁中心城市规模，加快构建铜仁城市经济圈，培育发展松桃、玉屏和江口卫星城市。依托贵州东北部交通枢纽建设，重点培育发展德江、思南、印江中等城市，构建德（江）思（南）印（江）城市组团。按照宜农则农、宜工则工、宜商则商、宜游则游的原则，突出自然、历史、文化和民族特色，重点规划建设煎茶、寨英、塘头、孟溪、茶店、田坪等一批交通枢纽型、旅游景点型、绿色产业型、工矿园区型、商贸集散型、移民安置型城镇，带动一般小城镇协调发展。

《铜仁市城市总体规划（2013—2030）》提出把铜仁市中心城区建成贵州省东北部100万人口区域中心城市、黔渝湘鄂边区商贸集散地和山水园林旅游城市的要求，全力支持铜仁市加速发展，加快城市规模扩展和产业、人口集聚，推进铜仁—松桃、铜仁—万山一体建设，积极构建以铜仁为中心的城市经济圈。努力把铜仁市建设成为省际区域性大城市、中国优秀旅游城市、区域金融中心和商贸物流中心，发挥铜仁市在全区推进城镇化中的龙头带动作用。努力使铜仁市在全地区率先实现工业化、城镇化，率先建成全面小康社会。按照地市共建的原则，制定全力支持铜仁中心城市加速发展政策措施，完善加快城市经济圈发展的管理机制，打破行政区划，统筹推进城市经济圈发展，赋予铜仁城市经济圈先行先试的权力，引导生产要素在城市经济圈内优化配置，推动科教文化和信息资源整合，促进区域内资源共享、生态共建、环境同治、产业互补、协调发展。

“十二五”期间，围绕铜仁“撤地设市”目标，重点加快铜仁市一城两区中心城市建设，着力提升铜仁老城区的功能和承载水平，打造中央商区，将老城区的人口保持在30万人左右；加快推进万山资源枯竭型城市转型，把谢桥新区打造成承接万山转型的行政商贸物流功能区，人口发展到20万人左右，把万山原址打造成为贵州省的工业重镇；加速推进大兴新区建设，围绕把大兴新区远景建成60万以上人口的城市新区，对大兴科技工业区、川硐教育园区、凉湾行政区三大核心区进行科学规划、合理布局，加快建设进度、加大开发强度，力争到2015年，大兴新区建成区面积达到15平方千米。到2015年，铜仁市城市人口达到40万人以上，城镇化水平达65%，城镇经济占80%左右。

发挥铜仁中心城市的龙头带动作用，依托铜仁经济圈建设，大力促进松桃、玉屏、江口县城等卫星城市发展，加快推进旧城改造和新区建设，扩大卫星城市规模，做大城市经济总量，努力把江口、松桃等建设成为中国优秀旅游城市。支持玉屏自治县开展省级城乡统筹发展试点建设、加快大龙—玉屏一体化建设。大力发展新型工业和现代服务业，加强城市基础设施和综合服务设施建设，不断扩大县城规模，增强县城的产业集聚和人口聚集能力。

加快形成以铜仁市为中心的城市群。力争“十二五”期间，努力把江口、松桃等建设成为中国优秀旅游城市。[①]

《铜仁市城市规划》提出了到2030年“城镇体系空间发展战略和空间结构原则”：到2030年，将形成1个市域中心城市、2个市域次中心城市、6个县城、33个中心镇、80个以上一般城镇共同组成的五级结构框架。具体规模为：中心城市，即铜仁市中心城区，人口达120万，次中心城市，即德江县城和思南县城，人口达到30万，县城6个，即江口县城、石阡县城、印江县城、沿河县城、松桃县城、玉屏县城。人口在10万—25万。城镇人口（城镇化率）2015年143万（城镇化率42%），2020年183万（城镇化率48%），2030年294万（城镇化率69%），2012年98.9万（城镇化率31.96%）。

其空间布局总体结构是“一轴两带两组群”。“一轴”，即沿杭瑞高速公路形成（凤冈）—德江—思南—印江—江口—铜仁—（凤凰）城镇发展轴；“两带”，即乌江沿岸城镇聚合带：（酉阳）—沿河—德江—思南—塘头—石阡—（镇远）与玉—铜—松城镇聚合带：（秀山）—松桃—大兴—铜仁—大龙—玉屏城镇聚合带；两组群：即以铜仁中心城市为主核城市组群和以“德江城市”和“思南城市”为支撑的乌江中游城镇组群。总目标是：把中心城区建设成为100万以上的山水园林旅游城市。[②]

（三）分析与思考

1. 规划全面而前瞻。建立了以铜仁市中心城区为中心的大中小城市群体系，把整个铜仁城镇全部纳入规划内容，具有长远战略眼光和城乡

---

① 参见《铜仁市国民经济和社会发展第十二个五年规划纲要》，贵州省人大常委会铜仁地区工作委员会2011年第一次工委会议通过。

② 《铜仁市城市总体规划（2013—2030）》，2014年8月铜仁市城市规划局提供文本。

统筹意义。

2. 城市规划体现了地方特色，从基础设施、生态环境、山水特征、文化社会、资源与经济等全方位思考，充分展示了铜仁市的个性和优势。根据铜仁这些个性和优势，加上铜仁市现有总人口427万的规模，其定位为到2030年把铜仁市的“中心城区建成100万人以上的山水园林旅游城市”是可行的。

3. 铜仁市城市发展，还可以进一步加大开放经济的力度，要在城市经济发展方面进一步开发建立起更多的可持续发展的支柱性产业和企业，提升城市经济实力，从而推进城市大发展。同时，大力争取国家投入支持的力度，利用好国家西部大开发和城市发展战略实施的大好机遇发展铜仁，用足够的力量推动《铜仁市城市总体规划（2013—2030）》宏伟目标的实现。

4. 梵净山自然生态保护区和乌江在铜仁城市发展中的重要地位还可以进一步提升，要在交通、环境、人文和文明等方面，创造更加有利于外来投资的基础条件和氛围，要把这“一山一江”（梵净山、乌江）作为铜仁市城市发展甚至整个区域经济社会发展的重要引擎之一。进一步优化城市发展与当地经济社会发展的良性运行和协调发展的机制。

第三节 三峡流域城市发展分析

前两节我们对三峡流域94个县级以上城市及其规划情况做了一些代表性、概要性的介绍和一些简要的思考，现在我们进一步从整体上分析该地区有哪些优势和劣势。

一 主要优势分析

1. 自然生态优势

前面，我们在介绍三峡流域地理特征时指出，“大山”和“大水”是三峡流域的两个基本特征，也是这一地区自然生态的重要优势。在我们界定的三峡流域内除了荆州和荆门两个地级市外，其余11个地市州区（包括神农架林区）均属于山区（其实就是荆门市也有相当一部分山区），所以山区总面积有20余万平方千米（不含荆州荆门总面积2.65万平方千米)，其中山林覆盖率在60%以上，其间有原始森林神农架（国家保护区)、梵净山（国家生态保护区)、星斗山（国家生态保护区)、张家界(国家森林公园、世界自然遗产名录)、佛宝山（国家森林公园)、鱼木寨(国家级生态保护区）等许多自然名山而成为名胜景观，还有许多奇特珍稀地容地貌的神奇自然画面。这些山给当地城市建设发展增添了特殊的营养和依赖的资源。城市偎依着大山，名山环抱着城市；城市的现代气息与绿色森林的自然氧气相融合，城市的灿烂辉煌与大山映现的蓝天相交映。一座座大小不等的绿色环保城市悄然崛起又大步向着人类最期待的城市迈进。身临其间，让人享受不尽，流连忘返。

三峡流域的水之丰富不言而喻：除了三峡水（长江水)、乌江水、清江水和沅江水外，还有上千条大小河流穿流在三峡流域的山林田野之间，或者环绕城市，或者融入喧闹的城市中……它们养育着市民，哺育着万物。四条大江滔滔不绝纵横全域，无数溪泉河流潺潺不息与山歌、民歌、情歌、改革歌共悠长！因为四江水和众多河流溪泉的丰盛给流域乃至全中国带来了光明之源和能量之源；也因为四江峡之巍巍雄壮、波澜壮阔，让无数伟人和文人大师们留下了不朽的壮丽诗篇。如唐代诗人白居易、李白、杜甫等都在三峡留下著名诗篇；还有毛泽东的著名诗篇《水调歌头·游泳》，又如沈从文对沅江的描写等。水是生命之源，水是生命之根，充足的水源把三峡流域装点得更加灵气。

由于三峡流域地理的特殊性，其气候也特别适合人类生存。这里雨水充足，海拔适中，四季分明，氧气丰盛、空气新鲜。因而，这一带的野生动植物种类繁多，生长质量好，特产资源丰富，特别是茶叶茶质闻名全国乃至境外。绿色食品是人们的常用食品，有益于人们健康。

由于三峡流域山、水、气的丰富和优质，使得这里成为最适应人类居住和生存的地方，这是三峡流域城市发展的最重要的自然空间生态基础。所以，各地城市规划中，大都把建设“……旅游城市”“……山水园林城市”，作为城市发展的重要目标之一。如张家界市就是一个以自然生态风景为主要旅游产业的旅游市。

2. 文化优势

文化是一个城市的灵魂，丰富的特色文化资源是提高城市特质的基本要素。前面我们介绍了三峡流域社会的文化特征，主要有四大类文化：

一类是民族文化，三峡流域包括了武陵民族地区全部，有2个自治州和15个自治县，有土家族、苗族、侗族、白族等40余个少数民族，丰富的民族文化艺术的挖掘和现代传承既是三峡流域城市的责任，也是城市发展的重要资源；二是地方历史文化，如三峡文化、荆楚文化、巴楚文化、古城文化；三类是水文化；四是名人文化等。这四类文化的深入挖掘和开发将为三峡流域城市插上了腾飞的翅膀，同时也将成为该地区城市社会的特色标志。

3. 交通快速发展已逐步形成该地区的基础性优势

三峡流域过去属于交通不发达地区，除了长江航道和湖南境内有条穿过湘西的铁路以及部分等级不高的国道（如201、209、318等）、省道公路外，只有极少数地方有小型机场。近20年内国家西部大开发战略和扶贫攻坚战略的实施，加大了投入支持力度，地委、政府和人民也以更加开放的心态投入建设，使整个三峡流域交通得到了根本性的改变。若干条高速和铁路从北京、上海、广州、武汉等中心城市直达三峡流域某地或穿过三峡流域到重庆、成都等，不少城市已有机场，到现在从整体上看，三峡流域铁公机航等海陆空的交通网络已基本形成，封闭的山门已经向全世界敞开。地市州区一级城市基本都能通过铁路或高速公路到达，大部分县级城市可以通过国道或者省道公路到达，大部分乡镇通县道或乡镇公路，正在努力实现村村通公路的目标。三峡流域已今非昔比，开放的大门已将三峡流域展示给全国乃至全世界，同时三峡流域的人民也以满腔的热情迎接八方客人来流域作客、旅游、投资、开发，甚至融入其中成为主人。纵向比较，三峡流域的交通大改善已在一定程度上成为进一步发展的基础性优势。

4. 能源优势

众所周知，仅三峡水电工程和葛洲坝水电工程就使三峡地区有“世界水电之都”“中国动力心脏”之称。三峡工程总装机容量2 250万千瓦，年发电量988亿千瓦时（2014年），是世界上最大的电站，它是中国西电东送工程中线的巨型电源点，非常靠近华东、华南等电力负荷中心，所发的电力主要售予华中电网的湖北省、河南省、湖南省、江西省、重庆市，华东电网的上海市、江苏省、浙江省、安徽省，以及广东省的南方电网，用于照明和工业电能；葛洲坝水电工程总装机容量271.5万千瓦，年均发电量140亿千瓦时，主送上海等地工业和照明用电。还有乌江、清江、沅江上的水电工程和其他河流的大小型水电，三峡流域成为全国甚至全世界水电能源最丰富的地方，为国家建设做出了重要贡献。除了水电能源外，还有丰富的煤炭能源和风电能源。能源资源特别是水电能源已成为三峡流域城市和整个社会发展的重要优势，而且其主要是清洁能源，有利于空气和环境的优化提质，从而有利于人类健康。三峡流域及其城市将有可能成为一座座明亮、清洁、文明、富裕、和谐的明星城市。

二　相对薄弱的方面

从三峡流域城市建设和发展现状来看，还存在一些相对薄弱的方面：

（一）思想观念需要进一步转变

思想观念是支配发展行动的灵魂，因此思想观念也是决定当地城市发展的重要因素。三峡流域由于长时期处于交通不便，信息闭塞，当山门迅速打开之时，又处于社会转型加速期，人们思想还没有完全跟上时代的步伐，思想认识水平普遍有待转变和提高，特别对三峡流域城市发展的内涵和外延的认识、战略定位、发展方式、支撑动力等方面需要进一步深化，综合改革的力度还需加强。在如何主动抢抓国家各类区域发展战略机遇上需要进一步的创新思路和开拓精神。

（二）发展相对滞后

三峡流域城市经济发展整体上还是相对滞后，特别是自我发展能力不强。所以，城市基础和条件比较薄弱，支撑动力不足。目前来看，无论是从GDP总量，还是人均GDP，都与中东部地区有不小的差距，与沿海和发达地区差距就更大。国家扶贫的武陵山片区的71个县市区中绝大部分县市区都在三峡流域范围，国家级贫困县还有一定数量，这些是影响当地城市发展的核心要素。

（三）城市基础设施薄弱

三峡流域目前的90余大中小城市大多都是传统的小旧城区通过扩建、拓展、延伸等方式扩充的，改造任务重而且难度大，扩张建设受到多方影响，加上资金短缺，致使城市基础设施显得比较脆弱，常常是拆了建，建了改，改了拆……恶性循环；最后仍不成系统。比如，现在旅游业发展很快，但因为城市基础设施跟不上而影响其效益和健康发展。另外，虽然前面我们把三峡流域近些年交通大改善作为三峡流域城市发展的优势之一，但是，横向比较这里的交通设施还远不适应现实的需求。特别是由于各地分布在四个省市，所以地市州城和各县市区城的直接交通网络没有形成，相互交流和外来投资者都仍感不便，影响投资吸引力和投资效益。

（四）产业发展是瓶颈

三峡流域虽然有着丰富的动植物资源和矿产资源，但是，三峡流域城市在开发和利用方面还很薄弱，充分利用当地资源发展特色产业并有相当规模的大型企业较少，这直接导致当地城市经济收入不足，缺乏足够的城市建设的经济支持。因此，加快三峡流域城市产业，特别加强绿色产业发展，既是促进城市经济实力提升的重要途径，又是城市带动农村发展的必然选择。

（五）城市投入不足

以上四个方面的不足都直接影响三峡流域城市建设发展。笔者认为，除此之外，还有一个最直接的因素就是这个区域城市建设有待国家的关注和投入。由于三峡流域中各城市均相对较远离省会中心城市，更较远离国家和省城市群（圈）战略，又分散在四省市的边区，所以，客观上直接享受国家和省城市建设直接投资支持的力度有限。投入不足必然影响三峡流域城市发展的速度和水平。在国家城市发展战略加速的当下，如果仅靠三峡流域当地经济实力支撑，必然继续滞后于长江经济带中其他城市的发展，甚至差距会不断加大；如果等到当地经济发展到足以支撑城市发展程度，再来加速这个区域的城市建设步伐，必将贻误时机，耽误三峡流域城市发展。所以，笔者极力呼吁国家把三峡流域城市发展确定为长江经济带上大中小城市群发展战略予以大力的特殊支持，加快城市发展，从而进一步快速推动整个三峡流域的经济社会全面发展。

第四节　三峡流域城市社会建设思考

关于社会建设的相关理论笔者已在本书第一章作了简要的介绍，本节主要是针对三峡流域城市社会这个具体对象的现状，在进行社会建设的进程中需要及时解决的问题进行阐述。

一　转变观念

三峡流域城市建设已进入快速发展的大好时期，机遇与挑战并存。在这样一个关键时期，需要干部和群众进一步坚持“解放思想、实事求是”的思想路线，从大局和长远去思考三峡流域城市社会的建设和发展问题。笔者认为，要从两个层面多个方面转变思想观念：

一是干部层面要转变思想观念。中国现阶段的城市建设仍然主要是政府主导推进，因此，领导和干部在城市建设中发挥关键性作用。这又分为两大群体：首先是上层领导干部（指省级以上领导干部），这层领导干部对这个区域的城市建设要有区域整体概念和大战略思想，从国家和省的层面思考这一区域的城市社会发展问题，要在体制机制和战略规划层面上加大指导、协调和投入力度。如：是否可以大胆改革从管理体制上把这一区域统一起来集中设计、投入和发展，把这一区域建设成全国最美、全世界具有独特地位的生态旅游省级区域，等等重大问题；二是在当地工作领导干部（含上派和当地提升的领导干部），这部分干部是这个区域城市建设的具体决策者和推进者，所以，既要有开放的现代性思想和大胆改革的精神，还要实事求是因地制宜，保护和利用好这个区域的自然生态优势，而不能为了城市的现代化而忽略甚至损害宝贵的生态环境，城市建设既要充分享受现代成果又要真正留住“乡愁”，使其成为城市的标志。同时，城市建设要以人为本，要把人们的生存生活质量的提升需求放在城市建设发展过程之中去落实，还要和城市社会治理统筹思考，要把城市社会治理贯穿到城市建设发展的各个环节，使其有机结合形成城市社会和谐发展的良性运行体系和机制；当然还有领导干部的政绩观转变，干部的政绩和升迁考核指标体系及方式都要相继改革。

二是当地群众的思想观念转变，这个问题相对复杂一些，但是却非常重要。要加强正面的思想教育、文明教育、生态保护教育、社会素质教育，要在全社会形成一个讲文明、讲和谐、讲素质的良好社会风尚，使居民和社会理解支持城市的建设和发展，并成为好居民好公民。

二　建立良好的运行和发展机制

笔者认为，三峡流域城市社会的运行机制和发展体制有两条路可走，首先最有效的是在三峡流域成立三峡省直属中央领导，在这样的建制下统筹建设有五大好处，一是有利于资源整合和统筹协调，二是有利于与长江经济带及其城市战略有机衔接，三是有利于三峡库区的地质灾害集中防治和生态保护，四是有利于对三峡安全的集中保护，五是有利于中央集中直接的投入和扶持。其次是在现有体制不变的情况下，由中央相关部委牵头，组织实行三峡流域发展战略，协调相关省市区做好三峡流域发展规划，特别是城市建设战略规划，分项目投资建设，使三峡流域及其城市发展在国家统一战略下健康快速发展。与此同时，发挥科研院所及其专家和领导干部的合力作用，成立非政府半学术性社会协作团体，共同研究三峡流域社会发展问题，为决策提供切实有效的咨询和参谋作用。

三　城市规划修编

由三峡流域各城市的规划看，都是根据各地城市建设发展时期逐步开始进行城市规划工作的，所以，小部分城市的规划工作起步较早，但是由于整个国家城市建设还没有发展到一定阶段，人们对城市建设的认识，特别是对城市规划重要性认识还有一定差距，所以，对城市发展在区域发展中的重要性认识不足，对城市建设内涵认识以及城乡统筹发展认识有限，其规划与现在全国加快城镇化建设的大好趋势的要求不相适应，有些地方的城市规划明显滞后于现实发展的速度和规模；另有一部分城市的规划工作起步较晚，甚至就是近两年的事，这部分城市（特别是县一级部分城市）由于缺乏城市建设的经验和资金投入，束缚了领导的眼光和视野，所以其制定的城市规划有的气魄和胆略不够、措施和后劲不力、缺乏现代城市与本土特色的有机结合，多用程式化格式形式的规划的不足；而有的城市规划在纸上显得很高大，但与当地城市的发展要求有距离，且缺乏得力的措施和途径使之能够支撑其真正的发展目标的实现。还有一个重要问题是，三峡流域内现在的所有规划，主要是根据所属省市的要求围绕省市的设计制定规划，基本上较少考虑三峡流域整体情况和与这个流域之间的发展关系以及其应该发挥的职能。所以，这不利于长江经济带和城市群发展大战略的实施和落实，最后必将成为长江经济带战略发展的瓶颈。

所以，笔者认为，要在一定的统筹协调机制下，提出三峡流域城市发展战略并上升为国家城市战略，与武汉城市圈、成渝城市群等一起同时考虑，在整体规划下全面修编三峡流域各类城市的城市总体规划，形成一个新的、完整的三峡流域城市发展总体规划体系，通过 10 年或 20 年，把三峡流域三级城市建成西南地区的生态式明珠城市群。

四　发展战略

笔者认为，三峡流域社会发展与三峡流域城市社会发展直接相关，三峡流域城市发展有赖于国家的关注和支持。从国家的长江经济带战略与三峡流域地理位置和国家能源安全持续等重大社会问题的角度，国家应该把三峡流域城市纳入城市群建设战略，称作三峡流域城市群，或者简称“三峡城市群”。成立三峡城市群发展规划研究和编制组，尽早形成正式规划文本报国家审批实施。当然，如果三峡流域建制成“三峡省”，那就可以通过另一种方式争取国家支持。无论哪种方式的机制，都必须从战略上考虑以下几点，而不能就城市而城市规划：

1. 三峡工程在三峡流域城市群中地位的特殊性。三峡工程作为世界上最大的水电工程而备受国际社会关注，同时它又是三峡流域社会的地理枢纽和国家能源基地，所以城市群规划必须从整体上考虑工程的地位。

2. 三峡库区的生态保护与环境安全关系到整个长江流域的安全和发展，所以要在城市规划中予以高度重视。

3. 三峡流域城市的定位要准确，不能照搬别的城市规划，而应有自己的特色和基本定位。笔者认为，只建 500 万人以下的大城市（200 万—500 万人口的城市 1—2 个，建成三峡流域的中心城市），不宜建 500 万人以上的特大城市；建一批 50 万—100 万人口规模的中等城市，成为区域中心城市，尽可能多建 10 万—50 万人口小城市（镇）。

4. 强化山水生态城市群概念，控制开山填水，保护自然生态与历史文化，把三峡流域的大中小城市全部建成山水生态园林城市（荆州荆门可以在国家规定内进行），成为中国最宜居的城市群之一。

5. 产业发展问题。三峡流域城市产业发展，要特别提升绿色产业规模和质量，打造旅游产业品牌，发展特色文化产业；提升引进产业的质量和效益。要从整体上构建三峡流域经济社会发展的可持续的产业结构体系，形成三峡流域特色的产业文化精神，大力推进该地区 GDP 总量的大提高和质量的大提升，真正建成全面小康社会，进而大力促进三峡流域的城市建设和发展。

第五章

三峡流域城市社会治理概况

本章试图根据我们课题组到三峡流域相关市州区、县市区进行城市社会治理调研的情况及其分析，从整体上综合性地概括出三峡流域城市社会治理创新的几种现行的模式或方式。并选择代表性的三类城市的运行模式或者方式进行个案概述和分析。

第一节　三峡流域城市社会治理的三种类型

自 2014 年 7 月至 2015 年 4 月，笔者和课题组主要成员一行先后到湖北的宜昌市、荆州市、恩施州，重庆的黔江区、涪陵区，湖南的怀化市、湘西州、张家界市和贵州省的铜仁市等 9 个市州区，以及湖北的利川市、恩施市、西陵区、远安县、秭归县、兴山县等 6 个县市区实地调研城市社会治理情况。我们在当地党委和政府的大力支持下，通过召开相关部门领导调研现场座谈会、走访相关部门以及与相关负责人和工作人员进行访谈式交流、到实地社区现场考察等环节，亲耳听到、亲眼看到、亲身体验到了这些地方社会治理创新探索的历程和成效，并得到了 2 000 余万字的第一手纸质资料和调研录音整理资料，为我们的研究奠定了良好的基础。从实地调研到研读分析资料，笔者认为三峡流域城市社会治理的整体情况大致可以分为三类：

一　系统性创新：探索现代城市社会治理创新模式

所谓系统，不同专家因为研究的领域不同，而给出不同的解释。贝塔朗菲认为是“相互作用的诸要素的综合体”；而钱学森认为系统是由相互作用和相互依赖的若干组成部分结合成的具有特定功能的有机整体；还有 R. 吉布松、B. H. 萨多夫斯基、N. B. 布拉乌别耳格等都有各自的阐述。但是，这诸多叙述中我们也要把握其本质的东西，即共同努力说明的问题有三点：一是系统必须有多个（不少于 2 个）要素组成（在数学中也称作“元素”或者“子集”），要素是组成系统的基本单位，是系统的基础和载体；二是要素与要素之间存在一定的有机联系，且系统的内外形成一定的结构和秩序；三是任何系统都有特定的功能。于是归纳起来，系统就是“由相互联系、相互作用的若干要素（子系统）有机地结合成特定结构，从而具有不同于各要素独立具有的新功能的整体。”[①] 系统不同于组织，而组织属于系统概念范畴，组织只对应于人的群体，即是人的群体组成的系统，而系统不只是人的群体系统，还包括更加广泛的“物”和“事”的系统，如自然的、生态的、环境的、政治的、法律的、制度的、文化的和社会的等等。

城市社会本身是一个复杂的系统，这个系统内部是通过统治集团为达到有序统治而根据城市自然地理、文化文明特点、集团理想目标特意构建的组织系统、价值系统、运行系统等若干子系统和要素组成的有机结构，以促成城市社会这个复杂系统的良性运行与协调高效。城市社会系统与其他社会系统的显著区别是人口集中、权力集中，在这个系统里人与社会互构的过程中因为各方面因素会不断地导致摩擦、分歧，进而成为社会矛盾。系统的良性运行就是要通过系统结构的优化使得这些诸多矛盾通过结构的自运转不断地“化解”和“摈弃”人与社会互构中产生的矛盾，并且这种矛盾的“产生”和“化解”或“摈弃”成为结构自身的功能。所以，针对城市社会这个复杂系统的统治，或者管理，或者治理都必须系统地思考构建其“统治”，或“管理”或“治理”的结构体系，其必须与复杂系统对象相匹配相适应。

我们所说的城市社会治理的系统性创新，就是指在明确的城市社会治理目标前提下，经过分析和厘清现代城市社会治理的诸要素（包括人、事、物等）及其相互关系和相互作用，从整体上构建城市社会治理创新的体系和运行机制。当然，怎么认识，如何厘清，怎样构建，却是一个

① 杨博文等：《社会系统工程概论》，北京：石油工业出版社 2008 年版，第 26—27 页。

复杂而深刻的问题。因为城市的基础、城市的结构、城市的人文环境以及领导集团对城市的认识水平和兴趣程度，当然还包括干部和市民的素质等的差异，可能在设计某城市社会治理目标时有所不同，思考的视角不一样，创新的程度不一样，建构的系统也就不一样，进而可能取得的效果也不一样。并且，一个城市的治理经验和体系（或模式），在另一个城市未必完全适用。正所谓："仁者见仁、智者见智！"

从我们实地调研过的三峡流域相关城市看，各地都在思考和探索城市社会治理的创新方式和创新途径。特别是湖北省宜昌市在探索城市社会治理的系统性创新方面做出了突出的成绩，取得了良好的实效。可以说，它既是三峡流域城市社会治理系统性创新的典型代表，也对全国城市社会治理创新有重要的借鉴作用。他们从人本理念出发，围绕把宜昌建设成"宜居、宜业、宜旅、宜学"的现代化大城市目标，经过近 6 年的实践探索，形成了宜昌市城市社会治理创新的"一本三化"模式，并取得了良好的效果和重要的影响。[①] 对此，笔者将在下一节专门作内涵的介绍。

二　综合治理体制下的城市社区治理

综合治理是我国社会治理发展变迁的第二阶段的社会管理和第三阶段的社会治理之间的一个过渡性体制环节。改革开放加快了中国现代社会转型的速度，而快速的社会转型给现代城市社会结构带来了巨大变化，并且由于现有的城市社会管理无法适应新的巨大变化的需求，从而城市社会矛盾加剧，有的甚至已经直接危及社会稳定大局，危及社会经济可持续发展。这当然不仅仅是国内原因，也有国际大环境原因。所以，国家适时地提出了社会管理综合治理，而国家的综合治理体系的主体是各级政法战线，并在各级的政法委中成立社会管理综合治理委员会办公室和维稳办公室。很明显，这是国家希望发挥法律的威严和权威来维持社会稳定，确保经济社会持续发展。实践也证明这种体制和方式在一定程度上发挥了重要作用。然而，随着形势的发展和城市社会结构的进一步

---

① 谭志松、王俊等：《现代城市社会治理创新"一本三化"模式研究——来自宜昌的中国经验》，北京：中国社会科学出版社 2015 年版，第 49 页。

深刻变化，这种体制只能在一个时期发挥治标性的作用，缺乏治本的后劲。因此，国家提出要强化社会管理创新，并在全国试点。于是，全国开始了探讨新的社会管理模式的实践。

在这样的情况下，三峡流域大多数城市都在综合治理框架下探讨如何解决现有城市社会的矛盾问题，这一时期出现了网格管理、社区管理等方式的探索经验，认识到现有问题的解决应该加强城市社区的建设和管理，才能把社会管理落到实处。党的十八届三中全会《关于全面深化改革若干重大问题的决定》提出加强社会治理创新，各地积极响应中央号召，进一步加大社会治理创新工作力度，特别是进一步明确社会治理创新的内涵和重要意义，综合几年来各地城市社会治理创新实践情况看，“城市社会综合治理 + 城市社区治理 = 城市社会治理”模式，在三峡流域城市社会治理中具有一定的普遍性。当然，各地在进行过程中，社区治理的内容和过程以及开展的程度是有区别的，在这方面重庆市黔江区的实践探索具有一定的代表性，它们形成了“一体化大综治”的社会治理模式，并强调社区事务“6 + 1”的工作方法，有自己的特色和创新。本章第三节将作专门的介绍。

三　城乡综合统筹治理：县市城市社会治理探索

三峡流域城市社会治理还有一类以域内中心城市为核心和统筹中心（或者叫指挥中心、控制中心、处理中心等），把域内中心城区与乡镇的社会治理统筹起来建立一种城乡统筹的社会治理体系，这主要是县市一级的城市社会治理所采取的方式或者模式。

三峡流域城乡综合统筹治理方式有以下几个特点：

1. 县市域内的中心城区——县、市的中心城区的规模整体来看都比较小，大多数在 10 万人以下，5 万人左右（除地市州区首府所在县市中心城区外），只有少部分达 10 万人以上 30 万人以内的；而且，县市城区一般由 2 个左右城关镇或街道办管理。

2. 县市所管辖乡镇的集镇规模差异较大，有的乡镇的集镇规模较大，如：巴东县的野三关镇全镇 7 万余人（常住人口近 10 万人），其集镇常住人口就有 4 万余人（已升副县级镇），比部分县中心城区规模大；鹤峰县的走马镇近 6 万人（常住人口近 8 万人），其集镇常住人口 3 万余人

（已升副县级镇）；利川市的汪营镇、白杨坝镇的集镇常住人口都在2万人以上；还有一大批的集镇人口在1万人左右的乡镇；等等。

3. 由于改革开放以来人口流动加快，农村集镇人口发展较快，外来企业和地方产业大都是私营和民营企业，且逐步加快发展，农村劳动力就地转移到集镇务工的人数逐步增加。乡镇集镇社会结构发生了巨变，集镇新矛盾不断出现，有的甚至演绎成群体事件，导致在县市域内乡镇集镇社会稳定和安全出现问题。所以，乡镇集镇社会治理也是县市域城市社会治理的重要内容。

4. 因为以上各特点，三峡流域县市域城市社会治理大都采取城乡统筹，以县市首府城区为中心，设立不同层级的治理格局，主要有两类表述形式四级城镇治理框架：第一种类是中心城区，即县市首府城区；副中心城区，即指集镇规模较大、基础较好，一般是副县级乡镇的集镇（但重庆市的所有县都是副地级，所以它们的所有乡镇都是副县级，这一点重庆有其特殊性）；重点乡镇的集镇（视集镇规模和地理位置而定）；一般乡镇集镇等四级。第二类是直接用等级划分，即第一级城镇指中心城区（县市首府城区），第二级城镇相当于第一类的副中心城区，第三级城镇相当于重点乡镇集镇，第四级城镇指一般乡镇集镇。两类表述的本质含义是相同的，核心是从县城到乡镇集镇全面统筹考虑，探索所辖县市域城镇社会治理创新和特色。这方面湖北省利川市作出了卓有成效的探索，本章第四节将作专门讨论和介绍。

第二节　宜昌市"一本三化"模式浅析

宜昌市城市社会治理创新形成了自己的模式和体系，我们称其为"一本三化"模式，并在笔者和王俊等编著的《现代城市社会治理创新"一本三化"模式研究——来自宜昌的中国经验》一书中作了较为全面的阐释①。所以，在这里我们仅阐述三个方面内容：基本框架、基本特征、社区自治等。

---

① 谭志松、王俊等：《现代城市社会治理创新"一本三化"模式研究——来自宜昌的中国经验》，北京：中国社会科学出版社2015年版，第49—242页。

一　“一本三化”模式的基本框架及其浅析

所谓“一本三化”，即是“以人为本、网格化管理、信息化支撑、全程化服务”的简称。而这四句话概括了“模式”的总框架，蕴含着深刻的内涵。“以人为本”是模式的理念，它反映了现代社会人们的基本需求特征和中国社会转型时期对社会管理的必然要求，是中华民族优秀传统文明的精髓，也是马克思主义发展理论的核心，更是坚持科学发展的基础。这种人本理念表达了宜昌市党委政府进行社会治理的基本立场、基本定位和基本出发点，强化了市民观点和群众观点，一切管理和社会治理都要把市民的利益、群众的利益放在首位，这样也只有这样才能赢得群众的理解和支持；同时，这也是我们党一贯坚持的一切工作的出发点，因此“一本三化”治理模式的“以人为本”的理念定位准确。“全程化服务”表达的是社会治理的目标，要求全面贯穿“管理就是服务”和“以服务实现管理”的思想，把社会治理建立在服务社会、服务市民的目标上，用社会稳定和谐和人们满意的程度来检验治理的水平和成效。所以，这个治理目标与“以人为本”的治理理念相呼应，并蕴含着实现这个目标就必须改革传统的管理模式，创新出新的治理方式和治理机制，真正实现多元民主管理，市民自觉自治，人与社会和谐互构。“网格化管理与信息化支撑”，表达的是“一本三化”模式的治理方式、治理途径和治理手段，城市社会的网格管理已是一个比较成熟的城区区域划分与信息结合的管理方式，在各地操作中各有其特点，宜昌市“一本三化”模式在其中做出了创新，其间不是单纯的网格提供信息，更主要是利用信息化手段，对网格信息作出综合性分析处理，特别是所有信息数据集中一个平台，而又各部门之间共享，并在全市实行电子政务大系统，形成了与社会治理“一本三化”相融合的现代城市电子政务“大统一”模式①，使整个城市社会治理高效、便捷、准确地实现目标，既提高了治理效果，又提升了干部队伍素质，还实现了治理制度的公平性。

---

① 王俊等：《现代城市政务信息化“大统一”模式研究——宜昌市电子政务实践与实效》，北京：中国社会科学出版社2015年版，第26页。

“一本三化”模式的具体操作结构要素是四个：一是网格和社区的社会空间构建，这个顶层构建的网格和社区空间，使人和户的位属归口（网格），以及社会基本空间单元（社区）成形，它是该模式治理的基础空间格局。[①] 二是人口的两大“周期”基本信息的建立，所谓“两大周期”，即常住人口的生命周期（指常住人从出生到生命终结的全部过程的主要接点信息存留）和流动人口的居住周期（指流动人口从住进城市的社区到离开城市的全过程变动接点信息留存），它明确了服务的基本环节和事项，并掌握了城市人口的动态状况。[②] 三是两大信息平台的支撑，所谓“两大信息平台”，即综合信息平台和部门间信息联动平台[③]，其间，综合信息平台是全市的信息中心，是信息的基础，它主要依托于市电子政务信息专网平台，经过信息数据大统一处理实现其功能[④]；部门间信息联动平台主要是政府部门之间的信息整合相互支持和融合，以实现治理数据的动态采集和动态处理。[⑤] 四是组织运行与政策保障。宜昌市为了实施“一本三化”社会治理模式，成立了社会服务治理创新综合试点工作领导小组，市委书记任组长，市长任第一副组长，市委副书记、市委常委、市人大政府政协的相关领导任副组长，市直各部门一把手任成员。领导小组下设办公室，由市委副书记兼任办公室主任，市政法委主要领导、相关副市长、市委市政府分管副秘书长任副主任，并从各部门抽调精干人员集中在办公室上班专门从事社会治理工作。市辖区成立相应的领导小组及其办公室，社会治理组织运行的最基层是社区组织建设与治理方式。在这个治理组织体系下培养和建设相应的治理和工作队伍，同时还必须制定相关的政策和制度，以保障模式的顺利进行。

---

① 谭志松、王俊等：《现代城市社会治理创新“一本三化”模式研究——来自宜昌的中国经验》，北京：中国社会科学出版社 2015 年版，第 68—99 页。

② 同上书，第 160—162 页。

③ 同上书，第 169—172 页。

④ 同上书，第 26—338 页。

⑤ 同上书，第 170—172 页。

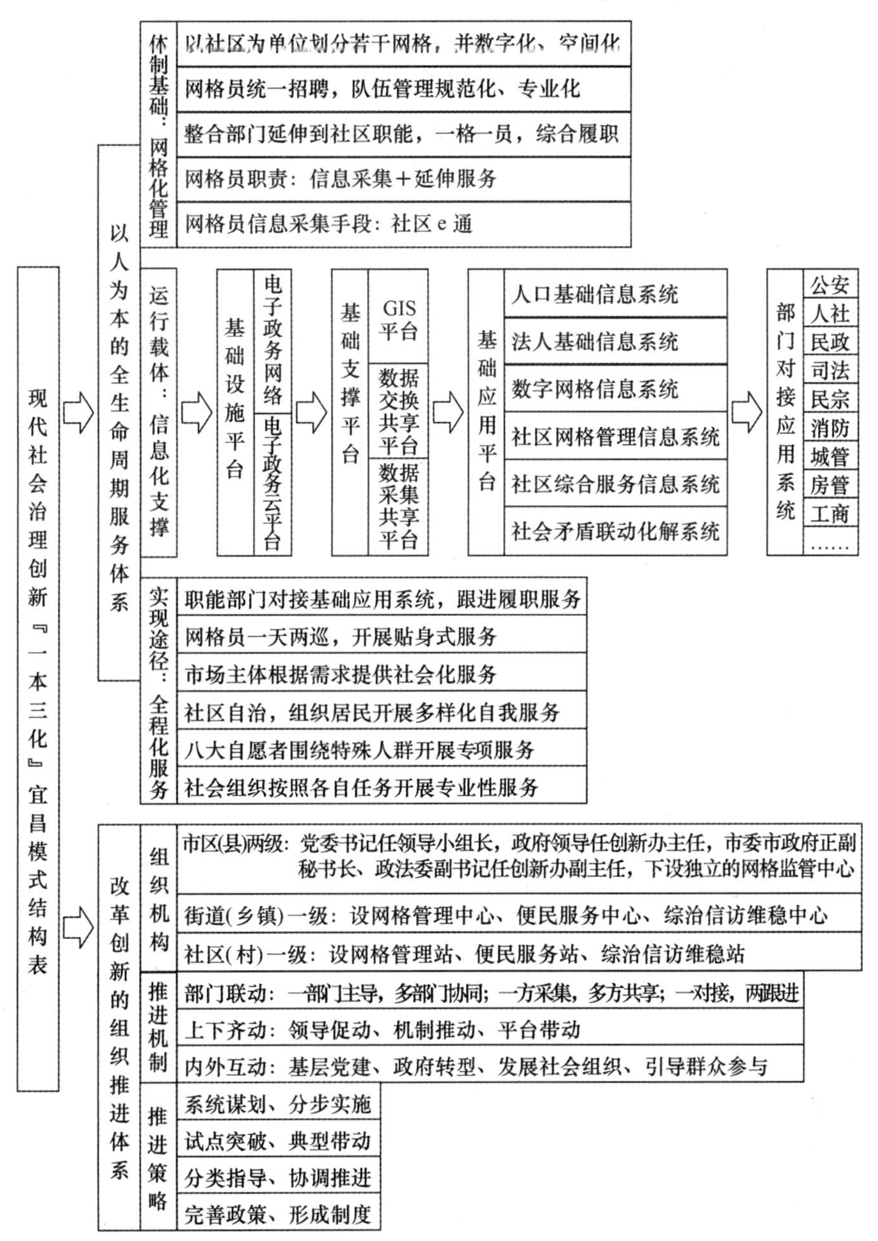

宜昌市“一本三化”模式结构图①

---

① 谭志松、王俊等：《现代城市社会治理创新“一本三化”模式研究——来自宜昌的中国经验》，北京：中国社会科学出版社2015年版，第57页。

二　“一本三化”模式的基本特征阐释

从上面的基本框架及其分析，以及实践中实施的过程来看，笔者认为，“一本三化”治理模式有以下基本特征：

一是系统性。“一本三化”模式是一个完整的城市社会治理体系，从治理理念定位、治理空间的建构、人与社会的互构关系到现代化技术手段和组织政策保障等比较全面和系统。这种系统性具有目标可行、结构清晰、运行通畅、效果明显等特点，可以说这个社会治理系统是对原有系统结构的变革和进化。这种进化使得系统结构要素之间的相互协调和共同作用就会增加系统的内生动力（总和大于部分之和）。[①] 于是，这种系统的动力内生性和结构的相互连贯性使得各服务部门（各行政职能部门）之间的内部动力和运行机制更加充满活力和和谐；同时，这种新结构体系也给社会治理体制改革带来了新思路和新前景。

二是创新性。“一本三化”模式的创新性是非常突出的，具体有以下几点：其一，“一本三化”模式完全是从新时期城市社会治理和宜昌市实际超越传统的“社会管理综合治理”框架体系而建构的全新的治理系统，并且这个系统把原有的综合治理优势部分全部融入到了这个模式中，使得前后体系相容相合，平稳过渡，相得益彰；其二，这个模式的理念和目标“以人为本”“全程化服务”符合现代社会和人们对国家和政府的期盼和愿望，比原有的“维稳”目标更高远和更能赢得人们的支持，更加体现了社会治理价值观念的转变；其三，这个模式的政务信息化“大统一”模式使得治理的公平和效率效果得到大提升；其四，有良好的多元民主管理和监督的直接作用；其五，模式推动了社区治理的自觉自治进程，效果更加显著，创新了基层社会治理组织架构。

三是长效性。“一本三化”模式通过“网格化管理”和信息化处理，使得政府在社会治理和服务过程中做到心中有数、有底，基本根治了盲目性现象和突发事件、预警和处理滞后的现象，基本解决了以往部门之间职责不清、相互推诿和信息分割不通畅、数据不统一等问题，政府把传统的社会管理方式转变为服务性治理模式，这对政府职

---

① 杨博文等：《社会系统工程概论》，北京：石油工业出版社 2008 年版，第 228—233 页。

能和作风的转变具有长效性，推进了服务型政府建设进程。在发挥社会组织作用、全面落实便民服务和和谐建设方面都充分体现了其长效性。①

四是实用性。“一本三化”模式是宜昌市党政干部和市民共同经过近6年的实践探索提炼出来的，实践的效果证明，它具有较好的价值。在这近6年里，宜昌市捧回了城市社会建设发展的几乎所有国家级荣誉：全国文明城市（湖北第一家获此殊荣的城市）、全国卫生城市、全国园林城市、全国环保模范城市、全国社会治安综合治理优秀地市、全国平安城市“长安杯”等。所有这些成就没有社会治理及其成就作保障和直接支撑是不可能取得的。由此可见，这个模式不仅适用于宜昌，而且对三峡流域城市乃至全国城市社会治理都有借鉴参考作用。正因为此，中国著名社会学家、中国人民大学一级教授郑杭生先生生前称其为“来自宜昌的中国经验”。②

三　“一本三化”模式的社区治理

城市社区治理是城市社会治理的最基层最实际最见效的基本环节。事实上，城市社会空间就是若干个社区空间组成的共同体。所以，做好了社区社会治理工作，也就做好了城市社会治理的最基础的工作。从另一角度表述就是，没有很好的社区治理成效和基础，城市社会治理就是空中楼阁，不可能取得实质成效。“一本三化”模式的社区治理是融为模式之中的最基层治理单位，是落实模式理念和目标的最基本的体现。这里，笔者试图对“一本三化”模式的社区治理作简要阐述。

1. 社区治理的要素

社区是城市社会空间系统的子空间系统，这个子系统首先必须与大系统——“城市空间系统”相融合，因此，必须做好社区空间的划分或者建构。宜昌市社区是将居委会转化为社区，即原有的居委会管

---

① 谭志松、王俊等：《现代城市社会治理创新“一本三化”模式研究——来自宜昌的中国经验》，北京：中国社会科学出版社2015年版，第66—67页。

② 同上书“前言”。

辖的范围即为一个社区（当然在转换的过程中也做了部分调整），这是第一个要素；第二个要素是网格的划分，并把网格职能和社区的管理功能有机结合起来，在街道办和社区分别设立网格管理中心和网格管理站、综合信息维稳中心和维稳站、社区便民服务中心和便民服务站，把人、房、物、事和组织纳入网格管理，整合各类信息资源入网格聚集，进而入市社会治理综合信息平台处理和共享；第三个要素是建立运行机制，实行政社分开、权责明确、依法自治的现代社会组织体系，形成了源头治理、动态管理、应急处置相结合的社会治理机制；第四个要素是队伍建设和政策保障，社区治理队伍中需要社区管理干部、社会工作者和网格员等三类人员，并且三类人员的待遇、性质、前景等都必须有相应的政策保障；第五个要素是社区自治组织、自治机制与党组织的政治保障机制等的形成与构建；第六个要素是法治保障，建立法治保障体系是社会治理持续健康发展的基本保证，也是社区规范运行的重要保证。以上六个要素是宜昌市“一本三化”中构成社区治理的基本要素。

2. 社区自治与政府主导

社区治理的目标是把一个没有形成单位概念的陌生人的社会群体区域，治理成安全、稳定、和谐、温暖、幸福、进步的社区，这就要改变过去单位式管理方式，充分调动社区市民的积极性、主动性和创造性，使每一个群体成员都融入这个社区的治理中成为主人，达到高度自觉自治；这就要处理好几个方面的关系问题：一是社区自治组织的产生和运作方式，宜昌市社区党组织班子和社区居委会班子的成员主要采取党员群众推荐、上级组织推荐和选举代表大会选举三个环节，但强调了候选人的产生程序的民主性和党组织核准、指导和批复的过程程序的严密性和公开性。① 这些都在党组织和政府的指导和主导下进行，形成的两委班子也是在街办的指导下独立开展工作，各社区居委会根据社区实际情况成立了系列社会服务组织，开展社区安全、信息、文化、救助、志愿等

---

① 见《省委办公厅省政府办公厅关于认真做好2012年全省社区党组织和社区居委会换届选举的通知》，鄂办发［2012］42号。见宜昌《西陵街道石桥溪社区党组织、纪委组织换届选举办法》（2012年）和《石桥溪社区“两委”初步候选人推荐会会议议程》（2012年）。

服务性活动，逐步实现了政府指导下的社区自治。

3. 社区治理与城市公共服务条件建设

在社区自治机制运行中，必须坚持城市公共服务设施和条件由政府主导统一协调、规划和投资，构建成方便各社区市民的公共服务体系，以保证城市的整体结构合理和运行良性；社区内部的服务体系通过社区居委会、业主委员会、物业企业和市民协商形成决议后实行。

四　需要进一步探索的问题

宜昌市“一本三化”模式具有系统创新性，并取得了良好的成效。但是，也还存在一些需要进一步探讨和解决的问题。从笔者的实际调研、分析和视野看，主要还有四个方面问题：

1. 模式的进一步完善问题。模式运行中事实上还存在不完全协调的问题，这一方面是城市各层级部分干部和部分市民对社会治理创新以及“一本三化”模式的意义和作用认识不完全一致，所以，其实施和推动工作主要是靠市领导以及指令性下达任务考评业绩来进行的，因而，执行者们的主动性创造性发挥有限，这既不利于运行的效果，也不利于模式的进一步完善；另一方面，模式本身的确还需在实践中总结经验不断地创新和完善。

2. 政府社会管理的体制改革还需跟进。宜昌市“一本三化”模式运行到今天仍然是由市委政府成立的“宜昌市社会管理创新领导小组办公室”这样一个，无编制、无“户口”的非常设机构执行具体协调运行工作。虽然办公地点相对独立（实际上也借住地点），但实际上总是一种“不定的感觉”，没有根本上解决社会治理体制问题，这必然会影响社会治理“一本三化”模式的进一步深化和优化。

3. 社会治理创新法治化问题。宜昌市社会治理创新还必须进一步加强法治化进程，要使社会治理创新成为宜昌市建设和谐社会、幸福宜昌的重要保障机制体制之一，要保证“一本三化”模式在法治化保障前提下持续健康地向前发展，不断优化完善成为一种更加成熟的社会治理创新模式。确保不能因为主要领导的更替或领导的兴趣而随意改变或终止“模式”的探索和完善。

4. 城市社会工作队伍建设问题。“一本三化”模式的运行质量离不开社会管理和社会工作队伍。政府还应有更加切实的措施，加强队伍建设的政策、规划、措施等方面的工作，建设一支有一定专业水平、责任感强、热心社会工作的干部和工作人员队伍。这当然必须考虑到队伍人员的归属和发展问题。

5. 社区自治、多元民主管理的机制和组织有待进一步落实。

第三节　黔江区"'大综治''6+1'一体化"模式

重庆市成为中央直辖市后，为适应新的发展需求，在中央的支持下，重庆市整个区域格局作了重大调整。黔江区也随之几经调整形成了现在的区域布局，为增加人们对黔江区的了解，我们先介绍一下黔江区的基本情况。

一　黔江区基本概况

重庆市黔江区地处武陵山区腹地、渝东南中心地带，东临湖北省的咸丰县，西界彭水县，南连酉阳县，北接湖北利川市，是渝、鄂、湘、黔四省市的接合部，素有"渝鄂咽喉"之称，是重庆市主要的少数民族聚居地之一，地理坐标在东经108°28′—108°56′，北纬29°04′—29°52′。东西宽45千米，南北长90千米，国土面积2 402平方千米，辖城东街道办、城南街道办、城西街道办、舟白街道办、正阳街道办、冯家街道办、小南海镇、邻鄂镇、阿蓬江镇、石会镇、黑溪镇、黄溪镇、黎水镇、金溪镇、马喇镇、濯水镇、石家镇、鹅池镇、中塘乡、蓬东乡、沙坝乡、白石乡、杉岭乡、太极乡、水田乡、白土乡、金洞乡、五里乡、水市乡、新华乡等30个街道和乡镇，有218个村（社区），总人口约54万人，其中以土家族、苗族为主的少数民族26个，人口占73%。区域内最高海拔为1 938.5米，最低海拔320米。全区多年年均气温15.4℃，极端最高气温39.5℃，极端最低气温－5.8℃。黔江交通便捷、信息灵通，国道319线和黔咸公路在此交汇，渝怀铁路横穿境内。

黔江境区属于四川盆地的盆周山地区域，地质构造复杂，属新华夏构造体系，北东方向展布褶皱断裂明显。主要构造有阳洞背斜、濯河坝背斜、筲箕滩背斜、八面山背斜和郁山背斜；由于地形地貌受地质拼叠影响，山脉走向多与构造线方向一致，为北东—西南走向。从东至西，灰千梁子、五福岭、麒麟盖、八面山、山塘盖和贾角山等山脉近于平行，形成岭谷相间地貌。境内大部分地区以低中山为主，山地面积约占土地总面积的85%，丘陵面积约占10%，其中5%的面积为河谷平坝与山间盆地。

黔江是一片神奇美丽的土地，这里大自然造就了武陵山的奇峰延绵、怪石林立、奇峰异彩，危岩深峡、溶洞密布；有深山明珠——小南海地震湖，湖水清澈如镜、湖周秀峰环立、内外八景格外诱人；神秘的官渡峡等景色更是美不胜收；仰头山层峦叠嶂，林海浩瀚，林中色彩斑斓，幽深迷人；万涛烈士故居等更值一观。

黔江是多民族聚居的地方，建筑、服饰、风格及文化习俗独具特色，民族风情淳朴浓郁，民族文化丰富。土家摆手舞、山歌、铜铃舞；苗族民歌、芦笙、木鼓舞闻名遐迩，特别是一年一度的黔江土家摆手节呼唤海内外朋友相聚黔城，同乐同舞。“赶年”“赶秋”“三月三”“四月八”“六月六”仍继古风遗韵。

黔江历史悠久，商周时为巴国地，秦代属巴郡，汉代初为涪陵县地，东汉时设为县。建安六年（201年），益州牧刘璋接受涪陵县令谢本建议，析涪陵县置涪陵、永宁、丹兴、汉葭四县。丹兴县治设于今联合镇（古称楠木坪）。

清光绪《黔江县志》记载：“黔江，邑邻五溪，界古黔州及施州，为川楚僻路，天下有事，易扰难靖。”这里与彭水、酉阳、秀山等地联片，史称“蛮夷之地”。公元280年，晋实行州郡县三级制，涪陵郡下设涪陵、汉葭、汉夏、汉平等四县，丹兴废，其地入涪陵、汉夏二县。北周保定四年（564年），涪陵少数民族首领田思鹤“以地内附”，归顺中原王朝，因而在彭水置奉州（建德三年改名黔州），四县为其属地。隋开皇五年（585年）置石城县，兼置庸州，隋大业三年（607年）废庸州，石城县隶属巴东郡。《隋志》：“巴东郡统县十四，北极巫山、秭归，南至石城、务川最。石城县广矣。”唐武德元年（618年）石城县改属黔州，唐贞观四年（630年）迁今联合镇。天宝元年（742年）改名黔江，属黔安郡（黔州）。

宋元之际（960—1368年），清咸丰《黔江县志》：“黔江自宋、元以来，半没于夷，为龚、胡、秦、向四土豪所据。龚据水寨，秦据册山，胡据峡口，向据后坝。”县境周边为唐崖、忠路、大旺、石柱、酉阳等土司包围，对县境不断扩张蚕食。至元二十二年（1285年），明玉珍据川，称帝10年，黔江县为其属地。黔江地处川东鄂西交界处，周围土司长期争战不休，民族矛盾和地区矛盾尖锐复杂。因此，明王朝视这里为“地处蛮疆，犬牙交错”的军事要地，数次陈重兵于黔；洪武五年（1372年）蓝玉征黔，省黔江入彭水县；洪武十年（1377年），蓝玉再次征黔，驻官兵1 216名，置黔江守御千户所。洪武十四年（1382年），复置黔江县，所、县并立，文武兼治。黔江守御千户所隶四川都司所属的重庆卫。

清初，黔江县属重庆府。康熙元年（1662年），改黔江守御千户所为黔彭营，镇守黔江、彭水等县，兼辖酉阳、石耶、平茶、邑梅五土司；雍正四年（1726年），改黔江县为黔江万；雍正十二年（1734年），含彭水县升为黔彭直隶万。雍正十三年（1735年）酉阳土司“改土归流”后，置酉阳直隶州，废黔彭直隶万，复置黔江县，属酉阳直隶州。

民国元年（1912年）废府、州、厅，黔江直属省。在四川“防区制”时期，黔江属刘湘防区。1935年川政统一后，黔江属四川省第八行政督察区，即酉阳专区。抗日战争中武汉失守后，第六战区长官司令部部分机关迁驻黔江正阳乡大路坪；1946年，川黔湘鄂边区绥清公署（辖五十六军）设于黔江县城，以控制恩施、酉阳、铜仁、永顺、涪陵、芷江等6个专区及其县。

1949年11月12日，中国人民解放军解放黔江，11月25日，成立黔江县人民政府，隶属川东行政专区；1950年1月23日，置酉阳专区，领酉阳、秀山、黔江3县；1952年9月，酉阳专区并入涪陵专区，黔江随之属涪陵专区。1983年11月，经国务院批准，撤销黔江县，建立黔江土家族苗族自治县。次年11月13日举行自治县成立大会，宣布自治县成立。1988年5月18日经国务院批准（从原涪陵地区10县中将酉秀黔彭石五个自治县划出单设）成立四川省黔江地区，同年11月挂牌办公，辖石柱土家族自治县、彭水苗族土家族自治县、黔江土家苗族自治县、酉阳土家苗族自治县、秀山土家苗族自治县。

1997年纳入重庆直辖市管理，同年3月17日经国务院批准，撤销“原四川省黔江地区”，成立“重庆市黔江开发区”；2000年6月经国务院批准撤销原重庆市黔江开发区、黔江土家苗族自治县，设立“重庆市黔江区”，隶属重庆直辖市管理，也是重庆市唯一的一个少数民族区。①

二　黔江城市社会情况

黔江“十一五”末，全区GDP突破100亿元，年均增幅15.9%，人均GDP达到22 800元，固定资产投资累计完成额突破300亿元，增长2倍；地方财政收入达到15.2亿元，增长5倍。中心城市框架初步形成，“一城四组团”中心城市路网骨架拉开，职教孵化区、火车站和机场片区、组团接合部等新城形象显现，城市人口18万人和建成区面积18平方千米，城镇化率提高到39%。城市品质显著提升，建成公共图书馆、游泳馆等一批公共项目，森林覆盖率达到45.5%，成功创建市级文明城区和卫生城区。大通道建设提升区位价值，渝怀铁路、渝湘高速公路全线贯通，舟白机场通航，黔恩高速公路开工建设，区域综合交通枢纽正在形成②，展现出了良好的发展基础和前景。

黔江区制定的《重庆市黔江区城市总体规划（2013—2020）》规划了黔江城市发展的蓝图。提出2020年全区总人口规模达69.8万人，城镇人口48.68万人，城镇化率达69.7%。中心城区人口达45万，建设用地面积49.45平方千米。全区GDP达到600亿元，把黔江中心城区建成武陵山区经济发达、功能完备、城乡协调、民族和睦、生态宜居的区域性中心城市。对全区城镇化建设提出了“一心、一轴、两区、多点”的城乡空间结构，并构建“中心城区—中心镇——般镇—中心村”的城乡等级结构，以及其公共服务一体化规划。③

三　“‘大综治’‘6+1’一体化”模式概要

2013年，黔江区捧回了全国社会治安综合治理工作最高奖——中央

---

① 参见《黔江区简介》，黔江区政府网，参阅时间2015-09-06。

② 《重庆市黔江区国民经济和社会发展第十二个五年规划纲要》，黔江区第二届人民代表大会第六次会议通过，2011年4月6日。

③ 《重庆市黔江区城市总体规划（2013—2020）》，2014年7月，黔江区城市规划局提供文本。

综治委授予的“长安杯”，与万州区共同首开重庆市荣膺“长安杯”之先河。[①] 这一成就的取得，证明黔江在实践探索中形成的“一体化大综治”社会管理综合治理模式在保障黔江人民安居乐业方面发挥了重要作用，已成为该地区社会治理总体工作的核心，同时，他们还辅之以“6+1”的社区治理工作方法，形成了黔江区城市社会治理“‘一体化大综治’并‘6+1’工作法”社会治理模式，我们将其简称为“‘大综治’‘6+1’一体化”模式。下面我们作简要的介绍。

1. “一体化大综治”模式总框架分析

黔江区“一体化大综治”模式的核心是社会治安综合治理，重点进行了三个方面的创新：一是管理体制创新，全区30个街道办、镇乡设立政法委，由区委任命专职政法委书记，在218个村（居），增设“综治专干”一职，纳入村（居）“两委”换届选举，由综治专干统筹“多位一体”力量。同时，街道办、镇乡形成以政法委书记和综治专干为统领，以联席会、政法委会议为纽带的“力量大整合、资源大统筹、矛盾大调解、平安大联创”的“一体化”大综治格局。

二是调处机制创新，区成立“信访联动中心”和“群众诉求服务中心”，设置涉法诉求与政策咨询类、国土城建城管类、农业农村类、人力社保与社会救济类等4个接待窗口，实行固定排班，轮流坐班，窗口服务，联合接访，集中调处各类矛盾纠纷。镇乡建立有“矛盾纠纷排查调处中心”，村（居）有“矛盾排查调处工作平台”，整合基层力量，畅通民意诉求渠道，把调解服务的网络进一步延伸，把各类矛盾纠纷化解在最前沿。

三是群防群治的机制创新，在村（居）建立“1+X”大院联防机制。构筑立体式治安防控网络，形成横向到边、纵向到底的治安防控网络。(这个重点是在农村执行)[②]

与三项创新同时，加强市民的法制教育和城市文明教育，着力推进

---

① 彭光灿、李安南、赵伟平：《黔江“长安”背后的力量——构建“一体化”大综治格局代表重庆首度问鼎“长安杯”》，《重庆日报》2013年7月19日。

② 杨元忠：《黔江：“一体化大综治”模式成社会助推器》，新华网重庆频道，2011年11月3日，14：43：27

“八个一法治工程”、法治文化建设和依法治理工作，以提高市民的依法治社、自觉守法的素质。[①] 着力推进文明城区建设，打造“外三优”（优美环境、优良秩序和优质服务）和“内三质”（城市的优秀精神品质、城市的先进文化特质和市民的精神文明素质）式的现代文明城市。[②]

2. “6+1”社区工作法

黔江区的社会管理综合治理的“大综治”格局是由区委政法委牵头的以安全维稳为主要工作内容开展的工作，而该区的社区治理却由民政系统主持组织。该区的城市社区治理的社区就是各居委会，把强化居委会（社区）事务民主管理，推进基层民主政治建设作为做好基层政权建设工作的重要途径，全面推行议事决策程序化、财务支出规范化、工作监管经常化的居委事务民主管理“6+1”工作法，取得了一定成效。

所谓“6+1”工作法，即指居委事务按照民主提议、两委联议、党员参议、上级审议、市民决议、承诺践议等6个步骤决策，实行居委财务按照发生额度大小分档一支笔统一审签。[③] 经过动员部署、宣传造势提识、精心建章立制、选点实地实施和强力推广应用，确实取得了良好效果。主要表现在四个方面：（1）基层党组织领导能力和水平得到进一步提高，决策向民主化、规范化转变；（2）基层民主政治建设得到进一步发展，调动了广大群众参政议政的积极性，群众的民主意识和民主意识能力得到明显增强；（3）党群干群关系得到进一步密切，有效预防了基层干部滥用职权和损害群众利益行为发生；（4）共谋发展的合力得到进一步增进，社区市民的团结和谐，与政府干部的相互理解和支持得到较好的加强，基层各方力量聚集形成良好的社区新风尚。[④]

3. 述评：黔江区的社会治理探索实践取得了较好的成绩，而且，这种在综合治理框架下做社会治理特别是社区治理这种格局是三峡流域城市社会治理的主要方式（各地可能有不同的内涵建构或程度之差异）。但

① 黔江司法局梁副局长：《“城市社会治理”调研座谈会发言材料》，2014-07-15。

② 黔江区委宣传部副部长、文明办主任向昌友：《三峡大学专家到黔江调研座谈会上的发言》，2014-07-15。

③ 区民政局，《村（居）事务民主管理“6+1”工作方法主要概况及成效》，《重庆市黔江区“工作创新奖”申报材料》，重庆市黔江区民政局，2012年11月。

④ 同上。

笔者认为：

（1）黔江综合治理“一体化大综合”模式从社会治安和维稳等角度看是一个有效的模式，但从城市社会治理的角度看，还需跳出单纯的“维稳”“平安”的目标，构建社会和谐、人民民主自治的现代城市社会治理目标下的治理体系，只有这样才能从根本上解决城市社会治理的体制机制问题，实现十八届三中全会提出的“创新社会治理体制”，建设中国特色社会主义和谐社会目标，从而也就自然地根本性地解决综治的“维稳”和“平安”问题；

（2）“6+1”社区事务工作法发挥了稳固基层政权的作用，但作为现代社会治理的社区工作，还需调整社区事务治理工作的出发点和落脚点，要特别注意现代城市社会社区人群的陌生性、非单位性等特点，建立现代城市社区治理观念，既要充分发挥党组织的堡垒和方向作用，又要充分调动社区市民的积极性和主动性，用新的机制建立起现代社会社区治理体系，达到社区自治基础上的体现现代社会进步和需求的治理模式；

（3）纵观黔江整个社会治理过程，我们觉得有必要从系统性方面进一步推进，从黔江区城市总体规划建设的目标出发，构建现代城市社会治理的完整的体系和各方相融的模式，使得“一体化大综治”和“6+1”工作方法成为其特色和亮点之一；这需要全局思考和顶层设计，还需要精细的工作过程和严密的推进程序，也需要借鉴先进的城市社会治理经验和改革成果。

第四节　利川市城乡统筹治理探索

利川市是一个县级市，隶属湖北省恩施土家族苗族自治州。近些年在社会治理创新致力于城乡统筹治理的探索方面取得了较好成绩。本节把利川市作为县市一级社会治理体制的个案代表进行介绍。为加深对利川市的了解，我们先简要地介绍一下该市的基本情况。

一　利川市基本情况

（一）综合情况

利川市位于鄂西南隅，毗邻重庆黔江、彭水、石柱、万州、云阳、奉节，总面积 4 612 平方千米。地处巫山流脉和武陵山北上余支交会部，为清江、郁江发源地。境内万山重叠，沟壑纵横，道路崎岖，关隘四塞，历来为楚蜀屏障、军事重地。东距省会武汉市高速公路 526 千米、铁路 568 千米；距恩施土家族苗族自治州首府恩施市高速公路 70 千米，铁路 67 千米。地跨东经 108°21′—109°18′，北纬 29°42′—30°39′，是恩施土家族苗族自治州面积最大，区位和自然条件独特的一个县级市。

利川历史悠久，上古为廪君地，周属巴国，秦属黔中郡，汉属南郡，北朝北周置盐水县（清江古称盐水），唐、宋并盐水县入清江县，元、明、清建土司政权，清雍正十三年（1735 年）“改土归流”设利川县，新中国成立后仍为利川县建制，1986 年经国务院批准撤县建市——利川市（县级市）隶属于湖北恩施土家族苗族自治州。

市境属云贵高原东北的延伸部分，地处巫山流脉与武陵山北上余脉的交汇部，山地、峡谷、丘陵、山间盆地及河谷平川相互交错。钟灵山—甘溪山—佛宝山呈东西走向，横亘于市域中部；北部为利川的盆地，清江自西向东横贯利川盆地，平川大坝与山地丘陵镶嵌两岸，土地肥沃，物产丰富，为有利之川，故名“利川”。四周有齐岳山、寒池山、石板岭、马鬃岭、麻山、钟灵山、甘溪山、佛宝山环抱。市中心城区位于盆地偏东部位，海拔 1 079.5 米，地理位置高于周边各县市。南部山高坡陡，沟谷幽深，地形复杂。齐岳山为境内最大山，如城墙逶迤西北，成为鄂渝边区重要的地理分界线；寒池山为境内最高山，如擎天巨柱耸峙东北角，海拔 2 041.5 米。东南星斗山—人头山—雷音山与西南挂子山—大木峰—九条岭如双龙抢宝，环绕东南、西南边境。西南部郁江出境处河涌为境内最低点，海拔 315 米。海拔 800 米以下的低山面积占 7%；海拔 800 米至 1 200 米的高山占 41%；海拔 1 200 米以上的高山面积占 52%。

发源于境内的清江、郁江、毛坝河、梅子水、磨刀溪等河流，顺着地质构造和山势走向奔流出境，呈典型的放射状水系。主要水系有：由西向东流入长江的清江水系；由东南、西南流入乌江的郁江、毛坝河的乌江水系；西部流入石柱河、西北和东北流入长江的建南河、磨刀溪及梅子水的长江水系。最大河为清江，清江发源于齐岳山脚下一清澈甘甜的洞泉，流经利川的汪营、凉雾等镇，穿过市中心城区（都亭镇）入腾龙洞沉入地下变成长达16.8千米长的地下“阴河”，而后再复出地面。

利川市属亚热带大陆性季风气候。因山峦起伏，沟壑幽深，海拔高度不同，气候差异明显，为典型的山地气候。夏无酷暑，云多雾大，日照较少，雨量充沛，空气潮湿。海拔800米以下的低山带，四季分明，冬暖夏热，年平均气温16.7℃，年降水量1 300至1 600毫米；海拔800米至1 200米的高山地带，年平均气温12.3℃，年降水量1 200毫米至1 400毫米；海拔1 200米以上的高山地带，年平均气温11.1℃，年降水量1 378毫米。①

境内生物、矿产、水能、风能资源丰富。现有维管植物191科、557属、1 037种，其中有国家一级保护树种3种，二级保护树种12种，三级保护树种13种。境内盛产坝漆、黄连、莼菜，也是地球上的珍稀孑遗树种水杉树的发祥地，因此利川被誉为坝漆之乡、黄连之乡、莼菜之乡、水杉之乡。有野生动物100余种，主要粮食作物10余种，家畜家禽10余种。矿产资源门类齐全，已初步探明有43种，111处矿点，天然气、卤水、煤炭、生物礁、石膏、石灰石蕴藏量较大。水能资源理论蕴藏量31.3万千瓦，可开发量17.13万千瓦，现已开发的总装机容量6.5695万千瓦。风能资源蕴藏量80万千瓦，可开发量50万千瓦。境内煤、卤水、铜、铁、硫黄、生物礁、天然气、石膏等矿产遍布山峦沟壑，是利川天然的宝藏；水杉、秃杉、珙桐、黄杉是世界珍稀物种，构成利川奇异的风景线；烟叶、茶叶、黄连、坝漆、莼菜、银杏、人参、天麻、魔芋、山药、首乌、杜仲遍布高山峡谷，是利川人民用汗水浇灌的枚枚硕果；利川盛产水稻、玉米、马铃薯，粒饱质优，含硒、锌丰富，因而被誉为“银利川”。

利川有丰富的历史文化，保存有大量古遗址和名胜古迹。境内有古遗址13处、古墓葬11处、崖墓14处、古建筑13处、古石刻6处、革命遗址及革命纪念地6处，均列为市级文物保护单位。其中大水井古建筑群落为国家重点文物保护单位，鱼木寨为“国家级重点文物保护单位”；太平塘摩崖题刻、团堡石龙寺、南坪如膏书院、忠路三元堂、凉雾花梨岭天主教堂为省级文物保护单位；建南古代巴人崖葬遗址、谋道谌家牌

① 参见《利川市情概况》，利川人民政府网，2012－12－13。

坊、南坪如膏书院、团堡石龙寺等6处为州级文物保护单位。

境内旅游资源丰富，自然景观奇特秀丽，丰富多彩。位于城东北6千米处的腾龙洞，是中国已知的最大的岩溶洞穴，被中外专家认定为世界特级溶洞之一。自1985年开发建设以来，已接待大批中外游客。位于团堡乡境内的玉龙洞风景区和凉雾乡境内的水莲洞公园，经当地政府开发建设，初具规模。位于谋道集镇东南的水杉古树，是地球上已知的最大、最古老的一棵水杉母树，树龄达500余年，人称“水杉王”“活化石”“天下第一杉”。位于毛坝乡东南部的星斗山，以其植被区系庞杂、起源古老、植物种类丰富著称于世，人称“华中天然植物园”，成为恩施州第一个、湖北省第三个国家级自然保护区，曾接待中外植物学家前往观光、考察。新建齐岳山跑马场、甘溪山森林公园和佛宝山生态综合开发区。2008年5月，腾龙洞风景区被评为国家4A级旅游景区；2009年，龙船水乡景区、朝阳洞景区被评为国家3A级旅游景区。2011年，佛宝山大峡谷漂流景区被评为国家4A级旅游景区。①

（二）城市建设与规划概要

利川市行政辖区范围，总面积为4 607平方千米，总人口89万。全市城镇化建设规划目标是2015年总人口为93万人，城镇化水平为37%；2020年总人口为95万人，城镇化水平为47%。

整个市域城市空间布局规划是确定“一心、两极、三轴”的市域城镇空间布局形态。

“一心”指由都亭、东城和凉雾三个街道办所组成的中心城区；“两极”指汪营镇区和白杨镇区。它们是联系中心城区的节点城镇，具有较强的辐射影响力。汪营镇处于中心城区以西，具有良好的资源基础和工业基础，承担带动市域西部城镇整体发展的责任，规划成为市域产业经济增长极；柏杨作为国家重点文物保护单位——大水井景区的服务基地，具有打造利川市旅游品牌的重要作用，规划为市域旅游增长极；“三轴”指沿市域主要交通干线形成的呈“H”形的市域城镇发展轴，包括一条横向城镇重点发展轴和两条纵向城镇次要发展轴，分别为：沿沪蓉西高速公路的市域城镇重点发展轴，沿利宣、利奉等省道呈南北向的市域城镇

① 参见《利川市情概况》，利川人民政府网，2012－12－13。

次要发展轴，沿彭利公路、318 国道西北段呈南北向的市域城镇次要发展轴。

到 2020 年市域建成四级城市结构：1 个一级城市，即中心城区（都亭、城东和凉雾），人口 25 万；2 个二级城镇，即汪营镇和白杨镇，人口 3 万—5 万；4 个三级城镇，即谋道、团堡、中路、毛坝，人口 1 万—2 万；5 个四级城镇，即元堡、文斗、南坪、沙溪、建南，人口 0.5 万—1 万。[①] 现在市中心城区由都亭、东城两个街道办事处构成，2010 年人口 15 万，城区用地面积 13 平方千米[②]；2015 年人口 20 万，用地 19 平方千米；到 2020 年中心城区总人口 25 万，包括都亭、东城及凉雾街道办事处（原凉雾乡）建设用地的范围，总面积为 22.5 平方千米。

城市发展的目标定位是：打造成为中国的“西部凉都”“会议之都”和华中地区的后花园、宜居的山水旅游城市。市域城镇化发展方式为：2011—2015 年仍采用政府推动的发展方式；2016—2020 年采用政府推动和市场导入两种力量的混合推动的发展方式，并逐步转入市场导入型推动的发展方式。[③]

（三）利川城市发展的分析与思考

本书选择利川市作为县市级城市社会治理创新的代表，原因有三：一是作为县级市它是规模最大之一，并地处三峡流域的武陵山区的土家族苗族自治州，也是三峡流域中发展基础较好的县级市之一，因此，具有一定的代表性；二是 2014 年 7 月，笔者和课题组实地调研和考察了三天，与市委市政府以及相关部门领导进行过座谈和交流，对当地情况相对熟悉一些，第一手资料相对多一些；三是笔者认为利川市作为县级城市社会治理所做的工作具有一定的创新性。研读利川市的两个“规划”（“十二五”和“城市规划”）后，感觉确实与地市州区的本质不同，笔者有以下几点思考：

1. 特别注重城乡统筹，把全市域内的大小城镇作细致的分层规划

---

① 《利川市城市总体规划（2010—2020）》，2014 年 7 月利川市发改局提供文本。

② 《利川市国民经济和社会发展第十二个五年规划纲要》，2014 年 7 月利川市发改局提供文本。

③ 《利川市城市总体规划（2010—2020）》，2014 年 7 月利川市发改局提供文本。

（规划到了5千人的小城镇），同时有突出中心城市建设，规划“有骨有肉”，贴近地方百姓；

2. 特别接地气，因地制宜制定规划，突出地方的地理和资源特征的利用促进城镇发展，实在可信；

3. 由于县级城市发展最大的困难是投入能力不足，所以，利川市专门提出了城市发展方式为：政府推进、政府主导与市场结合推进、市场主导推进的三个步骤，这既符合县级城市发展阶段进步规律，也是城市发展的必然之路；

4. 如果县级城市规划进一步加快中心城区建设和发展，并在规划上进一步提升品位，让中心城区尽早发挥辐射、示范和引领作用，这将更有利于整个市域城镇化发展。

二　利川城市社会治理探索概述

利川市是恩施土家族苗族自治州州际边区县级市，是恩施州内面积最大人口最多的县级市，它位于湖北“西大门”，东连恩施、咸丰，西接万州、黔江，省际边界长350余千米，国土面积4 603平方千米，市人民政府所在中心城区由都亭街道和东城街道构成，是州内第二大城市（恩施州副中心城市之一）。利川市具有“五个一”的响亮名片，即“一首歌”——世界优秀民歌《龙船调》的故乡，“一个洞”——世界容积量最大的溶洞——腾龙洞；“一座寨”——目前世界上保存最完美的土家古寨——鱼木寨；“一棵树”——被称为植物活化石的世界“水杉王”；“一口井”——全国重点文物保护单位古建筑群落“大水井”。它不仅在恩施州自治州具有重要地位，具有民族自治地方特性，也在三峡流域县市级中具有代表性意义。

恩施自治州的城市社会治理的重点是在全州统一的社会治理（综合治理框架下）要求下，县市根据具体情况落实，总体来讲大都是社会管理综合治理城乡统筹方式，加上社区治理构成基本的治理框架，利川市取得了较好的成绩，这里我们选择利川市作为三峡流域内非地市州区中心城区的县市城市社会治理经验代表予以介绍和阐释。

（一）利川市城市社会治理框架概述

根据我们实地调研座谈和研读政府提供的相关材料，利川市社会治理框架，笔者粗略地概括为以创建省级优秀平安县市为目标，用五个“一体化”为抓手，建设平安社区为基础。浅析如下：

1. “省级优秀平安县市”的目标。“平安”是社会管理综合治理的基本要求，也是和谐社会的基本要素，这个目标的内涵是八个方面：公共服务水平有提高、重点人群有监管、社会组织有管理、矛盾化解有创新、工作运行有规范、信息平台有支撑、党建工作有拓展、公共安全有保障。“省级优秀平安县市”的目标还隐含着两个方面的背景内容。一是利川市的社会治理总体上是在综合治理框架下进行的；这也与利川市社会环境背景不无关系。由于利川市地处省际边界山区，山大人多，社会人员结构和流动复杂，曾经发生重大群体事件，社会治安问题比较严重，2010年至2014年上半年全市办理和查出治安类案件12 915起，刑事类案件10 605起，打击处理黑恶势力团伙8个。[①] 这是该市创建“省级优秀平安县市”过程的巨大成就，近几年利川市社会治安得到根本性的改善。这一成绩也反映了目标确定的现实社会背景。二是其目标的阶段性，定位“省级优秀”等次，有发展的更大空间，是一个治标的为实现和谐社区打基础和探索经验的过程目标，是社会治理发展的必然环节。同时也说明利川市社会治理的体系将在探索中逐步成型。

2. 所谓五个“一体化”，指城乡统筹治理构建一体化，城乡视频监控系统一体化，群防群治一体化，矛盾纠纷调解一体化，网格化服务管理一体化。

其一，“城乡统筹治理构建一体化”是一种符合实际也比较科学的思路。在县市级城市社会治理中，因为县市级政府直接面对乡镇，且除中心城区外其他都是乡镇集镇，而县级中心城区的规模一般都还不大且是乡镇直接聚集的地方，县乡（镇）之间有着密切不可分的联系，所以，县市级城市社会治理不能仅局限在中心城区，而应该将城区与乡镇集镇甚至村级集镇（如果还有村级集镇的话）统筹起来构建社会治理体系和模式才能取得全市社会治理实效，从而才能解决县市级城市社会治理问题。利川市在市委市政府的高度重视下，按照“城乡统筹治理构建一体

① 《利川市综治办关于迎接三峡大学“城市社会治理”重大课题调研的汇报材料》，利川市社会管理综合治理委员会办公室，2014年7月13日。

化”思路，围绕“省级优秀平安县级市”目标，开展社会管理综合治理工作，有其科学性和针对性基础。

其二，“城乡视频监控系统一体化”是一种技术手段。经过2008年以来六年持续努力，共安装300多个A类探头，8 000多个B类探头，分布在城区重点部位和乡镇重要接口，其中五个高清卡口、监控显示大屏及指挥平台系统中心，市中心城区设立总控和信息处理中心，一旦获悉重大事件发生，立即由总控中心统一指挥迅速行动。这个“一体化”是城乡统筹治理的必要的基础条件支撑体系，是通过必要的“硬件”结合“软件”达到“追踪”迅速有效的实际效果。①

其三，“群防群治一体化”是在社会治安管理方面的一种措施。社会治安问题发生的类别、地点、时间、性质、程度常常无法预设，所以，防止和治理必须采取“立体”与“扁平”结合的方式，以防为先，治理实效。利川市采取“五个联防”“一保险”的一体化方式，即庭院联防、边区联防、产业联防、警民联防、电话联防等五联防和“治安保险”，在社会治安管理中发挥了积极的作用。②

其四，“矛盾纠纷调解一体化”是一种促进社会和谐的“软化机制”。现代社会转型期有许多社会矛盾需要用化解和调解的方式去解决，让矛盾的双方从思想认识上和心理认同上得到解决，而这种方法解决矛盾的效果往往会有很大的辐射作用，并产生一种凝聚力、亲和力、向心力，更有利于社会的和谐与进步。利川市高度重视社会治理的这个问题，建立了村级、乡镇级和行业性等人民调解委员会600个，其中村级575个，乡镇级23个，行业性的7个，基本形成了矛盾调解的一体化体系，也发挥了重要作用。如我们现场考察调研过的一个边区乡镇——建南镇，将当地德高望重的离退休老领导、当地品行高尚的名人、退休司法干部等经过挑选和自愿报名，组成建南镇人民调解委员会，提供办公条件和基本工作经费，充分调动委员们的积极性和创造性，近些年来解决了大量的社会矛盾纠纷，发挥了政府无法做到的职能，为当地维稳保平安做出

① 《利川市综治办关于迎接三峡大学“城市社会治理”重大课题调研的汇报材料》，利川市社会管理综合治理委员会办公室，2014年7月13日。

② 同上。

了重要贡献。[①]

其五，“网格化服务管理一体化”是社区治理的重要措施。利川市领导介绍，这方面学习了宜昌市社会治理网格化管理经验，也形成了自己特色。其总体框架式是，总目标——维护社会和谐稳定；基本理念——以人为本、服务为先，党委领导、齐抓共管；治理框架——社区网格化、组织民主自治、队伍专职专责、阵地中心（站）、数字信息化处理等。[②]

（二）利川市社区治理架构概述

1. 社区与网格划分。利川市将城区的居委会作为城市社区，而农村以村范围为农村社区，再按照“街巷定界、规模适度、无缝覆盖、动态调整”的原则，将社区划成若干网格，整合综治、公安、民政、人社、计生等部门的基层人、管力量，组建社区网格管理队伍，综合履行信息采集、综合治理、劳动保障、民政服务、计划生育、城市管理等六项职责。利川城区划分为126个网格，确定了188个网格员；15个乡镇564个村划分为2 480个农村网格，配备了2 480个网格信息员。

2. 社区治理组织体系。利川市在街道（乡镇）、社区（集镇村）分别建立网格管理中心（站）、便民服务中心（站）、综治信访维稳中心（站），形成以“三个中心（站）”为依托的基层社会服务治理体系。“三个中心（站）”的主要负责人分别由街道（乡镇）、社区（集镇村）领导兼任；建立三支以社区专职工作者、网格管理员和社区志愿者为主体的社区工作者队伍。

3. 社区民主自治机制。明确基层政府部门和居委会社区工作权责，推行社区公共服务事项准入制度，规范委托、协助职责和程序。实行居民代表大会、“三推一选”和“三制一评”等基层民族自治制度，健全社区党组织、社区居委会、业主委员会和物业服务企业协调机制，负责小区内的保绿、保洁、保安等工作。

4. 强化信息化支撑作用。用推进电子政务和数字化城市建设水平，

---

① 《利川市综治办关于迎接三峡大学“城市社会治理”重大课题调研的汇报材料》，利川市社会管理综合治理委员会办公室，2014年7月13日。

② 参见中共利川市委、市人民政府《关于加强社会建设创新社会管理的若干意见》（利发【2011】7号）和《利川市加强和创新社会管理工作实施方案》（2011年），利川市市委办2014年提供文本。

构建社区综合服务管理信息平台，提升社区治理效果和服务水平。

5. 全面加强社区基层党组织建设。从三个方面强化：一是构建社会治理领域党建网格化管理体系，完善街道（乡镇）、社区（村）党建工作网络，网络区域内市直机关、企事业单位和新经济新社会组织等各类党组织以及完善相关的议事机制、决策机制、共建机制等；二是拓展党组织工作的覆盖面；三是社区党组织的活动方式要创新。

(三) 一个社区治理案例——利川市都亭街道办乳泉社区2014年工作

前面我们看到了利川市在社区社会治理层面形成了比较系统的治理体系，而且，其内容已远远超出维稳和治安两大方面，而且强化了民生工程和社区民主自治工作，社区治理的实际效果更加明显，为了说明这一点，笔者把利川市都亭街道办事处的乳泉社区2014年上半年的工作总结展示给读者，用以支撑说明他们实际工作的内容和成效：

乳泉社区2014半年工作总结

2014年乳泉社区按照“12345”工作思路，广拓服务提升社区品质，突出亮点彰显社区特色，认真开展各项工作。

打造一支队伍

社区以州委提出的“三纪四德”（党纪、政纪、法纪，社会公德、职业道德、家庭美德、个人品德）教育实践活动为载体，与“我的岗位我负责，我的岗位请放心”活动有机结合起来，以“真诚服务，高效便民”为理念，切实提高社区干部的思想认识，以爱岗敬业、埋头苦干、乐于奉献的精神为标准，造就以人为本、服务权重、结构合理、素质优良的高素质社区干部队伍。

深化两个服务

一是服务居民。社区组建了一支“龙船调”义工服务队、开设一个道德讲堂、唱响一首《好人就在身边》歌曲。“龙船调”义工服务队下设“富民、惠民、便民、助民、安民、乐民”义工小分队。社区形成了“有困难找义工，有时间做义工的氛围。”每个社区工作者结对了10户居民，每户走访不少于2次，对弱势群体家庭实行重点关注，想办法找措施主动解决问题。认真开展“邻里守望”活动，社区志愿者唐贵山和80岁的留守老人刘召周是邻居，刘召周的子女在外，志愿者唐贵山随时关心看望刘召周老人的衣食住行，让居民说生活在社区放心、暖心、安心、舒心、悦心。

二是服务社区。以教育实践活动为载体，狠抓社区党建、管理创新、充分就业、计划生育、城市建管、安全防范、城市环保工作，共同搞好公共服务设施建设，为辖区单位提供全面优质的服务，形成文明共创、资源共享、共驻共建、运转协调、事务共管、难题共解、活动共办的工作格局。

抓住三个重点

一是计划生育。充分发挥网格员的作用，认真入户调查，科学采集信息，让网格员达到办事处党委提出的“三活、四清、五必访”的标准，即活户籍、活档案、活地图；对网格家庭情况清、人员类别清、区域设施清、隐患矛盾清；对困难群众必访，孤独老人、留守儿童、妇女必访，残疾人必访，失业人员必访，流动人口必访。做到底数清、情况明。2013年10月1日至2014年5月31日，社区共出生婴儿54人，其中，计划内54人，计划外0人；已落实上环措施1 138人，女扎0人，已办《独生子女父母光荣证》124个，同时组织辖区内育龄妇女先后两次开展“三查三落实”，参与“三查”的妇女人数合计达到918人，并积极做好了跟踪服务与管理。同时，积极做好辖区内流动人口的计划生育工作，清查流动人口25人，签订82份婚育合同。

二是综合治理。社区按照“信息全掌握，服务全方位，矛盾全调处”的总体要求。对辖区矛盾纠纷及时排查，为辖区巷道搞好治安巡逻，清理牛皮癣及环境卫生的整治，引导居民保护好城市公共设施，不乱张贴、乱涂写、乱停车、乱搭建、乱设摊、乱吊挂、乱晾晒，让街巷更加绿化、美化、亮化、硬化，让居民有一个安定、舒心的生活、生产环境。发放反邪教责任书3 000余份。

三是安全防范。充分发挥义务巡逻队、志愿者服务队的作用，认真做好居民的“防火、防盗、防事故”的宣传教育活动，健全安全制度，消除安全隐患。积极配合有关部门加大食品药品的宣传和查处力度，为创建文明社区、平安社区和和谐社区做出了应有的贡献。

突出四个结合

一是党建工作与社会管理创新相结合。社区按照党建工作要求，继续抓好社会管理创新“三三”工作模式，发挥好便民服务站、网络管理站、综治信访维稳站，党员活动室、群众说事室、社区警务室巡防队、志愿者服务队、文娱宣传队的作用，充分动员党员、积极分子、离退休人员、青年志愿者等充实到“三队”中来，不断扩大“三队”的覆盖面和影响力。广泛宣传法律知识，正确处理和积极化解社区各类矛盾，防范群体性事件发生，不断推进文明创建工作。

二是党建工作与切实关注民生相结合。主要搞好以富民、惠民、便民、助民、安民为主要内容的“六民”服务：

“富民”服务就是提供一些信息，帮助解决一些实际困难，不断提高居民收入。

“惠民”服务就是认真落实各级党委政府的各项惠民政策，针对看病，养老、上学等难题，进一步改进服务方法，灵活服务方式，确保每项惠民政策及时落实。办理廉租房 27 户，65 人；租赁补贴 109 户，246 人；新增城市低保 26 户，35 人；低保核查续保 346 户，656 人；调减 18 户，19 人，调增 8 户，9 人；脱保 14 户，23 人。

“便民”服务就是充分利用党员群众服务中心实施“一站式”为民代理服务，为群众提供有关业务办理或代办、政策咨询、代表群众预约上级部门等服务。社区工作者李雪晖主动上门为 80 岁老人吴红杰办理城市低保。

“助民”服务就是组建党员志愿服务队，深入群众，及时了解群众所思、所想、所需，关心留守群众，定期走访帮扶老弱病残群体和困难群众。“哎哟，你们今天又来关心我了，真是太感谢你们了啊”，大学生村官沈婧和网格员牟仁忠一道又去给 84 岁的孤独老人刘世鉴送米送油，一并打扫清洁卫生。

“安民”服务就是创新社会管理，及时化解社会矛盾，着力整治突出治安问题，抓好辖区食品、药品安全，保障人民群众生命财产不受损失。在辖区签订食品安全合同 34 份，危房排查 4 户，从而有效地遏制了“三违”建筑的发生。

“乐民”服务就是深入挖掘本地优秀的民间民俗文化，积极开发具有民族传统和地域特色的民间艺术和民俗表演项目、支持和鼓励社区文艺宣传队，不断丰富社区居民积极向上的精神文化生活。

三是党建工作与社区道德讲堂相结合。以开展党的群众路线教育实践活动为契机，在社区开设了道德讲堂，深入贯彻落实党的十八大对社会主义核心价值提出的“三个倡导”，即：国家倡导富强、民主、文明、和谐；社会倡导自由、平等、公正、法制；公民倡导爱国、敬业、诚实、友善。广泛宣传利川市精神文明建设委员会印制的《利川市民手册》，要求全体公民自觉遵守“爱国守法、明礼诚信、团结友善、勤俭自强、敬业奉献”的道德标准，社区道德中的“文明礼貌、助人为乐、爱护公物、保护环境、遵纪守法”的行为规范，职业道德中的“爱岗敬业、诚实守信、办事公道、服务群众、奉献社会”的敬业精神，家庭美德中的“尊老爱幼、男女平等、夫妻和睦、勤俭持家、邻里团结”的优良传统。

四是党建工作与繁荣社区文化相结合。社区充分利用休闲娱乐活动场所，为居民提供活动阵地；调动各类文艺团体，搞好不同形式的活动；抓住重大节日，让文化进楼道、文明进楼院、和谐进小区的文化活动。为社区居民开展健康向上、喜闻乐见的文化活动，全天候开放社区图书室、娱乐室，为社区居民提供了良好的平台，达到了“相识、相处、相知、相助”，共筑和谐社区。2014 年 5 月 12 日，正值传统端午节和社区文艺宣传队在逸园广场宣传科普知识和纪念传统节日，表演了 25 个丰富多彩的文艺节目。增强了居民的自我表现、自我教育、自我服务意识和社区的凝聚力和向心力，营造浓厚文化氛围。

推进五联并举

一是组织机构联网。有效地实行党委书记负责社区，支部书记负责网格、党小组长负责楼栋、党员负责家庭的四级组织网络体系，狠抓“三知五管”的党员管理模式，即：社区党组织对社区党员做到知思想、知去向、知现状，对所属居民党员实行“直管”，对下岗、未就业大中专毕业生以及复员退伍军人党员实行“接管”，对离退休党员实行“共管”，对流动党员实行“协管”，对共驻共建单位的党员实行“双管”，做到了全覆盖、无缝隙，对社区党员教育管理到位。今年共新发展党员 2 名，培养入党积极分子 9 人。

二是城市建设联管。积极配合辖区部门抓好城市建设和管理，搞好城市规划、环境整治、巷道硬化、“三违”建筑等工作。做好大街小巷、背街背巷的环境卫生、清扫保洁，积极引导社区志愿者服务队、义务巡防队等组织，并通过共产党员、共青团员和入党积极分子的模范行为，带动居民参与，不断壮大社区志愿者队伍。

三是党员干部联帮。启动书记破难点“三个一”项目工程，即：有帮扶能力的党员，一人帮扶一名困难群众办一件实事。辖区有帮带能力的党员，分别联系了1名困难群众，形成了党员帮带机制。坚持帮扶与教育相结合、谋思路与找出路相结合、短期帮扶与长远扶助相结合，帮助困难群众解决实际困难，从联帮中得到更多实惠。

四是矛盾纠纷联调。充分发挥“综治信访维稳站”的作用，建立健全社区人民调解和治保委员会的职能，加强社区矛盾纠纷的调解和化解工作，形成社区民警室、网格管理员和相关单位联合调解的格局，做到“小事不过夜、不出网格，大事不过天，不出社区”。社区人民调解委员会成功调解邻里纠纷1件，成功率达到了100%。同时，会同有关部门做好不同类型的上访人员的化解、调解工作，确保辖区稳定。

五是文明社区联创。按照“民主法制健全、基本社保均衡、公共服务完善、社会安全稳定、生活环境良好、邻里互助友爱”的要求，积极主动与辖区企事业单位联动，居民广泛参与，努力把社区创建成为管理有序、服务完善、环境优美、治安良好、生活便利、人际关系和谐的社会生活共同体。目前，社区正在创建省级“文明社区”，国家级“科普示范社区”。

（乳泉社区党委、乳泉社区居委会2014年6月26日）①

三 社会治理成效

由于多种原因，利川市长期以来社会情况比较复杂。特别是随着社会市场开放、人口流动性加速，城镇社会结构发生较大变化，再加上处于老少边穷的跨省边远山区，所以，利川城镇社会治理难度较大，曾经因为群体事件引起全社会的关注。2012年以来，新一届领导班子高度重视城镇社会管理，进一步加强了城镇社会统筹治理，在全面探索和实践中做出了显著的成绩。现在利川市整个城镇面貌焕然一新，干部和民众的精神面貌也焕然一新，城镇不安定事件明显减少，没有再出现重大群

① 材料是2014年7月14日，我们在该社区实地调研时，社区居委会提供的纸质原文。

体事件，一种稳定和谐的城镇社会风貌正在形成，利川市的城镇社会治理创新探索正在深化和完善，它将强劲地助推利川市健康快速发展。我们期待着利川市在探索县市级城市社会治理创新实践中，创造出更加成熟稳定的城乡综合统筹治理模式。

第五节　三种“社会治理”基本类型的整体分析

前面，笔者通过梳理和分析，概要性地对三峡流域城市社会治理情况作了阐述，尽管概括不一定全面和准确，但是，目前三峡流域城市社会治理的三种基本类型应该具有一定的代表性。现在，笔者还想对三峡流域城市社会治理的三种基本类型（以下简称“三种类型”）作整体上的进一步分析。

一　三种类型的进步性

所谓进步性，是指目前的“三种类型”相对于以往的社会管理和综合治理，有不同程度的进步性发展。就笔者的分析认为，三种类型的进步性体现在以下几个方面：

1. 对城市社会治理认识普遍提高。这种认识提高表现在三个方面：一是基本上都认识到了现代城市的社会结构发生了巨大变化，特别是对人口流动、陌生人群体、特殊人群，就业矛盾、单位制管理的失效性、市场化的竞争性、社会矛盾及其复杂性更加突出、贫富差距拉大等社会现实问题认识比较清楚；二是认识到以往的社会管理和综合治理内容、机制已不适应现代城市社会治理的需要，必须改进；三是认识到现代城市社会治理必须是多元民主管理、自觉自治参与的，而不是仅靠政府和司法的权力去管理或控制。三方面认识的提高奠定了社会治理创新的思想基础。

2. 三种类型都从实际架构上超越了以往社会管理和综合治理的架构，在治理体系上都有不同程度的创新，并在治理理念和治理手段上较以往有很大的进步，特别是在利用网格化、信息化和电子政务等方面，都不同程度地纳入治理体系。社会治理现代化的条件基础得到了改善。

3. 三种类型都高度重视社区治理环节，并在社区建设和社区治理方面普遍得到较好的发展。主要表现是：在社区建设中突出了爱民、便民、惠民、富民、乐民等民生服务工程，把民生放在首位；在社区治理中突出民主推举能人班子，逐步形成多方民主管理、自治自觉治理、协调化解矛盾、和谐共同治理的运行机制。通过建设和谐文明社区促进城市社区治理水平提升。现在社区治理的内容之丰富、方法之综合、效果之明显、自治之程度都取得了显著的进步。

二 发展不平衡性

这里所谓发展不平衡，即指社会治理的进步程度不一样。在笔者看来，这种不平衡性表现在三个方面：

一是内外差距，即三峡流域城市社会治理的总体基础和水平较省级中心城市的总体基础和水平有较大差距，与一些治理先进城市相比还比较落后。

二是内部发展不平衡，即三峡流域城市社会治理三种基本类型实际上从某种程度上也反映了三个不同层次。

宜昌市的城市社会治理创新“一本三化”模式独树一帜，走在了三峡流域城市最前面，并进入全国先进行列。它的进步性表现在其三个特征——系统性、创新性和长效性的内涵里。它是在2010年宜昌市成为全国首批38个社会治理（当时提的是“社会管理”）创新试点之一后，经过近六年的探索实践，逐步形成和成熟的，其效果显著，影响较大，受到中央和湖北省委的充分肯定，并在湖北推广，这个模式在三峡流域城市社会治理中有重要的推广借鉴意义。但“一本三化”并非完美无缺，还有需要改进和完善的地方。如根据“一本三化”模式如何进行管理体制改革、精兵简政的问题，网格员队伍的职业化、体制化、稳定化问题，体系运行的法治化问题，如何使“一本三化”模式更加有利于推广问题；等等。

黔江区的“‘大综治’‘6+1’一体化”治理方式和利川市的“城乡统筹四个‘一体’”治理方式是三峡流域城市普遍治理形式，但各地城市在具体环节上有自己的创新和特色，其程度是有较大差异的。而这两种类型的根本点还是立足在“社会管理的综合治理”层面上，其中心目标是“维稳”和“治安”，所以，方式中用政法的权威和权力实行控制性管理型内容丰富，而根据现代城市社会结构转型特点系统构建社会治理体系和机制以及多元主体治理等方面还有较大差距；有的地方可能还没有着手从整体上思考和探索城市社会治理问题，主要精力是抓城市发展、规模扩张和外形标识，这也是城市基础薄弱的必然选择。在运行机制上也不通畅，基本上是市（州、区、县）委市政府提要求发文件，政法抓“维稳”、民政抓“社区”等等，信息数据不统一、不相通、不整合，所以，这些城市社会治理还有较大创新空间。

三是城市发展存在区域性不平衡，前面我们阐述过，三峡流域及其城市分散在湖北、湖南、重庆、贵州四省市的边区，其城市建设发展不仅不在国家城市发展战略中，也不在各省城市发展的重大战略中，所以，有基础不强、动力不足等问题，使三峡流域城市建设发展滞后，从而也影响城市社会治理水平的提升。

三 三峡流域城市社会治理方面的几个问题

通过考察和分析三峡流域城市社会治理实践，笔者认为有以下几个问题需要关注和解决。

（一）发展与治理问题

三峡流域城市社会在建设和治理方面普遍存在三个问题：

1. 城市发展不够。在三峡流域城市中，除极少数城市外，基本上都刚刚进入大发展时期，基础薄弱，而且经济实力不强、外来引进开发项目也有限，所以城市的发展问题是三峡流域城市政府最为压头的紧迫的大事；发展什么，怎么发展等问题是各地方政府和地方城市政府特别关注的事。从各地的城市总体规划看，规划性的城市空间构建还有待完善和提升，要在城市的本土性与现代性之间架起通畅的桥梁，要让城市人民既享受现代性气息和成果，又保障本土文化特色和留住乡愁的历史传承基因。要因地制宜，依地而建，切不可大开“杀土”、移山填水、劳民伤财毁坏生态，追求快效显效，单纯追求“高大上”的现代形象——“高楼、广场”，而丧失城市传统文明的根基。

2. 城市社会治理的“治理”的真正内涵体现不够，特别是多元主体参与和民主自觉自治与政府主导的协调机制还没很好形成，大多数地方的城市社会治理还在管理和综治的层面上，缺乏系统性创新和改革力度。

从整体上看，还需要花大力气推进现代城市社会治理创新的现代化。

3. 如何将城市发展与城市社会治理统筹考虑，把社会治理融入城市发展的全过程，使之成为有机的整体，发展与治理同步，这是各地城市政府要列入议事日程的大事。

（二）社会工作队伍问题

城市社会治理是社会转型加速期对社会管理的一种改革和进步，要提升社会治理水平，就必须有一支职业性的社会工作队伍，包括社会治理干部、社会工作者、网格管理员等，需要采取各种途径，培养造就一支稳定高效的队伍。目前队伍情况，不容乐观，大多数是不专业也不职业，一兼多职代而为之，网格员缺乏职业归属和职业发展前景，难以稳定，进而无法自觉不断提高其素质，当然也就难以提高工作质量，影响整个社会治理效果。

（三）社会治理的法治保障问题

城市社会治理是一个长久性的社会问题，无论什么时候都必须一代一代地不断探索和不断完善，而不能间断、不能停止，这就要有法治作保障，让逐步探索的精神和经验代代相传、事业前仆后继，不因为城市政府领导，特别是主要领导的变更而终止既有的事业，新的领导和班子必须按照既定的规定履行其职责，不断推向前进，而不是因领导的爱好和兴趣随意改变。目前，这方面在三峡流域城市社会治理中还比较薄弱。

第六章

三峡流域城市社会治理创新体系构建

本章着力讨论三峡流域城市社会治理体系构建问题。我们的立足点是前面讨论过的三峡流域城市社会及其治理基础与城市社会治理现代化要求，试图提出一些对构建三峡流域城市社会治理创新体系有意义的思考。重点从现代性的宏观思维构建和社会运行论的微观实践构建两个方面阐述。

第一节　城市现代化对治理体系构建的要求

所谓现代性是指人类生活、社会结构和组织形式由传统向现代的变迁的过程。郑杭生教授更加生动地阐释为："现代性就是社会不断从传统走向现代，走向更加现代和更新现代的变迁过程，而在走向更加现代和更新现代的变迁过程中又不断产生自己相应的新传统和更新的传统。"并同时指出，现代化只是现代性的表状和具象，现代性则是现代化的深层趋势和持久进程。[①] 当下，中国社会正值社会转型加速期，社会治理也正处在社会管理和社会综合治理向现代社会治理转变时期，社会现代化催促着社会治理现代性进程。在这样一个时期，如何认识城市社会治理创新体系构建，关系到社会治理的发展方向和科学性问题。

---

① 《郑杭生自选集》北京：学习出版社 2013 年版，第 507 页。

一　治理创新体系构建的理性要求

城市是一个区域或国家的现代性表现之一，城市社会现代化是一个地区或国家社会现代性的程度表达。城市现代化不只是表现为城市设施的现代化、经济结构和实力、科技水平的领先性，还应特别包括城市社会运行和协调的条件机制的现代化，而社会治理现代化是其重要条件之一。所以，实现城市社会治理现代化是城市现代化的重要基础性工作。城市社会治理的现代化表现为四个方面：

1. 现代性的思想理念。所谓现代性的思想理念，是指思想理念具有先进性、时代性和创新性。具体地讲就是，首先要用民本思想统领治理全过程，要把民生、民福、民爱、民需等放在首位，站在市民的利益上去思考和构建社会治理创新体系，就是要把管理为本的思想转变为服务为本的思想，使服务理念贯穿治理过程的始终，这种服务不是一种被动的执行而是一种自觉的行动和治理体系必然；其二要把和谐、幸福城市目标作为城市社会治理创新的出发点和落脚点。和谐、稳定和幸福是人类社会一直追求的目标，所以人类也一直在想办法，期望实现这个目标。墨子曰："天下兼相爱则治，天下交相恶则乱"（《墨子·兼爱上》）；一些强权帝国总希望通过暴力实现它们所谓的稳定。众多的历史事实表明，只要是建立了政治组织和社会组织的群体部门都会想办法防止和制止可能出现或已经出现的不稳定现象，期望建立一种适当的人们生存和生活的社会秩序，以保证这个群体部门的稳定与和谐。城市社会治理创新就是要把城市社会的稳定与和谐以及人们的幸福感作为其出发点和落脚点，以构建出符合现代城市人群需要的治理体系。

2. 社会治理公平机制。随着中国社会转型加速，城市社会结构发生了巨大变化，包括人口结构的变化，组织部门的变化，交往形式的变化，经济体制的变化（市场经济），价值观念的变化等等，其间，人口流动和市场经济导致了单位制管理形式的改变，城市陌生人群社区的产生、就业压力加大等情况，使得传统的社会管理方式已不能适应，要求创新管理；经济体制的变化产生了组织部门从单一的政府组织部门到政府组织部门、社会组织部门和市场组织部门等及其相应的相对独立的（当然是在国家法律法规和政策内相对独立）组织系统的多元组织参与管理的格局，且各自都在国家政策支持下成为社会的组成部门的主体之一；交往形式的变化表现为人与人的交往、人与组织的交往、组织与组织的交往等，都因为信息化发展、市场的发展、开放的社会而发生了重要变化；经济体制的转轨，市场经济的发展，西方文化的影响以及国家价值观教育和引导滞后，导致人们的价值观念体系发生变化，这是人们最担心的问题。以上等等这些结构性变化事实要求我们在构建现代城市社会治理创新体系时，必须将代表各种人群的各组织部门通过一定的形式整合起来，形成政府组织部门、社会组织部门和市场组织部门等多元组织部门共同担当城市社会治理的责任和义务，实现治理的公平机制，充分调动各个组织部门和各类人群的积极性、主动性和创造性，为了实现稳定、和谐与幸福这个共同目标而献力献智，人人都做社会治理的主人。

3. 信息化治理手段。信息技术是当今社会最重要的特点之一，由于信息科学的迅速发展、互联网的广泛应用等技术革命的深入，全球化、全球村、地球村等概念已成为大众所熟悉的术语，这从一个方面也说明信息化技术的重要作用和巨大力量。现代城市社会治理充分利用现代信息技术，以支撑治理体系的信息采集、信息处理、信息化办公等，这既是提高效率和准确度的需要，也是实现治理公平性的重要技术支撑，还是城市社会治理创新现代化的基本体现。所以，构建城市社会治理创新体系必须以信息技术为基本的技术手段。

4. 城市社区自治机制。社区是城市社会治理的最基层单位，是现代城市社会陌生人、熟悉人的混杂聚集区。社区的稳定与和谐直接关系到整体城市社会的稳定与和谐。所以，社区的治理十分重要，而且传统的以行政（政府）主导的社区管理已不适应现代城市社区，必须创新社区治理方式，建立以社区党组织为基本保障的社区民主自治制度，实现社区市民自选领头人和治理班子、市民自觉自主参与社区建设和治理的决策、组织和实施，建立起社区治理的良性运行机制。

二　创新体系构建的内涵要求

1. 治理目标更加高远

前面已论及，因为社会转型加速和城市社会结构的巨大变化，以及人类社会整体进步，使得城市社会治理更加复杂，要求更高远。从传统的政府主体社会管理到政府主导的社会管理综合治理，其目标基本一致，即治安与维稳。当下，无论是社会进步的需要还是市民的期望，其社会治理目标已提高为稳定、和谐、幸福。这不只是一种表达的不同，更主要的是内涵上有本质的提升。治安与维稳，是指保证安全和维护稳定，安全只是社会人的基本需求，是生存性的，生命性的；维稳是指维护稳定，因此，有一种被动性的，缺乏一种确定性的、建设性的和根本性的内质。而稳定、和谐和幸福，要求的是一种确定性的“稳定”，同时，还要社会达到和谐，让市民感受到幸福，这是更高层次更高境界的目标，“稳定”成了一种最基本的要求。所以，治理创新目标更加高远。

2. 治理内容更加综合性

我们已经阐述，随着改革开放的不断深入、市场经济日益发展、信息化技术的迅猛发展等变化，现代城市社会结构发生了巨大变化，这种变化带来了进步，但同时也带来了诸多社会矛盾和问题，而且这些矛盾和问题变得更加复杂化，而这种复杂化带来了社会治理创新的内容的综合化，它涉及政治的、经济的、文化的、社会的、生态的等五位一体的多方面内容，这些内容之间相互关联、相互影响。所以，现在的城市社会治理创新体系构建其内容要综合考虑上至国家战略的要求、社会现实问题的解决，下至社区治理、人群管理及其相关问题的解决；既有治理机制、治理政策问题，也有治理队伍和治理保障问题，等等。总之，现代城市社会治理创新的内容更加综合，要求考虑的方面更加全面和深入。

3. 现代化手段更加前沿

现代城市社会治理手段及其效果，决定着治理创新的成败。在治理目标更加高远和治理内容更加复杂的现代城市社会治理现状下，必须注重治理手段的选择。现代社会处于信息技术高速发展时期，解决现代城市社会问题就需要充分利用现代信息技术，尽可能用相对比较先进的技术，如现代智慧城市建设、数字城市建设、云计算所用到的信息技术，这些更加前沿技术的应用，必将对社会治理产生重大影响。

第二节　城市社会治理创新的主要原则

在第一章，我们提出了现代城市社会治理的原则，这里为什么又提出现代城市治理创新的主要原则呢？这两者之间有什么关系吗？细心的读者会看到，前者是“治理”要把握的一般性的基本原则，后者是“治理创新”原则，突出的是“创新”，是前者的更高一层次的东西，考虑的是现代性的宏观理性思考，对城市社会治理创新在构建上的思想指导作用。笔者概括为三个方面：

一　治理的理念创新原则

所谓理念，指人们的“看法、思想、思维活动的成果”，是“人类以自己的语言形式来诠释现象——事与物时，所归纳或总结的思想、观念、概念和法则”。（《辞海》1989 年）因此，现代城市社会治理创新的“理念”，是指人们对“治理创新”这件事情的思想、观念；“原则”是指要把握的基本尺度。治理的理念创新原则，是指对现代城市社会治理创新体系构建应该采取的指导思想、基本的定位以及其出发点和落脚点。笔者认为包括四个方面：

1. 人本理念

要求治理理念创新必须坚持“以人为中心”的“人本理念”，要以此为出发点和落脚点。这个“人”不只是城市的市民，还包括外来“城市人”（暂住或流动的人），也包括市民的城外交往的人。要围绕人和人、人和组织、组织和组织交往的需要构建治理体系。

2. 服务宗旨

要求治理创新要建立在服务宗旨之上，即要转变以往政府命令式、指令式、甚至强制式的管理方式为服务性的治理理念，转变政府职能，建设服务型政府。城市社会治理的根本目的是提高广大人民群众的生活水平和生活质量，服务型政府和服务型组织要通过社会治理的创新过程和成果为居民创造一个稳定和谐、舒适方便、整洁优美的条件和环境。“服务”应成为城市社会治理创新的“宗旨”。

3. 法治道路

社会治理创新必须坚持在共产党的领导下，走法治化道路。要用法治规范和保障社会治理创新的合法性、权力性和服务性，进而规范城市人与组织的行为和调节人与人、人与组织的关系，使社会治理成为一种确保城市社会稳定、和谐的常态性的工作。

4. 文明新风

城市社会治理创新要促进城市文明水平的提高。一个城市的文明程度，较全面地反映城市甚至其所辐射区域的人们生活的质量状况。城市文明是一个人们向往的安定、舒适、和谐、朝气、正义、人文、精神的生活圈和宜居地。社会治理创新必须在城市文明建设特别是精神文明建设中发挥重要作用，这就要求现代城市社会治理体系的构建，在建立现代文明城市，形成现代城市的文明新风方面具有实质性的创新。

要用这四个方面的思想创新，构筑起现代城市社会治理创新体系构建的思想理念的创新原则，才能使所构建的治理创新体系具有现代性的可能。

二　治理的机制创新原则

在城市社会治理创新过程中，体制机制创新占重要地位。从社会管理创新到社会治理创新的过程是随中国社会转型的加速，社会结构包括城市社会结构发生巨大变化中产生的，在原来的社会管理模式不适应，新的社会问题又必须继续及时解决的情况下，不失时机地提出的。要求在新的社会治理创新体系构建中必须在体制机制上加大创新力度，笔者认为，要把握好三个方面：

1. 多元民主共治

现代城市社会因为以往“单位制”管理的体制变化，城市人口聚居区成立陌生人的世界，市场流通和交易繁荣而复杂，信息网络的快速传播等等，单纯政府用行政手段进行社会治理方式常常力不从心，有时还会引起政府与民众之间的更大矛盾。所以，要改变单一政府治理模式，充分发挥各方面的积极性和创造性，实行多元民主共治的现代城市社会治理体制，把政府组织、社会组织以及市场组织等协调到一个治理系统，通过民主协商形成具有各方代表性的治理规范，按照协商的程序执行。

2. 政府诚信

在目前实现多元民主共治，政府仍然发挥主导或重要指导作用，它在民主共治的过程中要必须坚持平等协商各组织进行协同工作，而不是命令或者强行要求其他组织。在这个过程中，特别要进一步建立起政府诚信规则，用政府的诚信赢得共治其他组织的信任，赢得市民的拥护。

政府的诚信带动治理组织的诚信，从而带动市民讲诚信，讲善良诚实，讲不损人利己。政府不讲诚信，再好的社会治理创新体系都是一句空话，一纸空文；政府讲诚信就是要敢于政府信息公开，处置事务客观公正，不乱用职权，要廉洁奉公，只有这样政府在共治组织中才能真正发挥其核心作用。从当前的情况看，社会组织在治理中发挥的作用还比较有限，主要是在一般城市中社会组织本身不够健全和规范，发育不很顺畅，力量也比较单薄，特别是中小城市中的社会组织还有待健康发展壮大，发挥其应有的作用。这也需要政府的引导和支持。

3. 市场导向

中国社会治理创新起因于社会转型，而社会转型源于中国市场经济的背景，所以社会治理创新不能脱离市场经济这一实际情况，许多治理创新的具体内容都需要坚持市场化原则。只有在社会治理创新中坚持市场化导向，引进市场机制，打破官僚制，在多元民主共治中充分发挥市场组织作用和市场调节作用，使中国的城市社会治理创新更具有生机与活力。

三　治理的手段创新原则

传统的城市社会管理手段主要是行政管理，是政府利用行政权力权威对管理对象采取命令、指令、规定、计划、制度等方式进行控制性管理，包括对政府所属的子系统和其要素进行控制性管理。这样做的优点是系统集中，具有灵活性、针对性和权威性，便于发挥政府管理的职能作用；但是，突出的缺陷是，领导人的个人权利过于集中，管理的效果过分依赖于领导者个人的素质，人为的因素太多，随意性较大，而且容易产生不公正现象，从而导致管理减效甚至矛盾更加突出。[①] 现代城市社会治理创新就是要在坚持党的领导下，不断完善和明确社会治理的目标，逐步建立起多元民主共治的体制机制和科学的评价体系。在这样一个基础上，充分发挥现代科学信息技术作用，确保现代社会治理创新体系高效、公正、公平、持续地良好运行。主要运用好两个技术环节：

---

① 陈强、尤建新：《现代城市管理学概论》，上海：上海交通大学出版社 2008 年版，第 205 页。

1. 建立和完善信息化网络

现代城市社会面临越来越多的社会事务、复杂纷繁的各类问题以及瞬息万变的大量信息，常规的行政管理方法已无法适应现代城市社会发展的需要。中国城市社会治理创新必须把治理自动化作为手段创新的要素之一，将信息收集、储存和适用的科学化、合理化、分析和计算的定量系统化，放在一个统一的信息网络系统，保证信息的完整和系统、分类和甄别。①

2. 先进的信息数字化处理平台

有了完善的信息网络的“前线”工作成就，还必须有后续的信息处理系统和平台，要建立统一的计算机信息数字处理平台，将信息网络的信息数字化，让各个社会治理的各部门共享相应信息作出处理意见后，反馈给信息数字处理平台，最后由处理平台自动按照规定，综合各反馈意见敏捷地作出处理。

有了信息化网络和计算机信息数字化处理平台，将其有机的联通，就构成了城市社会治理创新的自动化，从而保证了治理的高效和公正。

第三节　治理创新体系的法治化

笔者认为，社会治理创新法治化，主要是两个方面规范，即行政性规范和法规性规范来促进社会的稳定与和谐，前者曾是以往的社会管理的主要体制机制，后者是发展的新要求。

一　行政性规范

所谓行政性规范，是指以国家及其政府的权力和权威作保证，由国家或政府制定出来的一系列调节人与人、人与组织、组织与组织之间的行为与关系的规则。国家或政府通过这些规则禁止和限制了某些行为，使人们在一定规范内行动和交往，从而保证了人们社会生活的稳定与秩序。“行政性规范的基本特征是：它是对人的一种外在约束力量，以国家

① 陈强、尤建新：《现代城市管理学概论》，上海：上海交通大学出版社2008年版，第206页。

的强制力量作为后盾。任何人只要违反了行政规范，必然会受到惩罚。”[①]这个行政性规范包括两个层面：第一个层面是国家和政府（包括各级政府）的行政的权力和权威制定的如“决定”“意见”“条例”“办法”等一系列规范，这类规范常常提出的不仅仅是禁止和限制做什么，还特别提出要人们做什么和必须怎么做的要求。这是行政干部执政的规范依据，也是人们从事自己行业的行动规范。为了区别，我们称这类规范为“行政规范”。

第二个层面是国家的法律法规的法治权力权威制定的，从宪法到各种法律，以及有关法规。这类规范用以禁止某些行动，是人们行动的底线规范，任何人违反了就要负相应的法律责任，交由司法机关按法律条款执行。这类规范只明确禁止和限制做什么，违反了怎么处罚，而不管该做什么，所以，我们说是一种“底线”规范。因此，这类规范有两个环节都很重要，一是法律法规制定的准确性和相对稳定性。因为是针对所有国民的，所以，要求其全面而系统（包括行业法规也必须在其行业内全面而系统）；二是执行的公正、公开性。一旦法律执行上不公正，不能公开，其结果是不仅法律本身失去权威，而且社会也会因此而逐步走向混乱。我们称这个层面的规范为“法律规范”。

二 社会治理法治化

所谓城市社会治理法治化，笔者认为包括两个层面：

（一）依法构建社会治理创新体系。要不断完善行政性规范，使行政性规范更加符合国家和社会的稳定与和谐的需要，这是创新社会治理的立足之本；要在中央全面依法治国的总体要求下，构建社会治理创新体系，使其成为行政性规范的重要组成部分，并逐步地成为市民的自觉行为，这是社会治理创新体系构建必须遵从的基本要求。

（二）社会治理创新体系本身的法治化。这又包括两个方面：一方面是社会治理创新要充分利用法律法规的相关东西助推社会治理的效果，（如，利用法律调解、法制宣传、法律援助等解决社会治理中的问题），同时，社会治理体系中的一些成熟的要素和条款要通过一定的程序逐步

① 童星：《创新社会管理》，北京：中国社会科学出版社2012年版，第17页。

成为某方面的法律、法规或者条例的内容予以确定，使其具有法律法规的效应；这既是对社会治理创新体系的深化，也是通过社会治理的创新完善法律法规建设的一种途径，还可以通过这些内涵的研究丰富和发展法学理论。另一方面是社会治理创新体系需要有法规作保障才能长期有效实施。当下，中国社会治理在党的十八届三中全会《决定》指引下，各地都在不同程度地探索着各地的经验和模式，但是也有的地方本来就在探索之中的工作，却因为主要领导人的更替以及领导人的重视程度而停滞不前，甚至退步，回到原有的一般性综合治理上，去完成“一票否决”的任务，而不从社会稳定与和谐的根上创造社会治理层面上的经验和模式。所以，如何使社会治理创新成为一种常态性工作，不断地探索和创造成功的经验和模式，需要从法律法规上去解决问题。

三　纯粹行政性规范的弊端

行政性规范由行政规范和法律规范共同组成，它是从强制性的方面规范人和社会行为的，这是国家治理的基本规范。但是，只用行政性规范来调节社会使之达到稳定与和谐是不行的。南京大学社会学家童星教授从三个层面分析了纯粹行政性规范调节社会的严重弊端。

童星从学理上分析指出：“行政性规范的形式正义与实质正义之间有时存在着矛盾，它有时可能导致纯粹行政性规范调节的社会的非正义性。行政性规范通常以条文和规章的形式规定下来，在任何情况下都必须遵循，这是行政性规范的形式正义。这种形式正义讲究的是对某些具体条文和规章的机械地遵守，而不考虑‘为什么要制定这些条纹和规章’。形式正义对于防止条文和规章被人为地加以随意解释和执行，有着重要意义，保证了在条文和规章面前人人平等。而实质正义则是指，行政性规范的制定与执行必须符合人们的道德要求和价值诉求。在通常情况下，行政性规范的形式正义和实质正义是一致的。但是形式正义的机械性有时会导致与实质正义的不相符。”[①] 童教授还用古希腊苏格拉底被判死刑的故事阐述了这种形式正义与实质正义不相符的问题。其实，在今天社会里这种“不相符”的事例已经很多了。如北大妇产科学专业博士生在

① 童星：《创新社会管理》，北京：中国社会科学出版社2012年版，第22页。

火车上危难之时挺身而出救了临产的孕妇，最后，因为该博士没有行医执照而反被法庭判罚50万元，这就是典型的形式正义（没有行医证行医就是违法）与实质正义（挽救生命）的不相符。从动态层面分析认为“纯粹行政性规范调节的社会难以避免社会中的某些人由于滥用职权而导致腐败”。从实践层面上看，“纯粹行政性规范调节的社会也是行不通的”。还用苏联解体作为事例予以解释。①

由此可见，行政性规范是国家治理和社会稳定与和谐的最基本的当然还是不可缺失的内容，但是，它不是全部的和完整的，还必须赋予更加丰富和柔性的治理规范。

第四节　治理创新与城市文明

上一节，我们从行政、法律规范人和社会行为的角度讨论了社会治理法治化问题，认识了行政性规范的重要性和纯粹行政性规范的弊端。现在我们从文化文明的视角讨论现代社会治理的问题。

一　现代文明的意义

“文明”一词的英文是，Civilization，它源于拉丁文 Civilis，Civilis 意思是城市的居民，其本质含义为人民生活于城市和社会集团中的能力，其引申意义是一种先进的社会和文化发展状态，以及达到这一状态的过程，也暗示城市在文明形成中发挥重要作用。② 在汉语里，“文明”一词最早出现在《易经》“见龙在田、天下文明”（《易·乾·文言》）中，是指一种社会进步状态，即“社会发展到较高阶段和具有较高文化的”状态。③ 它与“野蛮”一词相对立，强调对行为举止的要求。学者们认为，文明的出现主要起源于城市的出现以及文字的产生和国家制度的建立，其中最重要的前提条件是城市的出现，城市是文明的发源地。如考古学

① 童星：《创新社会管理》，北京：中国社会科学出版社2012年版，第23页。

② 胡起望、揣振宇、刘世哲：《文化人类学词典》，北京：远方出版社2000年版，第88页。

③ 中国社会科学院语言研究所词典编辑室：《现代汉语词典》，北京：商务印书馆1994年版，第1204页。

家柴尔德（G. Childe）主张“都市是文明的基本要素，从农耕文化进入文明是‘都市革命’，都市不仅象征文明也产生文明”①。最早的文明是位于尼罗河流域的古埃及城邦，可追溯到公元前4500年。中国文明于公元前200年到公元200年的汉王朝时期将华夏文化传到了整个东亚和西域地区。

从社会学的视角看，所谓文明，是指人类所创造的物质财富和精神财富的总和，一般分为物质文明和精神文明。物质文明是人类改造自然的物质成果。它表现为人们物质生产的进步和物质生活的改善，是精神文明的物质基础，物质文明的性质为生产方式所决定。而精神文明是人类在改造客观世界和主观世界的过程中所取得的精神成果的总和，是人类智慧、道德的进步状态。它表现为两个方面：一是科学文化，包括社会的文化、知识、智慧的状况，教育、科学、文化、艺术、卫生、体育等事业的发展规模和发展水平；二是思想道德，包括社会的思想品质、道德面貌、社会风尚和人们的世界观、理想、情操、觉悟、信念以及组织性纪律性状况。精神文明为物质文明的发展提供思想保证、精神动力和智力支持。

城市社会治理就是要在用行政性规范治理社会的同时，用创新治理体系，实现社会的稳定与和谐。其间一个非常重要的方面是城市市民的文明素质，特别是精神文明素质直接影响城市社会治理创新及其成效。要提高现代城市市民文明素质，就必须加强文明素质教育创新，就必须加强社会文明素质的道德规范和文明约束机制。

二　社会的道德性规范

童星教授指出：“所谓道德性规范，指的是依靠社会舆论、人们的内心信念和风俗习惯调节人与人、人与组织、组织与组织之间的关系的行为原则和规范的总和。道德性规范的基本特征是：要求一个人对自己进行自我约束，没有外在的力量强迫其干什么和不干什么，因而是一种自律的力量；通常都要求人们具有一种利他的思想，强调的是‘我为人

① 胡起望、揣振宇、刘世哲：《文化人类学词典》，北京：远方出版社2000年版，第88页。

人’。在社会生活中，道德性规范除了道德伦理以外，还包括风俗习惯和宗教训诫。它是通过人在社会化的过程中从其生活的环境中潜移默化地获得的。在这一社会化的过程中，家庭、教会和学校发挥着主要的作用。”①

在拜读了童教授这段话之后，笔者对社会的道德性规范的理解是，人的道德素质和组织的正义性行为构成道德性规范要素。要求一个人将某些传统美德（有利于他人和社会）和现代社会主流要求的基本道德准则（有利于公益的）内化于心，从而自觉地外化于行；要求一个组织把正义的理念和行为融化成为自己的基本行为准则（一切为了正义和公益），使个人与组织互构成为一个自然和谐的关系，共同推动社会和谐与稳定。这些东西不是天生就有的，而是要通过一定的途径获得。个人的道德素质的获得一般主要靠家庭传习教育、学校目标教育和社会习规教育等途径，部分人群还与宗教训诫有重要关系；组织的正义取决于组织领头人的道德素质，以及组织的运行机制和协调程度。

中国历代注重道德性规范在协调社会关系中的重要作用，包括孔子的“仁爱”思想，就是针对当时一个大动荡时期——春秋时期，一个“礼坏乐崩”时代，社会的经济、政治、道德、思想、行为等各方面都处在大破坏、大崩溃之中。针对当时情况，孔子提出了两个理论原则：一个是仁，一个是和。“仁”不仅是调整生产方式的变革、礼乐曲章的改革、观念转变的外在方法、工具和钥匙，而且是和谐此三者的内在原则、原理和规范。“和”是具体解决冲突的方法，亦是促使对象世界、人类社会继续生产、发展、运动、变化的动力。“仁”与“和”是统一的。他提出“己欲立而立人，己欲达而达人”②，“君子喻于义，小人喻于利”③，“人而不仁，如礼何？人而不仁，如乐乎”④，“三人行，必有我师焉，择其善者而从之，其不善者而改之”⑤ 等等，这些仁爱精神仍具有重要的历史意义和现实意义。还比如墨子曰：“子自爱而不爱父，故亏其父而自

① 童星：《创新社会管理》，北京：中国社会科学出版社 2012 年版，第 16—17 页。

② 杨伯峻：《论语译注》，北京：中华书局 2009 年版，第 64 页。

③ 同上书，第 38 页。

④ 同上书，第 24 页。

⑤ 同上书，第 71 页。

利；弟自爱而不爱兄，故亏其兄而自利；臣自爱而不爱君，故亏其君而自利，此所谓乱也……虽至天下之为盗贼者亦然，盗爱其室不爱其异室，故窃异室以利其室；贼爱其身不爱人，故贼人以利其身……大夫各爱其家，不爱异家，故乱异家以利其家；诸侯各爱其国，不爱异国，故攻异国以利其国。天下之乱物，具此而已矣。察此何自起？皆起不相爱。"① 以揭示社会不和谐之乱象的根源是"不相爱"，即"不利他"。这些思想理论历史地证明了道德性规范的重要意义。

道德性规范带来的是人们的品质和素质的提高、组织的正义和公益的提升，进而反映了精神文明面貌，它直接有助于社会秩序的良性运行，当然也就直接有助于社会的稳定与和谐。这是行政性规范所不具备的功能，它在城市社会治理中具有重要作用。如果一个社会缺乏道德性规范，社会必将动荡不安。所以，在进行城市社会治理创新过程中，必须同时加强社会的道德性规范建设，加强城市社会文明教育的创新，使城市的精神文明建设成果成为城市社会治理创新的重要保障力和助推力。但是，纯粹地依靠道德性规范是不能达到现代社会的稳定与和谐的，也不能实现现代城市的精神文明高水平。究其原因，童星教授从学理层面、动态层面和实践层面等三个方面作了深刻分析。②

三　社会的契约性规范

现代城市社会文明除了道德性规范的重要支撑外，还要借助于不同于行政性规范的群体认同约束机制，也即是社会的契约性规范。

现代城市社会因为其历史文化、经济发展水平和地域差异等不同，形成的风俗习惯、民间礼仪、传统道德观、人文价值观等也有所不同。当一定群居的群体要形成为稳定与和谐的团体时，除了道德性规范外，往往需要这个群体为了共同的利益形成一些有益于这个群体的大家公认的必须遵守的"规矩"。如在乡村，特别是民族乡村，为了这个乡村的利益，传统的方式是由乡、村长或族长与乡（村）民们或族民们一起商定一些大家认可的调节村民、族民之间的关系，包括对外关系的"规矩"，

① 周才珠：《墨子全译》，贵阳：贵州人民出版社 1985 年版，第 122—123 页。

② 童星：《创新社会管理》，北京：中国社会科学出版社 2012 年版，第 18—19 页。

这些规矩习惯上称作“乡规民约”。这些乡规民约往往在民间的社会群体和谐中发挥很重要的作用，是行政性规范和道德性规范所无能为力的，因为，它既不在行政性规范的范畴内，也不在道德性规范的范畴内。这种乡规民约就属于契约性规范的范畴。

童星教授认为：契约性规范“指的是人们在相互交往过程中所达成的、相互之间都同意了的一系列规则，人们在交往过程中按照这种协议好了的规则进行互动。契约性规范的基本特征是：它虽然是人们对自己的自我约束，但它在很大程度上并不是一种简单的自律力量。”[①] 是把一种自己认同的规则化作自己行动的过程动力，这从文化心理学的角度就是一种“允诺”和“诚信”所产生的某种义务和责任，是一种“自愿加压”成为行动的约束。[②] 这种契约性规范表现领域还是比较宽泛的，包括人与人之间、群体与个体之间、群体与群体之间，包括在人们的社会生活中、经济生活交往中以及社会资源分配等领域都有契约性规范的形式和内容。

契约性规范的形式大致有几种：成文的有契约（非法律性契约）、公约、备忘录、合作协议、某些章程（自组织的、城市社区自治组织、社区志愿服务队等）等；不成文的有传统规矩（调节关系的习俗）、口头允诺（自组织的，如徒步运动队、老年门球队等）等，不同的形式在不同的范围发挥着契约性规范作用。

在现代城市社会文明建设中契约性规范同样发挥着重要作用，比较普遍的是建立城市市民文明公约。如北京市通过了《首都市民文明公约》。

《首都市民文明公约》：

“一、热爱祖国、热爱北京、民族和睦、维护安定

二、热爱劳动、爱岗敬业、诚实守信、勤俭节约

三、遵守法纪、维护秩序、见义勇为、弘扬正气

四、美化市容、讲究卫生、绿化首都、保护环境

---

① 童星：《创新社会管理》，北京：中国社会科学出版社2012年版，第17页。

② 何怀宏：《契约伦理与社会正义——罗尔斯正义论中的历史与理性》，北京：中国人民大学出版社1993年版，第13页。

五、关心集体、爱护公物、热心公益、保护文物
六、崇尚科学、重教尊师、自强不息、提高素质
七、敬老爱幼、拥军爱民、尊重妇女、助残济困
八、移风易俗、健康生活、计划生育、增强体魄
九、举止文明、礼待宾客、胸襟大度、助人为乐”

这个“公约”是通过一定的组织程序，并应用了带有行政性规范色彩作用来推动公约的效率推广。具北京日报记者童曙泉2014年1月11日报道：“首都地区文明办主任会议昨天召开，认真总结2013年工作，精心部署新一年任务。市委常委、宣传部部长李伟出席会议并讲话。”

“按照部署，今年本市将开展修订共签《首都市民文明公约》、《首都市民公共文明公约》的活动，这将成为倡导富强、民主、文明、和谐，倡导自由、平等、公正、法治，倡导爱国、敬业、诚信、友善的有效载体。全市将在市民文明学校、‘道德讲堂’、‘百姓宣讲’、‘周末社区大讲堂’等阵地，广泛开展新公约的教育和宣传，引导市民在日常工作生活中弘扬和践行社会主义核心价值观”。

“李伟肯定了过去一年的首都精神文明建设工作。他在讲话中要求，面对新形势，精神文明建设要把握根本任务，在凝聚正能量上有更大作为；要牢记基本职责，在服务大局上有更大作用；要注重以评比促创建，在提升文明程度上有更大步伐；要坚持群众路线，在发挥主体作用上见更大成效；要加强资源整合，在形成工作合力上有更大发展。通过深入实施思想道德引领战略，不断改革创新，为推动首都科学发展提供强大的精神动力。”

首都城市文明公约的这种“签约”方式，具有示范性作用，实质上就是通过组织性代表作为一个区域范围人群的代言人允诺“公约”内容，同时也作为“公约”这个“契约性规范”的履行者和促进者中的一员。这种进行方式在我国各地方比较普遍，也比较奏效。

事实上，自1996年10月10日，中国共产党第十四届中央委员会第六次全体会议通过《中共中央关于加强社会主义精神文明建设若干重要问题的决议》以来，全国各地各类城市都加强了城市精神文明建设工作，并把“城市市民文明公约”作为重要的抓手之一有效地推进城市精神文

明建设工作。

如定位为旅游城市的湖南省张家界市也确立了《张家界市市民文明公约》

《张家界市市民文明公约》：

（2007 年 12 月）

“热爱祖国、建设港城、创业敬业、勤俭自强；

邻里和谐、家庭和谐、尊师重教、孝老爱亲；

遵纪守法、知荣明耻、诚信谦和、举止文明；

崇尚科学、优生优育、健康生活、强健体魄；

热心公益、爱护生态、博爱友善、见义勇为。”①

这个“公约”内容主体与北京市的基本相同，但也突出了这个城市的特点和实际需要。如“建设港城”“邻里和谐，家庭和谐”“孝老爱亲”“保护生态”等，既突出了地方旅游城市建设的定位和需要，又强调了地方城市市民的基本品质，语言平民化、生活化，使“公约”内容更贴近市民，易于被认同和履行。

虽然这些公约的形成与“契约性规范”的初始设想、允诺和执行程序也有所不同，但其意义和目的是一样的。因为涉及的面较大、内容较广、人群结构较复杂，不可能用传统的方式实现契约内容的成员允诺，加上其内容对一部分人群的认识统一上还有个转变的过程，所以，代之以上级主管部门根据需要和实际情况拟定条款，通过各种渠道层层讨论甚至在一定范围内采取表决的方式实现公约内容的民众主流代表认同，再用层层签字（签约）的形式将其公约确定成市民文明的“契约性规范”，最后将公约践行情况的效果纳入精神文明建设工作的业绩内容进行考评，以此促进公约的实际效果。我们看到，这种契约性规范是伴随着行政性规范发挥作用的。由此可见，纯粹契约性规范在现实生活中也是难以保证自己的效果，当然也是难以维持社会稳定与和谐的。

---

① 作者及其课题组 2014 年 7 月在张家界市进行“三峡流域城市社会治理”课题调研时，市文明办提供的材料。

四　治理与文明

笔者认为，没有城市文明建设成果的支撑和保障，城市社会治理创新只能是低水平的，不能长久的，甚至是不健康的；反之，城市社会治理创新又促进文明建设的进程。所以，城市文明建设与城市社会治理创新是相辅相成的关系。本节前面讨论的，包括第三节论及的有三种规范，即行政性规范、道德性规范和契约性规范，是童星教授认为的“人类社会达到稳定依靠的秩序规范”。[①] 笔者考虑到三种规范的相互联系和各自功能，以及现代中国城市社会治理创新新要求，将其概括为两个相联系的要素：治理创新法治化和城市文明现代化。

治理创新法治化要求的是“行政规范”和“法治规范”（行政性规范）的本身要规范，因为这两个规范都是强制性的，是国家行政和法律的权力权威对人和社会组织行为的限定。这要求其规范的制定和执行都要规范，制定的不规范就从根本上“两个规范”即行政性规范就不规范，当然就会导致社会的不公平和不稳定；执行的不规范就会导致原规范的失效，更严重的就是导致腐败和骚乱。所以，社会治理创新法治化要求治理创新体系的规范性、系统性，要用多元民主共同治理的机制弱化政府主导的强制性机制，把更多的政府职能转变为服务职能，是社会治理创新体系及其运行成为政府与市民之间的无形桥梁，从而使社会稳定、和谐、幸福的事业成为政府和人民、官员和人民的共同事业。

城市文明现代化是指城市的物质文明和精神文明现代化。特别强调精神文明的现代化，要用“道德性规范”和“契约性规范”的推进，促使城市市民文明素质的不断提高，逐步实现城市的“道德性规范”和“契约性规范”成为每个市民的自觉行为。

所谓城市文明现代化，笔者认为主要表现在五个方面：

一是城市的先进文化引领，是一种开放的，正能量的文化面貌和文化精神，并由此形成了开放而朴实的现代市风民风，公平正义、和谐民主、自由平等、开放进步的社会氛围。

二是城市人民经济生活水平较高、市场繁荣；良好的经济发展方式

---

① 童星：《创新社会管理》，北京：中国社会科学出版社2012年版，第16页。

和经济运行机制，比较完善的社会福利保障机制；市民在能安居乐业的前提下享受足够的物质生活。

三是城市社会事业发达，科技、文化、教育、卫生、健康等各项事业水平较高；能较好地满足现代城市市民的需求。

四是市民道德品质高尚，遵纪守法，人文关怀和人文环境优良，让人感觉到理性、谦让、诚信、安全的城市文明气息。

五是人们生活工作的现代化条件好。要达到这个目标，除了发展生产力、优化生产关系、提高城市经济发展水平外，还要加强城市精神文明建设工作，要通过城市社会精神文明的教育创新，促进市民文明素质的提高，从而逐步实现城市文明现代化。

综上讨论，笔者认为，只有在城市社会治理创新法治化水平和城市社会文明现代化程度都达到一定高度时，这个城市的稳定、和谐与幸福目标才能真正实现。

第五节　三峡流域城市对治理创新体系构建的要求

前面四节，我们讨论了现代城市社会治理创新体系构建的一般意义的宏观思考，现在针对三峡流域城市社会治理创新体系构建，作进一步深入的讨论。

一　基本思想理念

三峡流域城市社会治理创新的理念内涵，除了要坚持人本理念外，还要突出人与自然的和谐、文化文明的精神导向以及开放性现代性的提升。

1. 人与自然的和谐。三峡流域城市大都坐落在绿水青山的自然生态环境里，无数的美景把这些城市装点和衬托得像仙山云中的世外桃源，人间天堂。记得著名作家、《今古传奇》杂志创始人李传锋先生在“土家族认定五十年学术研讨会”（2006 年 5 月湖北民族学院主办）期间，曾经问笔者一个问题：“为什么土家族人祖祖辈辈世代稳居在武陵山区，从没有过大的迁徙流动?”笔者当时没有很好地思索就简单回答说：“主要原因可能是这个地方太适合人群居住和生存，又相对比较安全（指过去交通不便外来侵犯者难以进山……），还能自给自足地生产生活。”这个回答不够全面，其实应该还有很多深层次的因素（包括土家族的民族文化心理因素），但适合人群居住和生活恐怕是最基本的原因。土家族的“稳居”也从一个侧面反映三峡流域从古至今就是一部人与自然的和谐史。在城市化进程加速的今天，我们同样要时刻记住，三峡流域城市所具有的良好自然生态环境是其赖以发展的根基，无论城市发展如何提速，无论我们怎么治理这些城市，我们都必须牢记这一点，从思想根基上打下深深的烙印，从而在基本理念上将其放在重要的位置，这样才能实质性地体现人本思想的理念。所以，三峡流域社会治理创新理念必须坚持人与自然和谐发展、相互依存，城市建设和治理必须建立在生态环境保护和建设的基础之上。

2. 文化文明精神导向。三峡流域历史文化悠久，特别是民族文化（土家族、苗族、侗族为主）、三峡地域文化、水文化等优秀而丰富。一个地方文化就是这个地方的魂，表现出地方文化精神。一个地方的城市发展与地方文化发展紧密相关，这个城市的文化应该是地方优秀文化的集中体现；城市文化的发展水平也从一个角度反映了这个城市的文明程度。所以在现代城市社会治理创新中还要从思想上建立起保护和促进当地城市文化发展的牢固观念，地方文化是地方城市留得住“乡愁”的特质。三峡流域城市社会治理创新必须把文化文明精神导向作为思想理念之一。

3. 开放与现代性观念提升。开放和现代性都是中国社会转型的重要特点，观念的开放与现代性直接影响一个地方和一项事业的进步速度和水平。随着三峡流域交通的快速改善，信息与交流也更加通畅，人们的思想也随之更加解放。但是，实事求是地讲，由于三峡流域从古到今的一直封闭性，直到近些年才打开山门窥望世界，人们在开放与现代性思想观念方面还需要进一步提升，才能构建起现代城市社会发展的远景蓝图。三峡流域城市社会治理创新必须坚持开放与现代性观念，以更加开阔的视野，使构建的城市社会治理创新体系和实施成效更具有现实性、前瞻性和可持续性。

二　系统思想

三峡流域城市社会治理创新体系构建必须进一步强化系统性思想。现代城市社会治理是一项复杂的系统工程，牵涉方方面面。所以，必须用系统论的观点去思考其城市社会治理创新体系构建，以保证其体系的系统性、内容的完整性、结构的合理性。

1. 治理体系的系统性。所谓体系的系统性，是指治理体系的各要素（包括各子体系或分支体系）之间有一种或者多种必然的相关性和逻辑联系，这种相关性和逻辑联系在外力作用下使得体系的要素（包括子体系）之间产生相互作用，从而得出体系运行放射出的效果。这就要求把握好体系要素（包括子体系）及其功能的界定，运行机制的构成，包括外界动力的输入。必须避免各要素（子系统）之间因为联系不紧而导致各自为政、相互不协调、运行不流畅、甚至相互矛盾等现象。体系的系统性关系到治理的成败。目前，三峡流域城市社会治理创新整体上还处在“综合治理”向现代城市社会治理创新方向探索的过程中（除宜昌市“一本三化”具有一定的系统性外），其目标还定位在“稳定”和“安全”上，从总体上看，该区域的城市社会治理创新的系统性还需有大的提升。

2. 内容的全面性。内容的全面性指的是城市社会治理创新体系构建的要素要尽可能全面，构建的体系关系考虑的全面性，运行方式的全面性。要素的全面就可以避免治理出现漏洞或者薄弱环节，否则，用其构建的体系就很难达到预期目的；从经济的、政治的、文化的、社会的、生态的等五位一体的各个方面去界定城市社会治理创体系涉及的诸要素，要从人及人群居生活和工作秩序的情况，到社会和谐需要解决的问题，交通流通问题，安全应急问题等等各个方面全面思考，要让治理内容尽可能全面准确。就目前看，三峡流域城市社会治理创新体系还在探索之中，如何把握内容的全面性，是一个亟待考虑的问题。

3. 结构的合理性。所谓结构的合理性是指体系的各要素之间逻辑关系和相关程度，体系结构的合理性是体系运行成功的基本要求，没有这个合理性，其体系运行不仅达不到预想的效果，还有可能造成更大的治理上的问题，以至于失败。所以，城市社会治理创新体系结构的合理性非常重要。结构的合理性表现在四个方面：首先必须以体系的系统性和内容的全面性为前提，没有这个前提，其结构的合理性就无从谈起；其次把握好结构要素的本质内涵和特性以及各要素之间的内在联系；再次是要构建好要素之间的联系运行机制；最后是运行动力的输入机制。三峡流域城市社会治理创新的构建要特别注意结构的合理性。

三　本土差异

近些年来，我国的社会治理创新取得了许多成绩，形成了许多值得借鉴和学习的较成功的城市社会治理创新模式，有些模式是整体性的，有的是区域性的，有的是局部性的，都有各自的特点，如三峡流域内的宜昌市“一本三化”治理模式、郑州的“和谐社区建设”模式[①]、“八大体系”的南通模式、“民情流水线”的社区治理兰州模式，以及“宁波模式”等[②]；还包括国外的一些可以借鉴的经验。这些都为三峡流域城市社会治理创新探索提供了学习的先进经验，值得借鉴和吸取其中最优秀可操作适用的经验和模式。在吸取和借鉴时要特别注意三个方面的差异性：

1. 区域差异性与体系构建。三峡流域有着独特的区位特点（本书前面已经论及过），在构建当地城市社会治理创新体系时要做到：既要借鉴他人的先进经验，又要把握本地与他地的地域差异找准自己的位置，寻求适合自己地方需求的经验，决不能照搬照套他地的经验，要选择性借鉴和改造性借鉴，突出其区域特点，形成自己的特色。

2. 城市差异性与体系构建。三峡流域中等以上城市偏少，大多是县级中小城镇，所以借鉴经验要考虑城市规模，特别考虑发展性规模和结构性差异。城市社会治理除了与区域差异有关外，还与城市规模及结构性差异直接相关。特别是县一级城市，部分中心城镇与较大乡镇的集镇区别不大，但承担的功能不一样，性质不一样，结构也不一样。因此，县级城镇社会治理创新体系构建中借鉴经验，更要根据实际改造性吸取来构建与自己城市相适应的特色模式。

---

① 郑杭生、杨敏：《和谐社区建设的理论与实践——以郑州市实地调查为例的河南特色分析》，北京：党建读物出版社2008年版，第1—46页。

② 谭志松、王俊等：《现代城市社会治理创新“一本三化”模式——来自宜昌的中国经验》，北京：中国社会科学出版社2015年版，第29—67页。

3. 文化差异性与体系构建。文化是一个城市的灵魂，是其重要的名片之一。不同的城市有着不同的文化差异，因此，城市社会治理创新体系构建中文化发展和文化治理作为其内容之一，要根据文化的差异选择性和改造性来借鉴经验。三峡流域城市有其独特的文化特征，更应该在本城的文化与拟汲取经验的城市进行比较后，改造性汲取他城经验和模式，通过自己特色社会治理创新体系的构建和运行促进本城文化的健康发展。

四　城乡一体统筹

我们在本书前面论述三峡流域城市规划问题时，部分地市州区和县市级城市城市规划构建中，采取城乡一体化思想进行了统一规划。纵观三峡流域已有的三种类型的城市社会治理模式（方式）及履行情况，笔者认为，三峡流域社会治理创新体系也可以根据当地城市的具体情况采取城乡一体化统筹构建，更有利于区域和城市的整体治理。如宜昌市在城市社会治理“一本三化”模式有效探索过程中进行了“城乡一体化”的探索，把“一本三化”的理念和体系向乡镇及其农村进行延伸，提出了“三化四务”的模式，即“组织网格化、自治规范化、服务综合化；电子村务、电子学务、电子商务、电子服务”[①]。在近几年实施中，各县市又根据本县市情况创造性地构建自己特色治理方式。如宜昌市的秭归县，构建和实施的“幸福村落”模式，已取得了良好效果。[②]

三峡流域城市社会治理创新实施城乡一体化统筹是可行的，其理由有三：

一是三峡流域内已有成功的实践经验证明了这一点。如本书介绍的宜昌经验、黔江经验、利川经验等；特别是利川市四年前城市和乡村社会秩序较混乱，曾经一度黑帮团伙猖獗，群体事件多发，甚至发生过有全国性影响的群体事件。近几年新任领导班子高度重视社会治理创新工

① 谭志松、王俊等：《现代城市社会治理创新“一本三化”模式——来自宜昌的中国经验》，北京：中国社会科学出版社 2015 年版，第 252 页。

② 谭志松、陈瑶：《武陵山片区乡村社会治理模式研究——以湖北秭归县“幸福村落”治理模式为例分析》，《吉首大学学报》（社会科学版）2015 年第 6 期。

作，加大投入改善条件，外出学习经验、内部大胆创新，形成了自己特色的城乡一体化统筹治理模式，治理成就显著。现在利川市无论是城镇发展，还是社会秩序都得到极大改善，利川逐步走上良性发展轨道。笔者认为，按现在的趋势，利川市将有可能成为三峡流域稳定、和谐的代表性新兴县级城市之一。

二是三峡流域城市的山区城市（主要的）和中小城市（宜昌之外）两大特点，基本上每一个中小城市都是当地区域农村的中心集聚地，直接与乡镇集镇及农村联系，频繁交流交往，具有直接的治理关联性。一体化更有利于治理效果。

三是县市级城市规模和结构本身决定了其独立构建城市社会治理创新体系运行的局限性和执行的效率性。采取城乡一体化统筹，以县级中心城区为中心构建城乡一体统筹治理体系，既考虑城市治理的特殊性，又与其辐射的乡镇有机结合统筹治理，从而形成良好的治理环境和有效链接，促成城市和乡村和谐稳定，协调发展。

第七章

社会运行论视角下的城市社会治理创新体系构建

前一章，我们从现代性的角度对三峡流域城市社会治理创新体系构建进行了一些宏观性思考，主要是对其治理创新体系构建的思想理论、视野关照、基本原则等等进行一些必要的理性分析和阐释。这对我们如何去思考构建，着眼点和出发点怎么找，以及相关问题有指导性意义。本章我们将从社会运行论的视角，讨论城市社会治理创新体系构建的微观操作性层面上的问题。郑杭生教授的社会运行论认为社会学是“关于社会良性运行与协调发展的条件和机制的综合性具体学科”①。社会治理正是支撑社会良性运行和协调发展的重要措施之一。因此，构建科学的可操作的、而且运行有效的城市社会治理创新体系十分重要。

第一节　治理体系的结构要素

构建城市社会治理创新体系，首先必须深刻认识其治理体系的结构要素，这是构建的基础。笔者认为，主体要素包括以下几个方面：

一　理念定位

前面我们已对城市社会治理创新的理念作了较多的阐释，理念是这个体系的灵魂，可以肯定地说，没有正确的理念，这个体系就不可能成功。一般来讲，治理理念的内涵包括指导思想、目标定位、特色标示等。

---

① 郑杭生：《论马克思主义社会学的两种形态》，《光明日报》1985 年 7 月 29 日第 3 版。

对于三峡流域城市社会来讲，治理理念的内涵包括人本理念和服务为先的指导思想，稳定、和谐、宜居的治理目标，文化与生态的文明精神等，还要准确的概括为一种标示性的表达。治理理念是第一要素。

二　治理内容

治理内容是指城市社会治理的范围，即现代城市社会中属于社会治理的事务。现代城市社会事务包括许多方面，不可能都通过社会治理来完成。比如，城市经济发展对城市特别重要，但社会治理并不直接针对经济增长的具体事务，而是通过社会治理创造的稳定和谐的社会环境吸引外来投入和保障经济事务顺利健康地进行。还有许多商业行为的事务，如交易市场的交易属于工商部门管，而交易市场的秩序规范则属于城市社会治理的范畴。所以，弄清城市社会治理内容，才能针对性地构建治理体系，这关系构建体系的完整性和有效性。现代城市社会治理内容主要有：

1. 城市安全。城市安全包括社会治安、环境安全、医药卫生安全、食品安全以及公共事务安全等等，其中有人为的和非人为（比如自然灾害）的安全。城市安全是城市社会治理创新最基本的内容之一，人为的安全问题与司法执行紧密相关，常常通过法律规范的落实来实现。非人为的城市安全需要行政规范来实现防止和治理。

2. 稳定和谐。稳定和谐的核心是协调和调解人与人、人与组织、组织与组织之间的矛盾，使得个体与个体、个体与群体、群体与群体之间形成一种认同和理解、包容与善待、互通与互助的相互关系。在现代城市社会中老龄化问题、就业问题、交通问题等等是一些共性的比较突出的问题；在三峡流域城市社会中还有城市发展与生态文明等问题，这些问题都与社会稳定和谐直接相关。解决这些问题需要政府的政策支持也需要社会治理和社会建设的支撑，即一方面需要政府和社会提供相关的条件，另一方面又需要通过社会治理的多元民主共治的机制优化协调、化解矛盾、优化资源配置、创新运行途径等措施来实现。

3. 人口及其流动。人口集中和人口流动既是现代城市社会的一个基本特征，也是促进城市社会繁荣的一种动力。但人口流动同时又是城市社会矛盾的根源之一。因为，流动人群的松散性、文化的差异性、职业和素质的差异性以及城市社会生活环境不适应性等等，都会使流动人口产生心理的不适应而导致矛盾。流动人口治理得好，就必然促进城市的和谐发展。现代城市社会人口流动主要有几种：（1）企业投资带来的流动，包括它的管理层和员工招聘；（2）学业流动，指各类学生拥挤城市追求优质教育资源；（3）就业流动，包括大中专学生就业流聘、待聘者，企业下岗职工就业，农民工进城务工，个体民营企业和摊点流动人员等。（4）其他流动人员，比如短期旅游流动等；这些当然也包括流进和流出的人员。在三峡流域城市社会人口流动中一个值得关注的现象是高层次专业技术人才向外流动比较严重，而这类人才流进相对偏少，这对当地城市社会发展影响较大；这直接影响这个城市的科学文化水平，从而影响城市社会的文化文明程度、市民的整体文明素质，当然也影响城市社会的经济发展。所以，社会治理就是要为上述各种人口流动创造一个良好的社会环境，有利于各类流动人口公平有序地去追求和实现自己的目标，从而形成一种进取的城市文化精神和文明氛围，促进城市社会的和谐健康发展。

4. 法人责任。现代城市社会有许多具有法人资格的企业、单位、组织等，它们及其员工的行为直接与城市社会的秩序关联，它们既是社会治理的内容也应该是社会治理的参与者。所以，在构建社会治理体系时要把落实法人责任的主体地位作为重要内容之一。

5. 城市部件。城市部件指的是构成城市的诸多硬件要素，如城市道路、交通、桥梁、房屋、学校、医院、商场、公园、广场等，这些硬件部件的管理与城市建设、规划和发展直接相关，但同时也是构建治理体系中应该考虑的内容之一，因为这些部件直接关系到城市市民的生活、安全以及相关的必不可少的切身利益，要通过社会治理创新促进这些部件更好地为城市人民服务，成为城市人民享受幸福的要素之一。

6. 网络虚拟空间。现代社会的重要特点之一是信息技术的快速发展、网络社会空间的出现。城市社会在这样的信息时代，城市网络形成的虚拟空间给城市社会生活带来了巨大变化，但也成为城市社会安全治理的一个重要社会空间实在的虚拟社会空间，它既是现代城市社会不可缺少的东西也是社会治理的一个重要的内容。

7. 城市社区。城市由若干个社区组成，社区治理是城市社会治理的最基本的单元和最基础的工作。社区治理是确保社区作为城市社会细胞的健康的重要措施和最基本的工作，所以，必须把社区治理作为城市社会治理创新体系重要内容。

8. 文化文明。城市社会治理必须把城市的文化治理和文明建设作为内容之一。前面已在多处谈到了城市的文化文明的重要性以及三峡流域社会的文化特征与文明情况。然而，作为城市社会治理创新体系的构建，更应该和更必须把城市的文化文明建设纳入社会治理考虑的范畴。从笔者走访调研的地方和自己的体会看，城市人民的文明素质、城市文明的程度对城市社会治理的效果起到至关重要的作用。所以，城市社会的文化文明应该成为社会治理创新体系的重要内容之一。

9. 电子政务。电子政务是现代城市社会治理的必然要求。现代城市社会治理必然离不开政府和组织的运行和处理相关事务，复杂的城市社会结构和多元复杂的社会矛盾，必须通过现代信息化手段，实行电子政务统筹处理，提高信息的全面性、准确性、及时性以及公正性。保证社会治理的效率和效果。

10. 舆论引导。社会的舆论宣传引导是一种文化引领的重要形式，正面先进的宣传给社治理以巨大的正能量，反之，就会给社会造成混乱甚至动荡。

11. 应急事件防治。现代城市社会结构的复杂性，使得不时出现一些突发事件已是不可避免。面对这个现实，就必须主动把应急事件的预防和治理纳入社会治理创新体系构建的内容。城市社会的突发事件的产生原因是多方面的，有自然的、天灾的、也有人为的，有的是不可抗拒的，需要处理善后，有的可以预见，需要预警和防治机制，有的不可预见，需要应急应对和处理等等，无论哪一种事件的发生都会给城市社会造成灾害或损失，人民感到不安，甚至带来社会动乱。所以，应急事件防治是现代城市社会治理必须加强的内容。

为方便起见，我们称这些内容为“治理内容要素”。当然，笔者列举的这些内容，只是就一般意义上说的主要显现的内容，而针对不同城市可能治理内容的重点不一样或者某一个时期有不同的程度区别，这就要根据所面对的城市具体情况进行归类和规范，提出针对性的“治理内容要素”。

三　组织部门

这一要素是指治理目标和措施的执行要素，它包括政府相关部门（按现有城市政府的一般的职能设置）：政府总协调中心（可以政府总牵头，综合有关人员成立可以协调各部门和相关事务的专职机构，其必须有号召力和权威性）、电子政务中心、政法部门（包括政法委、公安局、司法局、交警队、消防队等）、人社部门、民政部门（包括其注册的非政府性社会组织，如各种协会、学会、研究会、行业学会等）、工商部门（含质检、食品药检监督部门）、宣传部门（精神文明建设部门）、教育部门、医疗卫生部门（包括计划生育部门）、民族宗教部门、城管部门、房管部门，最基层的是社区组织等，还有政府性群团组织部门（如工会、共青团、妇联等）。这些部门在治理体系运行中发挥着各自不同的作用，但相互协调配合、互为支撑。我们称这 14 类组织部门要素为“执行组织要素”。

四　运行系统

运行系统指治理内容与各组织部门之间的对应关系或者叫内容的归属，所形成的“条块式”系统，使得每一项治理内容都落实到相应的部门要素的“条块”中（当然这中间可能有的内容与多个部门相关，但由主要相关部门主持，其他部门协助），这些“条块式”系统成为治理体系的运行要素。我们称这些“条块式”系统的总体为治理体系的运行系统，这每一个“条块式”系统成为“运行系统要素”。

五　人员组织

治理体系的运行系统到运行执行实践需要必要的人员在每一个运行节点上发挥必要的“指令”和“操作”作用。这些人员既具有确保运行畅通的作用，又具有一定的外动力源的作用；所以，要求这些人员必须具有相应的专业知识、运行能力、责任品质和政治素质，才能胜任其岗位职责。

六　条件保障

治理体系构建必须有足够的条件保障，包括硬件和软件两个方面。硬件包括场所（体系落实的工作场所）、设备和装备、机构和人员、必要的经费等；软件包括体系运行的政策保障（包括法制保障）、组织保障、机制保障等，这些都需要城市政府提供强有力的基本保证。

第二节　治理体系的基本框架

为了更加明晰如何具体的将这些要素构建成城市社会治理体系，本节在进一步说明各要素之间关系的基础上，提出一个构建治理体系的基本框架逻辑图，用以说明构建的基本思路和体系的基本结构。

一　各要素之间的关系和作用

明确了构建治理体系的主要要素，还必须弄清楚两大问题：一是要素之间的关系；二是基本体系框架。上面，我们已经把治理体系的“构建要素”归纳为六大类，而把其中的“治理内容要素”归纳为 11 种类，“执行组织要素”归纳为 14 个门类。六大类治理体系“构建要素”是政府主导下根据城市社会情况和现有组织体系情况宏观思考的大问题，是对所在城市社会治理的宏观认识和思想准备以及必须具备的思想理路，这常常是反映城市党政主要领导及其领导集团在社会治理创新问题上的思想理念和重视程度。一座城市的社会治理创新体系的形成首先取决于此；11 类“治理内容要素”是具体治理对象，是治理的出发点和落脚点，是整个治理体系的核心部分；14 个门类“执行组织要素”是“治理内容要素”的承载体，是操纵和动力的发出源；人员要素分布在执行组织要素中；条件要素和理念定位是基础和前提，必须走在前面；体系的运行系统要素（即构建要素）通过执行组织要素与治理内容要素之间的归属和作用构成治理体系运行的子系统。各自承担相应的职能，发挥各自的优势和创造力，同时又相互依赖和互为支撑。特别是“治理内容要素”与“执行组织要素”之间的联系是不可分的，而且其内在的归属关系在人为的指令时必须较为合理，合理程度越高越能发挥更好的效果。如果将两者分离或者指令安排不合理，那么整个体系运行是不会有好效果的，甚至会产生负面效应。

还应指出的是，这里提出的各类要素只是一般意义上的必然现象，实际操作中因不同地域和不同城市的具体情况不一样，所以，对于不同的城市可能会出现一些新要素需要纳入构建的体系中，成为某类要素之一。各要素所处位置不一样，又处于运行、转化与传递状态，所以，各自的协调性必须有一个权威的中心执行组织——“总指挥部”。这就是“政府总协调中心”，我们可称其为“社会治理办公室”或“社会治理中心”，它代表政府协调整个社会治理体系运行工作。

二 治理体系的基本框架逻辑图

为了方便表述基本框架的逻辑图，我们用字母表示体系框架的主要节点要素：

A 表示领导决策集团，

A1 表示领导决策集团为治理创新提供的硬件条件保障，

A2 表示领导决策集团为治理创新提供的软件条件保障，

G 表示执行组织要素，

N 表示治理内容要素，

A（G）表示代表领导决策集团的、直接负责整体治理体系运行的指挥中心，即“社会治理中心”或“社会治理办公室”，

G（N）表示通过社会治理中心（即 A（G））构建的治理内容要素（即 N）与执行组织要素（G）之间的归属关系（也即是执行组织部门负责的社会治理工作），

R 表示经过执行运行后的结果（效果）。

于是，根据上面阐述的关系，我们有下面的基本框架图（图 7—1）：

这个图形从表象上看像一个基础牢固、坚不可摧的灯塔，R 便是照亮社会的巨灯；从结构上看，各自的相互关系和地位比较清晰，而且能看出各自的作用。

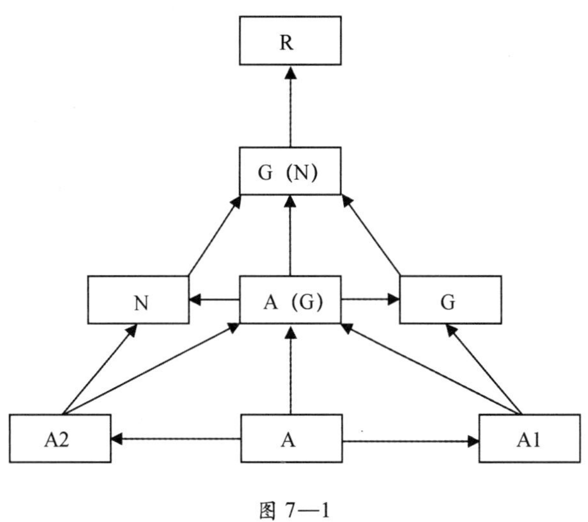

图 7—1

第三节　治理体系的运行机制

前面，我们提出了治理体系的基本框架图，看到了要素之间的逻辑关系，现在我们看其如何进行运行，建立运行机制。在讨论治理内容要素和执行组织要素中我们看到，系统性社会治理创新体系涉及政府部门和非政府部门较多，而每一个部门还涉及更多内容和任务，所以，不可能全部精力放在社会治理工作上，这就要求各级政府及其相关部门根据治理体系要求进行必要的机构改革和科层职能调整，在“精简、协调和高效”的总体指导思想下，构建体系的良性运行机制。主要解决好三个问题：

一　组织系统

整个治理体系必须有一个权威性的中心协调单位，即社会治理办公室或者社会治理中心，它必须是党委政府直接领导下的独立机构，代表党委政府行使协调工作职能；干部和人员配备实行专兼职结合，但必须有得力的专职干部和人员，专司其职，在治理运行过程中不断地研究新问题、解决新矛盾、完善运行机制。组织系统包括所有的执行组织要素，即各相关职能部门。这就要求各职能部门要调整科层职能，社会治理内容归口对应，并与分管领导对应。这必须形成从城市政府到基层社区的完整的组织系统。在这样一个组织系统下要求有关部门机关进行改革，调整职能，精减人员，以实现精简高效。组织系统是运行机制的关键部件，因为，它牵涉到部门人员、职能的调整和改革，资源和责任分配。

二 动力系统

这里的所谓动力，指促使社会治理体运行的力量。治理体系运行需要足够的动力，才能推动其良性的高效运行。然而，在传统的社会管理阶段，其动力主要来自政府的权威和政令，呈现出单一性和被动性，缺乏活力和自动力。随着社会转型加速，城市社会结构发生巨大变化，从而使得城市社会治理的动力变得多元。当下，社会治理的动力系统大致由三个方面力量组成：

一是牵引力。所谓牵引力，指保持社会治理创新运行的正确方向、引领和拉动力。牵引力主要来自党委和政府，牵引力对治理体系运行的效果和效率起先决作用；它是保证国家安定目标、社会稳定和谐目标实现的根本动力。牵引力是从传统的社会管理政府职能逐步分离出来的，也是需要政府转变职能，实现政令性职能向服务型职能转变。牵引力还表现在政府的社会治理的政策和法规、社会治理创新体制机制的改革。

二是主推力。这里的所谓主推力，主要指推动治理体系良性运行的主要力量。主推力主要来自城市的广大民众对城市安全、稳定、和谐、对幸福生活的追求和期盼而产生的自觉行为。这意味着主推力源自广大市民在社会治理中的广泛民主参与和自觉自醒的创造力，来自基层社区的民主自治产生的内动力。主推力需要在牵引力的正确引领下发挥出正向力，从而推动治理体系的良性运行。主推力的良好实现有赖于政府职能转变，要从权力型转向服务型、法治型，创造宽松民主的社会氛围，在社会治理创新方面要主动引导和调动市民的积极性、主动性和创造性，并有意识地创造条件让广大市民参与社会治理的主体工作，让他们切实感受到自己就是社会治理创新、创造和谐环境的主人，从而实现主推力的最大发挥。

三是助推力。所谓助推力，指牵引力和主推力之外的有利于社会治理创新良性运行的力量。这主要来自社会非政府组织和市场部门组织的对社会治理的调节力量。现代城市社会非政府组织由于其中性特点，常常具有协调政府无法协调的部分矛盾的作用，化解政府与市民之间的不协调事宜。从我国目前情况看，这方面还比较薄弱，还需要政府的政策引导和保护，也还需要人们对非政府组织和市场部门组织在社会治理创新方面的正面力量的认识；同时，这些组织也还要在自身建设和规范行为上有新的更大的突破，要把自身组织的社会责任融入发展过程中，才能真正实现其社会治理的助推力作用。

三种力量有机结合，真正形成合力才能确保现代城市社会治理创新体系的健康高效的运行。形成合力的三种力量整体构成城市社会治理创新体系的动力系统。

三　结算系统

社会治理体系成效如何，需要检验和评价，需要不断地总结和完善，这就要建立客观的较全面的“结算系统”。结算系统由三部分组成，即考评体系、考评运行、考评处理。

考评体系，指根据社会治理体系预设的目标和环节，制定的分项质量等级标准指标系统，考评指标体系的设立权重具有治理工作的导向性，所以，需要科学、系统、全面和实际，不同阶段、不同的城市可能有不同的重点和难点。大致分为四部分：一是治理内容要素达到的情况，这是核心指标，也是目标性指标，要根据执行组织要素责任程度设计指标及其权重；二是运行过程和环节的协调程度；三是责任单位，即执行组织要素状态；四是综合共性评价结论。

考评运行，指怎样根据考评指标体系进行实际操作。当制定了比较科学的考评指标体系之后，考评运行就是一个严肃、客观、公正的评价过程，这个评价不仅仅是评出结果打出等级，更重要的是要通过考评运行总结好的经验，发现需要改进的问题以及解决问题的途径与方法；还要促进和督促相关责任主体（执行组织要素）的工作。所以，考评运行是一个非常重要的环节。

考评处理，指考评运行结束后，要得出结论并按预设的“办法”或“条例”做出相应的结算处理。这里的所谓“结论”，大致包括三个方面：

一是对责任主体工作的结论，要有相应的反馈意见；二是治理指标体系运行情况的总体结论，指出治理体系在运行过程中不协调和不科学的地方和环节；三是对所涉范围的社会治理创新体系执行情况进行总体分析，包括治理体系改进完善、运行及动力系统提质、考评改进和完善等，要提供完整的结算报告给党委政府。部分评价指标结果可以系统内公示，以促进其工作。当然，还必须执行预设的考评结果处理办法。

四 治理体系运行图

把这三个系统与上一节构建的体系基本框架逻辑关系（图 7—1）结合起来，治理体系的运行机制就形成了。我们把这个运行机制用 T 来表示，而用 D 表示动力系统。那么，就得到在这个机制下的社会治理体系的运行图：

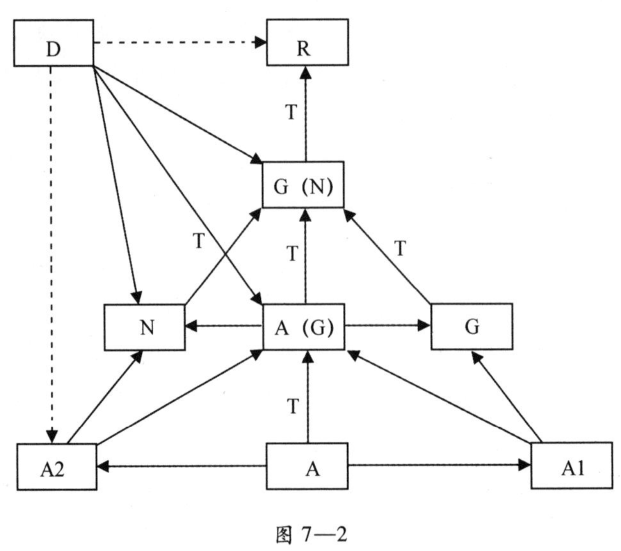

图 7—2

从图 7—2 可以看出，整个运行的核心是构成中间梯形四类要素 A（G）、G、G（N）、N 和运行机制 T，它们的协调，会使动力发挥更好的作用，机制是协调运行的关键，当然，A（G）、G、G（N）、N 的各自内部结构也十分重要，这取决于 A 和 A（G）的智慧。但是，从运行图看出领导决策集团已不在前线，而在幕后成为坚实的基础和后盾。

第四节　治理体系运行的保障机制

本章前三节，讨论了治理体系的构建、基本框架及其运行问题。然而，如何保障治理体系的持续运行、健康运行呢？这也是一个不可忽视的问题。在中国，最主要的需要三个方面提供保障，从而形成强有力的保障机制。

一　保障机制的内涵及地位

机制一词最早源于希腊文。原指机器的构造和工作原理，引申到社会学中“泛指一个工作系统的组织或部分之间相互作用的过程方式”①。机制的形成主要靠体制和制度，但绝不是简单的两者相加，而是一个系统工程，它们必须在不同层次、不同侧面上互相呼应、相互补充，这样整合起来才能发挥作用。还要特别重视人的因素，体制再合理，制度再健全，执行的人不行，机制还是到不了位。而且体制与制度不能完全分离，而应相互交融。制度可以规范体制的运行，体制可以保证制度落实。

保障机制是从机制的功能中划分出来的概念，机制的功能分为激励机制、制约机制和保障机制。激励机制是调动管理活动主体积极性的机制；制约机制是一种保证管理活动有序化、规范化的机制；保障机制是指为管理活动提供物质和精神条件的机制。社会治理体系的保障机制就是指为确保实施的治理体系良性运行提供物质和精神条件的机制。

城市社会治理创新是一个复杂而长期的实践探索过程，它需要用改革的精神和勇气，去不断地探索和不断地完善，才能逐步达到理想的目标。而在社会转型加速期的当下，城市社会结构转变滞后于城市经济结构变化带来的社会治理问题的复杂性，使得一项新的社会治理改革创新面临诸多困难和阻力。如果没有强有力的保障机制，势必影响甚至中断社会治理改革创新实践的进程。因此，建立科学和强有力的社会治理创新体系运行保障机制具有不可或缺的重要意义。

① 《现代汉语词典》（英汉双语），北京：外语教学与研究出版社2002年版，第892页。

在我们讨论治理体系构建要素时已经指出“条件保障”是六大类构建要素之一，是进行社会治理创新体系构建的基础性条件要素。这里我们要讨论的是在体系构建完成后，如何确保体系顺利实施和良性运行问题。

二　保障机制的三要素

相对于中国现代城市社会治理，治理创新体系运行保障机制由三方面构成：

1. 中国共产党组织的政治堡垒、权力权威以及其服务宗旨在治理体系运行中的方向领导、政治保障和服务指导的决定性作用，这一点非常重要。其一，因为我们构建和运行的社会治理创新体系是中国共产党领导下的中国特色社会主义社会的现代城市社会治理体系，我们的改革创新是对现有社会运行状况的建设反思性探索，是为了建设稳定和谐的中国特色社会主义社会而进行的改革创新。这与西方资本主义国家为维护资本主义社会运行进行的社会治理有着本质的区别。所以，只有在中共党组织的领导下治理创新体系才能得到方向和组织上的保障。其二，社会治理创新涉及的要素面很广，包括了机构、人事、职能等方面的调整甚至改革，包括社会价值观取向、政治文明建设、干部素质及其履职等重大问题。这其中很多问题的解决和落实需要在党组织的领导和主持下才能实现。其三，中共党组织的核心地位和权威性，是社会治理创新体系运行的强有力的政治保障。

2. 法律法规法治的保障作用。社会治理创新体系的运行和探索的长期性与复杂性，需要法治的手段保障。认识到社会治理创新的长期性、复杂性和艰巨性，是建立社会治理法治保障的重要思想基础和必要性的论证。相关的论述在前面已经论述过，这里我们只谈保障社会治理创新体系运行的具体法治建构。笔者认为，一是要将社会治理创新这一项长期性的工作纳入各地及其各级政府法定的工作职责，成为法定规划纲要中的重要内容之一，把具有良好社会治理创新效果的社会发展水平与经济发展水平放在并重的位置上进入国家发展纲要；二是把社会治理创新的核心要素和内容要素的主要边界以“条例”性质的形式确定为治理规范予以颁布执行；三是社会治理创新的部分内容应该适时的纳入法律条款予以保护。

3. 政策和制度保障。即要出台相关政策和制度保障治理创新体系持续健康的运行。目前看要解决的核心政策和制度是两个，一个是人事政策与制度，要保障从事社会治理和社会工作的人员在生活保障和工作发展方面有与其他工种一样的归属感和自豪感，说到底就是要使社会治理和社会工作成为国家发展和社会发展中的一项专门的职业，可以让从业者能“托付终身”地为之奋斗和追求。在中国这样一个拥有近14亿人口的大国，其社会治理决不能仅仅寄托在“慈善工作者”“志愿者”“夕阳红”“合同工”“临时工”等人身上，要有一大批从事这方面工作的专业人员终身从事这项工作、研究这项工作，这项工作才能前仆后继，持续发展。二是经费政策。社会治理创新本身就是对传统社会管理制度的一种改革，改革的探索过程中必然付出一定的代价；社会治理创新运行必须有一定的经费投入和支撑，决不能把用于社会治理创新的经费看作是一种新的负担，而应在调整经费预算和管理上制定出保障性的政策，使治理体系运行得到必要的经费保障。

社会治理运行的保障机制实际上发挥着给运行机制节点加润滑油，给运行的动力系统，特别是给主推力和助推力添加动力油的作用，不可缺少、不可替代。

三　完善的治理体系运行逻辑路线图

治理体系在运行过程中离不开必要的保障机制。所以，完善的社会治理体系运行，必须同时建立起行之有力的保障机制予以密切配合，才能使一个好的治理体系和运行机制发挥出良好的效果。我们也可以用简单的运行逻辑线路图予以描述或表达：我们用B表示上面提供的保障机制，结合治理体系运行图7—2，于是，我们得到完整的治理体系运行路线逻辑图（图7—3）：

从图7—3可以看出，动力的着力点和保障机制的着力点的对称性，它寓意着体系运行是稳定良性的，如果用T（N）表示在有保障机制B的作用下运行机制T使治理体系顺利高效运行的过程，那么，我们可以用一个象征性的图形来表达系统性城市社会治理创新体系运行的过程和结果：

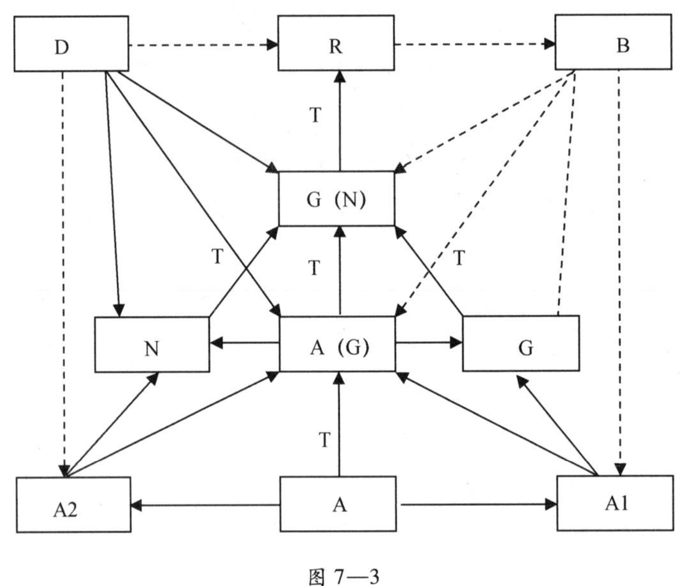

图 7—3

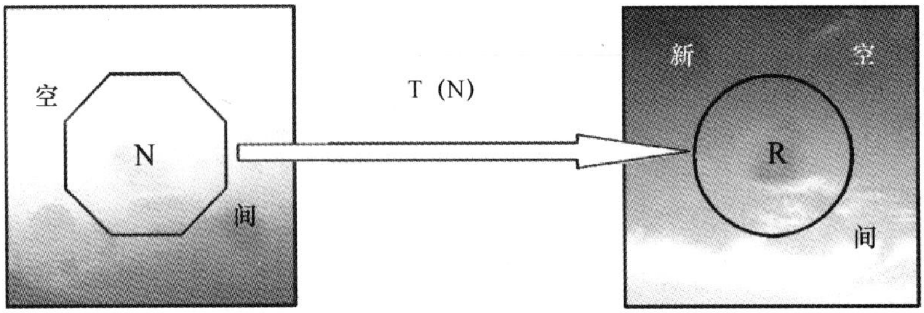

图 7—4

此图（图 7—4）的意思是：左边的整个较昏黄方块表示没有系统性社会治理创新体系及其良性运行之前的空间现象（只是表达一种需要治理的意义），其间的多边形块是指治理内容要素 N；右边的整个天蓝色方块表示通过 T（N）运行后呈现的比较舒适的新的社会空间，而其间的圆形块是指治理后的内容要素发生了优化达到 R，进而，因为优化的 R 带来了一片蓝天的新空间。

第五节　治理体系的动态性完善

社会发展总是呈动态性的状态，而不是静态的。任何一个再好的社会治理体系必然在动态性的发展过程中不断地受到检验和挑战。正如我国社会发展和管理变迁的历程一样，每一个新的发展阶段都会因社会结构的变化等因素对社会治理提出新的要求。面对新情况、新要求，既定的治理体系就应该根据实际需要进行必要的动态性调整和完善。这种调整和完善不是推翻性的或者停止性的，而是发展性的。这就必须坚持一定的原则、把握好调整与完善的时机和度。

一　动态性完善的基本原则

笔者认为，要坚持以下几项基本原则

1. 时代需求原则。所谓时代需求原则，是指当社会发展到一个时期，其社会结构和状况发生了重大变化，包括当地区域或城市社会的重大变化，已经实施的社会治理体系可能存在不适应或者不能很好支撑新的时期社会建设和发展，就会对社会治理产生新的需求。在这种情况下和重要时期就必须对既有的社会治理体系进行调整和完善。在坚持这个原则时，必须首先把握整个社会结构，包括城市社会结构变化的核心内容及其未来趋势；其次要把握这种变化和趋势对社会治理的新需求所在；最后要找准完善治理体系的核心问题和根本要点。

2. 实践检验原则。所谓实践检验原则，是指在完善治理体系中要坚持需要完善的地方必须是实践证明或者他的经验已证实了的确需要调整和完善的地方，决不能仅凭长官意志和爱好随意进行；要自下而上地总结归纳集中，找出整改要点和实施修改意见。整个过程要坚持客观性、实践性和民主性，才有可能保证完善环节的科学性。

3. 循序渐进原则。所谓循序渐进原则，指治理体系在新的阶段可能有需要完善的地方较多，但情况和背景有所不同，轻重程度也可能各异，特别有的问题认识上还不一定统一；所以调整和完善必须坚持与原治理体系相衔接的原则，按照实际情况在不同时机逐步进行“大改”或“小改”，“先改”或“后改”，“快改”或“缓改”，进而达到完善。切不可全盘推翻性的改，盲目性的改，“跟风”式的改，必须认识到，任何一个治理体系的实施都有一个逐步磨合与调适的过程，有一个前后相联系的逻辑需求。否则，就会导致“因改”而适得其反。

4. 发展视野原则。所谓发展视野原则，是指在进行治理体系调整和完善中要坚持从国家和整个社会发展的视野审视，要借鉴国内外成功的经验，要把握当地社会发展的实际和规律。总之，要用发展的观点看待调整与完善问题，必须站在发展的前沿，做出具有前瞻性和科学性的修改完善事宜。

5. 民主集中原则。所谓民主集中原则，是指在进行治理体系调整和完善中，必须坚持广泛的民主参与和集中统一的决策相结合的原则。社会治理创新的运行直接面对社会与社会人及社会事务，所以，所有需要调整和完善的问题和意见都主要来自社会基层，因而，必须高度重视基层民主参与过程和意见，并广泛协商治理体系动力系统的各方力量（牵引力、主推力、助推力等）的意见，最后，采取一定形式的集中做出调整和完善的决策意见。只有这样才能得出正确的结果，也只有通过这个程序和过程达到统一思想、统一认识和统一行动的效果，才能调动各方力量的积极性和创造性。

二　动态性完善的基本过程

从讨论社会治理创新体系动态性完善的基本原则中，我们可以看到动态性完善需要一些基本环节，才能较好地实现动态完善的目标。笔者认为，大致要经过以下几个步骤：

1. 确定调整和完善内容。这是一个关键性的步骤，是需要回答调整和完善什么的问题。按照原则，需要从实践检验中总结和基层执行者与被执行者的意见中甄别，以及一定程序的民主集中决策等过程准确地确定出拟调整完善的内容。这需要实践过程中各环节记载的信息和数据佐证，以及他的成功经验的借鉴和失败教训的吸取，着眼当下，但更要放眼长远。要分清需要调整内容的性质和归属，把握其需要调整的度。

2. 确定适时调整的意见。在确定好调整和完善内容后就是确定具体调整的意见，这又是一个精细而复杂的过程，是要回答如何调整和完善的问题。同样要根据原则，按照一定程序，在广泛民主意见的基础上，确定具体调整和修改意见。这些意见应该有轻重、急缓之分，整体性与局部性之别，还要有具体清晰的调整完善的步骤。

3. 执行系统对接调整及修缮运行机制。有了前面两个步骤就可以实施具体修订工作，修订工作主要是两项：一是对治理体系具体环节内容的修改，并同时要把修改的内容要素与执行组织要素对接适时调整（指对那些有需要调整的部分）；二是对相应的运行机制也应做适当的调整和修缮。

4. 颁布调整和完善后的体系并执行。这是最后一个环节，即权威性发文执行。这环节执行之时，还要求根据调整完善的内容提供必要的运行保障机制。

三　动态性完善的意义

随着社会转型加速带来的社会（包括城市社会）结构的快速变化，对已运行的社会治理体系实行动态性完善具有重要意义。主要表现在三个方面：

1. 社会发展进步的需要。社会治理本身就是社会建设的重要组成部分，是促进社会发展的必然要求。现在，中国正在进行政治、经济、文化、社会、生态文明五位一体格局的全面建设，实施“四个全面”改革的伟大战略，一系列的国家发展的重大措施将推动中国社会的快速发展。在这个时期，更需要安全、稳定、和谐的社会环境作基础，为国家和社会进一步发展保驾护航。这就需要更具社会发展进步的需求，不断地创新社会治理，适时地调整和完善治理体系，以适应不断变化发展的新形势的需要。

2. 治理体系内在的科学性和有效性的必然要求。社会治理体系本身也必须在实践中经过不断地检验、磨合、调整、修改过程，才能逐步使其更加完善和有效，才能跟得上时代发展的需要，才能逐步成为一个比较成熟的治理体系而为社会所欢迎。

3. 动态性完善没有终结。社会治理创新体系重在不断地创新，不断地更好地适应社会变革的需要，他的动态性完善不是可以用调整修改的次数来表述的，是一个没有终结的过程。所以，坚持以社会长久的稳定、和谐、文明的社会环境为目标，就必须不断创新和完善社会治理体系。

结　语

社会治理创新两个问题的思考

随着现代城市的现代化进程，信息化成为现代城市最重要的标志之一。没有信息化，城市就不可能成为现代化的城市，这已是不争的事实。所以，在城市化发展过程中，信息化是城市追求的重要目标之一。然而，信息技术和网络技术的飞速发展，使人们的许多交往和交流通过网络和信息技术实现，包括商业和物流等逐步发展成了城市社会的一种常态，进而形成了一种虚拟的社会空间形式，也被称为虚拟社会空间。虚拟社会空间的出现，给人们的生活和工作带来极大的方便，也给城市社会治理带来了一定的困难。本书讨论的城市社会治理创新及其体系，一个重要的手段创新就是信息和网络技术的充分应用，提高社会治理创新的智能化水平，也是城市社会治理创新先进性的一种特征。纵观国内外城市社会治理各种模式和体系，其间都会把信息化和智能化作为重要支撑。相对于我国来讲，笔者对两个问题提出一些思考。

一　城市社会治理的信息化支撑问题

在各种治理体系中信息化支撑是三个方面：一是网格化管理，这是信息来源的基础，也是社区治理的单元要素，所以，这是治理体系中信息化的基础；二是信息平台及其信息的汇集与分化，成为信息中心；三是信息数据的处理，数据处理和应用的效度决定社会治理水平高度。在具体实施过程中，网格化管理的标准化是我国现在社会治理中最需要解决的问题。网格化的标准主要包括网格的划分标准、网格的人员标准（网格员和社区工作者标准）、网格员的身份认定、网格员的薪酬标准，信息采集标准、信息处理的机构及其人员配备标准、信息平台及其信息处理标准，等等。就当下情况看，全国范围内都存在这个问题，国家没有标准，省市也没有标准，各地根据情况各行其是。这既不利于网格管理工作的效率效果，也难保证这项工作的持续健康进行。因此，进一步深入研究网格化管理的相关标准问题，确立全国统一的（或者区域性的，或者省市的）、科学的具有法律保障效率的标准体系是我国社会治理创新中的一个重要而又紧迫的事情。需要学者的研究与政府的重视和支持共同推进。

二 智慧城市建设：城市社会治理智能化的新境界

在城市治理过程中追求智能化，以提高应对复杂的城市社会管理现实的能力，确保现代城市社会的良性运行和协调发展。在我国，正在追求城市社会智能化的新境界——建设智慧城市。

智慧城市就是运用信息和通信技术手段感测、分析、整合城市运行核心系统的各项关键信息，从而对包括民生、环保、公共安全、城市服务、工商业活动在内的各种需求做出智能响应。其实质是利用先进的信息技术，实现城市智慧式管理和运行，进而为城市中的人创造更美好的生活，促进城市的和谐、可持续成长。①

随着人类社会的不断发展，未来城市将承载越来越多的人口和担当更多的功能。在我国城镇化加速发展的时期，为解决城市发展难题，实现城市可持续发展，建设智慧城市已成为当今世界城市发展不可逆转的历史潮流。智慧城市的建设在国内外许多地区已经展开，并取得了一系列成果，国内的如智慧上海、智慧双流；国外如新加坡的“智慧国计划”、韩国的“U-City 计划”等。

智慧城市概念，与数字城市、感知城市、无线城市、智能城市、生态城市、低碳城市等概念相关联，与电子政务、智能交通、智能电网等行业信息化概念直接相关。但是，智慧不仅仅是智能。智慧城市绝不仅仅是智能城市的另外一个说法，或者说是信息技术的智能化应用，还包括人的智慧参与、以人为本、可持续发展等内涵。综合这一理念的发展

---

① 转引自百度百科，（2016 年 1 月 21 日）《列数国外智慧城市经典案例》，中国云计算（本词条由“科普中国”百科科学词条编写与应用工作项目审核）。

源流以及对世界范围内区域信息化实践的总结，《创新 2.0 视野下的智慧城市》一文从技术发展和经济社会发展两个层面的创新对智慧城市进行了解析，强调智慧城市不仅仅是物联网、云计算等新一代信息技术的应用，更重要的是通过面向知识社会的创新 2.0 的方法论应用。①

智慧城市通过物联网基础设施、云计算基础设施、地理空间基础设施等新一代信息技术以及维基、社交网络、Fab Lab、Living Lab、综合集成法、网动全媒体融合通信终端技术等工具和方法的应用，实现全面透彻的感知、宽带泛在的互联、智能融合的应用以及以用户创新、开放创新、大众创新、协同创新为特征的可持续创新。强调通过价值创造，以人为本实现经济、社会、环境的全面可持续发展。

智慧城市建设起源于西方发达国家的城市发展。2008 年 11 月，在纽约召开的外国关系理事会上，IBM（International Business Machines Corporation）提出了“智慧地球”这一理念，进而引发了智慧城市建设的热潮。

欧盟于 2006 年发起了欧洲 Living Lab 组织，它采用新的工具和方法、先进的信息和通信技术来调动方方面面的“集体的智慧和创造力”，为解决社会问题提供机会。该组织还发起了欧洲智慧城市网络。Living Lab 完全是以用户为中心，借助开放创新空间的打造帮助居民利用信息技术和移动应用服务提升生活质量，使人的需求在其间得到最大的尊重和满足。

2009 年，迪比克市与 IBM 合作，建立美国第一个智慧城市。利用物联网技术，在一个有 6 万居民的社区里将各种城市公用资源（水、电、油、气、交通、公共服务等等）连接起来，监测、分析和整合各种数据以做出智能化的响应，更好地服务市民。迪比克市的第一步是向所有住户和商铺安装数控水电计量器，其中包含低流量传感器技术，防止水电泄漏造成的浪费。同时搭建综合监测平台，及时对数据进行分析、整合和展示，使整个城市对资源的使用情况一目了然。更重要的是，迪比克市向个人和企业公布这些信息，使他们对自己的耗能有更清晰认识，对可持续发展有更多的责任感。①

---

① 所谓“创新 2.0”，指的是信息时代、知识社会的创新形态，它是工业时代的创新形态（被称作“创新 1.0”）的升级。

韩国以网络为基础，打造绿色、数字化、无缝移动连接的生态、智慧型城市。通过整合公共通讯平台，以及无处不在的网络接入，消费者可以方便地开展远程教育、医疗、办理税务，还能实现家庭建筑能耗的智能化监控等。

新加坡2006年启动“智慧国2015”计划，通过物联网等新一代信息技术的积极应用，将新加坡建设成为经济、社会发展一流的国际化城市。在电子政务、服务民生及互联方面，新加坡成绩引人注目。其中智能交通系统通过各种传感数据、运营信息及丰富的用户交互体验，为市民出行提供实时、适当的交通信息。

美国麻省理工学院比特和原子研究中心发起的Fab Lab（微观装配实验室）基于从个人通信到个人计算再到个人制造的社会技术发展脉络，试图构建以用户为中心、面向应用的用户创新制造环境，使人们即使在自己的家中也可随心所欲地设计和制造他们想象中的产品，巴塞罗那等城市从Fab Lab到Fab City的实践则从另外一个视角解读了智慧城市以人为本可持续创新的内涵。

欧洲的智慧城市更多关注信息通信技术在城市生态环境、交通、医疗、智能建筑等民生领域的作用，希望借助知识共享和低碳战略来实现减排目标，推动城市低碳、绿色、可持续发展，投资建设智慧城市，发展低碳住宅、智能交通、智能电网，提升能源效率，应对气候变化，建设绿色智慧城市。

丹麦建造智慧城市哥本哈根有志在2025年前成为第一个实现碳中和的城市。要实现该目标，主要依靠市政的气候行动计划——启动50项举措，以实现其2015年减碳20%的中期目标。在力争取得城市的可持续性发展时，许多城市的挑战在于维持环保与经济之间的平衡。采用可持续发展城市解决方案，哥本哈根正逐渐接近目标。哥本哈根的研究显示，其首都地区绿色产业5年内的营收增长了55%。

瑞典首都斯德哥尔摩，2010年被欧盟委员会评定为“欧洲绿色首都”；在普华永道2012年智慧城市报告中，斯德哥尔摩名列第五，分项排名中智能资本与创新、安全健康与安保均为第一，人口宜居程度、可持续能力也是名列前茅。

到2013年，全球超过400个城市竞逐最有智慧城市头衔，最后选出这7个城市，分别是：

1. 美国俄亥俄州的哥伦布市；
2. 芬兰的奥卢；
3. 加拿大的斯特拉特福；
4. 中国台湾地区的台中市；
5. 爱沙尼亚的塔林；
6. 中国台湾地区的桃园县；
7. 加拿大的多伦多。①

中共党的十八大报告明确提出了2020年全面建成小康社会的主要目标，并强调走中国特色新型工业化、信息化、城镇化、农业现代化道路。这实际上指明了智慧城市建设的方向。为规范和推动智慧城市的健康发展，2013年1月9日，住房城乡建设部启动了国家智慧城市试点工作。经过地方城市申报、省级住房城乡建设主管部门初审、专家综合评审等程序，首批国家智慧城市试点共90个，其中地级市37个，区（县）50个，镇3个，试点城市将经过3—5年的创建期，住建部将组织评估，对评估通过的试点城市（区、镇）进行评定，评定等级由低到高分为一星、二星和三星。信息显示，国家发改委正着手起草智慧城市健康发展的指导意见，并研究在区域范围内启动智慧城市试点工作。

经过3年的试点建设，根据住房城乡建设部委托中国社科院信息化研究中心、国脉互联智慧城市研究中心进行了评估，并由这两家单位联合发布了2015年《中国智慧城市发展水平评估报告》（以下简称《评估报告》），《评估报告》显示以下主要城市智慧城市发展水平处于全国领先水平：首先是北京、上海、广州、深圳、天津、武汉、宁波、南京、佛山、扬州、浦东新区、宁波杭州湾新区；其次是重庆、无锡、大连、福州、杭州、青岛、昆明、成都、嘉定、莆田、江门、东莞、东营；再次是沈阳、株洲、伊犁、江阳。

城市化进程的加快，使城市被赋予了前所未有的经济、政治和技术的权利，城市被无可避免地推到了世界舞台的中心，发挥着主导作用。与此同时，城市也面临着环境污染、交通堵塞、能源紧缺、住房不足、

---

①　转引自《智慧城市》，百度百科 https//www. baike. com。

失业、疾病等方面的挑战。在新环境下，如何解决城市发展所带来的诸多问题，实现可持续发展成为城市规划建设的重要命题。在此背景下，“智慧城市”成为解决城市问题的一条可行道路，也是未来城市发展的趋势。

现在，智慧城市建设全国性的提速，这将更大力度地推动我国现代化城市发展。在这个背景下，宜昌市作为湖北省省域副中心城市，高度重视智慧城市建设，正进行着大手笔的创新建设举措，将以智慧城市建设为推手，促进宜昌大城梦的实现。成立了以省委常委、市委书记为领导小组组长，市委和政府相关领导为副组长及成员的宜昌市智慧城市建设领导小组，并将原来的政府电子政务办更名为智慧城市办，作为领导小组的办事机构，同时也是政府的一个正县级职能部门。整个框架和相关工作已进入实质性的工作阶段。笔者相信，宜昌的强力度推进，一定会使宜昌智慧城市建取得辉煌成就。

笔者思考的问题是，智慧城市建设与城市社会治理创新之间的相互关系和作用问题。本人的认识是：智慧城市建设与城市社会治理创新有直接和紧密的联系，但谁也不能代替谁，它们是相互独立的系统但又相互支持和紧密相连。具体的讲有以下几点：

1. 两者都以信息化、智能化为手段，以城市社会的良性运行、和谐发展为目标，强调以人为本、社会公平、民主的理念。这一共同特点使两者在实践中必须紧密相连、相互支持和协调。

2. 智慧城市建设注重从政府管理的效度、公平、监督的角度，通过智慧式管理实现城市社会的良性运行和有序发展，使政府成为智慧型政府；而社会治理创新注重从社会矛盾的掌控和化解的角度，通过治理方式和体制机制的创新、信息化智能化手段实现城市社会的良性运行和协调发展。两者从两个不同的侧重角度，促进同一个问题的解决，所以，相互之间具有弥补性和支撑性。

3. 城市社会治理创新强调从社会底层各个方面获得第一手准确信息和数据，并通过信息技术和信息平台输送至上层进行高速的准确处理，达到社会矛盾和问题的及时解决；这些数据以及问题解决经验的积累可以为政府决策提供重要参考；智慧城市从政府各个层面获得主要数据和经验，通过智慧式整合处理，达到管理效能提升、实现公平公正，从而促进社会稳定、协调、良性运行。

4. 综合以上三点，笔者认为：在进行智慧城市建设中必须进一步加强城市社会治理的创新，要把智慧城市建设与城市社会治理创新有机、紧密地结合起来，决不能把两者割裂开来。这需要城市政府领导人的智慧和眼光，需要政府的体制和机制的改革与创新。

参考文献

一　著作类：

《马克思恩格斯全集》第3卷，北京：人民出版社1972年版。

《马克思恩格斯选集》第1卷，北京：人民出版社1995年版。

《李大钊文集》（2卷本），北京：人民出版社1984年版。

《李大钊文集》（4卷本），郑州：河南教育出版社1999年版。

《孙中山全集》第6卷，北京：中华书局2006年版。

《毛泽东选集》第1卷和第2卷，北京：人民出版社1991年版。

《毛泽东文集》第7卷和第8卷，北京：人民出版社1999年版。

《邓小平文选》第3卷，北京：人民出版社1993年版。

［俄］《普列汉诺夫哲学著作选集》第2卷，北京：三联书店1961年版。

［美］艾拉·卡茨纳尔逊：《马克思主义与城市》，王爱松译，南京：江苏教育出版社2013年版。

［苏］瓦·奇金：《马克思的自白》，蔡兴文、孙维韬等译，北京：中央编译出版社2011年版。

［美］塔尔可特·帕森斯：《社会行动结构》，张明德等译，北京：译林出版社2012年版。

［法］达尼洛·马尔图切利：《现代性社会学——二十世纪的历程》，姜志辉译，南京：译林出版社2007年版。

［法］马塞尔·莫斯：《社会学与人类学》，佘碧平译，上海：上海译文出版社2014年版。

［奥］阿尔弗雷德·许茨：《社会实在问题》（修订本），霍桂桓译，杭州：浙江大学出版社2011年版。

［美］O. 威廉·法利、拉里·L. 史密斯、斯科特·W. 博伊尔：《社会工作概论》(第十一版)，隋玉杰等译，北京：中国人民大学出版社 2010 年版。

［美］R. E 帕克、E. N. 伯吉斯、R. D. 麦肯齐：《城市社会学——芝加哥学派城市研究》，北京：商务印书馆 2012 年版。

Lefebvre, Henri. 1971. Everyday Life in the Modern World. London: The Penguin Press.

Lefebvre, Henri. 1969. The Sociology of Marx. New York: Random House Inc.

Lefebvre, Henri. 2004. Rhythm Analysis. London andNew York: Continuum.

Harvey, David. 1973. Sociol Justice and the City. Oxford UK: Basil Blackwell Publishers.

Smith, Mmichael Peter. 1984 > Cities in Transformation: Class, Capital and the State. Beverly Hills, California: Sage Publications Inc.

梁启超：《饮冰室文集》之二十，北京：中华书局 1989 年版。

《朱执信集》上册，北京：中华书局 1979 年版。

费孝通：《乡土中国生育制度乡土重建》北京：商务印书馆 2011 年版。

费孝通：《社会学的探索》，天津：天津人民出版社 1985 年版。

郭沫若：《中国古代社会研究》，北京：商务印书馆 2011 年版。

孙本文：《社会学原理》(下)，北京：商务印书馆 1935 年版。

孙本文：《当代中国社会学》，北京：商务印书馆 2011 年版。

陆学艺：《中国当代社会结构》，北京：社会科学文献出版社 2011 年版。

陆学艺等：《中国社会建设与社会工作》，北京：社会科学文献出版社 2012 年版。

郑杭生：《郑杭生自选集》，北京：学习出版社 2013 年版。

郑杭生：《社会转型与中国社会学的理论自觉》，北京：中国人民大学出版社 2011 年版。

郑杭生：《中国特色社会学理论的深化："实践结构论"的提出与"理论自觉"的轨迹》(上、下卷)，北京：中国人民大学出版社 2010 年版。

郑杭生：《中国特色社会学理论的提升——社会运行学派：前沿意识与草根精神》(上、下卷)，北京：中国人民大学出版社 2015 年版。

郑杭生、刘少杰：《马克思主义社会学史》，北京：高等教育出版社 2006

年版。

郑杭生、李迎生：《中国社会学史新编》，北京：高等教育出版社 2000 年版。

郑杭生：《中国特色社会学理论探索》，北京：中国人民大学出版社 2005 年版。

郑杭生、王万俊：《20 世纪中国的社会学本土化》（英文），陆益龙译，北京：中国人民大学出版社 2009 年版。

郑杭生、杨敏：《和谐社区建设的理论与实践——以郑州市实地调查为例的河南特色分析》，北京：党建读物出版社 2008 年版。

郑杭生、江立华：《中国社会思想史新编》，北京：中国人民大学出版社 2010 年版。

郑杭生等：《中国特色和谐社区建设“上城模式”实地调查研究——杭州“上城经验”的一种社会学分析》，北京：世界图书出版公司 2010 年版。

郑杭生：《本土特质与世界眼光》，北京：北京大学出版社 2006 年版。

郑杭生、杨敏：《中国社会转型与社区制度创新——实践结构论及其应用》，北京：北京师范大学出版社 2008 年版。

李培林：《社会转型与中国经验》，北京：中国社会科学出版社 2013 年版。

李培林：《我国新时期社会管理创新实例与启示》，北京：研究出版社 2012 年版。

李培林：《社会管理概述》，北京：研究出版社 2012 年版。

李培林：《费孝通与中国社会学》，北京：社会科学文献出版社 2011 年版。

李培林等：《当代中国城市化及其影响》，北京：社会科学文献出版社 2013 年版。

李培林、陈光金、张翼：《中国社会和谐稳定报告》，北京：社会科学文献出版社 2008 年版。

魏礼群等：《社会管理创新案例选集》（上、中、下册），北京：人民出版社 2011 年版。

魏礼群：《社会建设与社会管理》，北京：人民出版社 2011 年版。

陈理：《论社会管理创新》（上、下册），北京：中国社会科学出版社 2012 年版。

刘少杰：《中国社会学的发端与扩展》，北京：中国人民大学出版社 2007 年版。

丁元竹：《社区的基本理论与方法》，北京：北京师范大学出版社 2009 年版。

童星：《童星自选集》，南京：凤凰出版传媒集团凤凰出版社 2010 年版。

童星：《创新社会管理》，北京：中国社会科学出版社 2012 年版。

童星：《现代社会学理论新编》，南京：南京大学出版社 2005 年版。

曾峻等：《中国特色社会主义公共管理研究》，北京：人民出版社 2013 年版。

高平：《马克思主义社会学史》，中共中央党校出版社 1997 年版。

田鹏颖：《社会工程的逻辑——从社会批判到社会建构》，北京：科学出版社 2013 年版。

潘可礼：《社会空间论》，北京：中央编译出版社 2013 年版。

欧阳康：《社会认识论——人类社会自我认识之迷的哲学探索》，云南：云南人民出版社 2002 年版。

王虎学：《人的社会与社会的人——马克主义哲学的革命变革与现代视阈》，济南：山东人民出版社 2012 年版。

王晓磊：《社会空间论》，北京：中国社会科学出版社 2014 年版。

袁振龙等：《社会管理与合作治理》，北京：知识产权出版社 2013 年版。

郑德涛、欧真志：《社会管理与公共行政实践的创新》，广州：中山大学出版社 2012 年版。

杨雄等：《网络时代行为与社会管理》，上海：上海社会科学院出版社 2007 年版。

张鸿雁、谢静：《城市进化论：中国城市化进程中的社会问题与治理创新》，南京：东南大学出版社 2011 年版。

李强、王昊：《城市社会学——北京城市社会生活调查》，北京：社会科学文献出版社 2013 年版。

王枫云：《城市管理学新编》，北京：高等教育出版社 2010 年版。

风笑天：《社会研究方法》（第四版），北京：中国人民大学出版社 2013 年版。

许海清：《国家治理体系和治理能力现代化》，北京：中共中央党校出版社 2013 年版。

连玉明：《什么样的城市是最好的城市》，北京：中国当代出版社 2014 年版。

张琢、马福云：《发展社会学》，北京：中国社会科学出版社 2010 年版。

何一民：《20 世纪中国西部中等城市与区域发展》，成都：四川出版集团巴蜀书社 2005 年版。

钱振明：《城市管理学》，苏州：苏州大学出版社 2005 年版。

彭和平、侯书森：《城市管理学》，北京：高等教育出版社 2009 年版。

陈强、尤建新：《现代城市管理学概论》，上海：上海交通大学出版社 2008 年版。

吴晓、魏翔力：《城市规划社会学》，南京：东南大学出版社 2010 年版。

王义祥：《发展社会学概论》，上海：华东师范大学出版社 1995 年版。

吴群刚、孙志祥：《中国式社区治理——基层社会服务管理创新的探索与实践》，北京：中国社会出版社 2011 年版。

柳拯、柳浪：《当代国际社会工作》，北京：中国社会科学出版社 2002 年版。

俞可平：《治理与善治》，北京：社会科学文献出版社 2000 年版。

谭志松、王俊等：《现代城市社会治理创新“一本三化”模式研究——来自宜昌的中国经验》，北京：中国社会科学出版社 2015 年版。

谭志松：《武陵地区民族教育的历史与现状》，北京：民族出版社 2005 年版。

谭志松、李素芹：《乡村教育与农村社会发展》，北京：中央民族大学出版社 2011 年版。

谭志松、梁贤艳，朱静：《乡镇应急管理体系优化研究》，北京：中央民族大学出版社 2011 年版。

谭志松：《土家族非物质文化的教育保护与传承研究》，北京：民族出版社 2011 年版。

谭志松：《湖北民族地区农村劳动力转移研究——以民族教育为视角》，北京：民族出版社 2008 年版。

曾枝盛：《20 世纪末国外马克思主义纲要》，北京：中国人民大学出版社 1998 年版。

王俊等：《现代城市政务信息化“大统一”模式研究——宜昌市电子政务实践与实效》，北京：中国社会科学出版社 2015 年版。

杨博文等：《社会系统工程概论》，北京：石油工业出版社 2008 年版，2011 年第二次印刷。

朱炳祥：《土家族文化的发生学阐释》，北京：中央民族大学出版社 1999 年版。

彭英明：《土家族文化通志新编》，北京：民族出版社 2001 年版。

李廷贵、张山、周光大：《苗族历史与文化》，北京：中央民族大学出版社 1996 年版。

何怀宏：《契约伦理与社会正义——罗尔斯正义论中的历史与理性》，北京：中国人民大学出版社 1993 年版。

闵家胤选编：《社会系统等级结构研究》（研究性论文集），冯鹏志等译，北京：中国社会科学出版社 2011 年版。

王笛：《走进中国城市内部——从社会的最底层看历史》，北京：清华大学出版社 2013 年版。

李晓峰、李纯：《峡江民居——三峡地区传统聚落及民居历史与保护》，北京：科学出版社 2012 年版。

张卫良：《“城市的世界”：现代城市及其问题》，北京：社会科学文献出版社 2012 年版。

刘冰清、田永红：《乌江文化概论》，武汉：崇文书局 2008 年版。

二　论文类

郑杭生：《论马克思主义社会学的两种形态》，光明日报，1985 年 7 月 29 日。

郑杭生：《中国社会大转型》，《中国软科学》1994 年第 1 期。

郑杭生：《中国社会学百年轨迹》，《东南学术》1999 年第 5 期。

郑杭生、杨敏：《社会互构论的提出——对社会学学术传统的审视和快速转型期经验现实的反思》，《中国人民大学学报》2003 年第 4 期；《新华文摘》2003 年第 11 期。

郑杭生：《社会学中国化的几个问题》，《学海》2000 年 6 月。

郑杭生、王万俊：《论社会学本土化与社会学的西方化、国际化、全球化》，《湘潭大学社会科学学报》2000 年第 1 期。

郑杭生：《中国社会学百年轨迹》，《东南学术》1999 年第 5 期。

陆学艺：《社会学应在构建和谐社会中发挥更大作用》，《中国社会科学院报》/2007 年/6 月/7 日/第 008 版。

李庆霞：《从传统农业社会到现代工业社会——当代中国社会转型的特点》，人民日报/2005 年/7 月/18 日/第 009 版。

杨敏：《社会学的时代感、实践感与全球视野——郑杭生与“中国特色社会学理论”的兴起》，《甘肃社会科学》2006 年第 3 期。

文军：《社会学理论的变革及其发展趋势》，光明日报/2007 年/12 月/4 日/第 011 版。

吴宁：《列斐伏尔的城市空间社会学理论及其中国意义》，《社会》2008 年 2 月（第 28 卷）。

郑震：《空间：一个社会学的概念》，《社会学研究》2010 年第 1 期。

叶涯剑：《空间社会学的缘起及发展》，《河南社会科学》2005 年第 5 期。

王彪：《空间社会学：当代社会解释的新路径》，《社会工作》（学术版）2011 年第 6 期。

钟晓华：《社会空间和社会变迁——转型期城市研究的“社会—空间”转向》，《国外社会科学》2013 年第 2 期。

王华侨：《空间社会学：列斐伏尔及以后》，《晋阳学刊》2014 年第 2 期。

斯特凡纳·托内拉：《城市公共空间社会学》，黄春晓、陈烨译，《国际城市规划》2009. Vol. 24. No. 4.

许源源、孙毓蔓：《国外新区域主义理论的三重理解》，《北京行政学院学报》2015 年第 3 期。

赵芳：《城市空间：一种社会学的理论演进》，《湖南社会科学》2003 年 6 月。

刘能：《重返空间社会学：继承费孝通先生的学术遗产》，《学海》2014 年 4 月。

李敢：《城市，如何让生活更美好——欧洲城市管理创新经验与资鉴》，《国外社会科学》2013 年第 2 期。

刘圣宜：《论梁启超的社会主义观》，《华南师范大学学报》（社会科学版）1996 年第 2 期。

应学犁：《梁启超在二十年代初社会主义问题争论中的角色》，《南京大学学报》（哲学人文社会科学）1995 年第 2 期。

韩华：《梁启超与两次“社会主义”论争》，《四川师范大学学报》（社会科学版）2001 年第 1 期。

李凤成：《梁启超社会主义思想源流、主张及其历史贡献》，《求索》2012 年第 5 期。

吴汉全：《李大钊与中国马克思主义社会学的开创》，《松辽学刊》（社会科学版）1993 年第 4 期。

吴汉全：《陈独秀与中国马克思主义社会学的开创》，《安徽史学》2009 年第 2 期。

王跃：《试论社会主义一般与特殊——从社会主义在中国的早期传播谈起》，《南京社会科学》2013 年第 8 期。

郭苏建：《社会转型、民主演进与国家成长——林尚立教授在复旦大学的演讲》，文汇报，2009 年/11 月/14 日/第 006 版。

王广、唐红丽：《深化社会治理体制创新研究推动中国社会学走向世界——专访中国社会科学院副院长李培林》，中国社会科学报/2014 年/8 月/18 日/第 A05 版。

宣朝庆：《中国社会建设的文化禀赋与结构限定》，《社会学研究》2013 年 3 月。

李迎生：《当代中国特色社会学理论的开拓这——郑杭生社会学探索历程》，《社会科学战线》2007 年第 1 期。

李迎生：《开放性与主体性：考察中国社会学发展历程的一种角度》，《人文杂志》2006 年第 1 期。

宋林飞：《新时期中国社会学理论的重要开拓者——怀念郑杭生教授》，《光明日报》2014 年 11 月 13 日第 006 版。

王道勇：《郑杭生先生对中国社会学理论发展的巨大贡献》，《广西民族大学学报》（哲学社会科学版）2014 年 11 月第 6 期。

童潇:《郑杭生社会学思想理路探微》,《学习与实践》2008 年第 11 期。
范长敏、赤男、白丁:《“三峡省”筹建始末》,《党史博览》2001 年第 5 期。

后　记

当我搁笔本书书稿时，脑子里浮现出一幕幕自己从儿时到学者的一路经历的情境和情缘。它促使我在后记里简述一下自己与三峡流域的这份缘。我与三峡流域的缘主要是两个方面：一个是成长的情缘，另一个是学术研究的情怀。

我出生在武陵山一个少数民族自治州的偏僻的乡村小古镇——熊家岩，祖辈世代务农，生活在这个村镇或附近，基本没有读书的。这里1977年以前没有公路，所有的运输和交通都靠双腿双手、肩挑背扛完成。我在这个古村镇的小学、初中读书（后来才办的初中成为“熊家岩中小学”），14岁初中毕业幸运地赶上了区镇的“帽子高中”成立，我被录取后在这个中学学习两年，这个学校离我家15公里，在209国道边上。当父亲挑着、我背着简单的行李和红薯、玉米从乡间小路走到学校报到的第一天，我看到了书中所说的公路是什么样子，原来公路好宽好宽，高中学校也好大好大，我是真正的内心兴奋啊！如饥似渴地学完两年高中后就当上了“回乡知青”，随即又被抽到当地水电工程建设工地上当上了食堂会计兼保管；八个月后又被抽回到我原学习的熊家岩中小学当上了民办老师，四年之后我进了当时做梦都不敢想的当地最大的一座城市——自治州首府的一所师范高等专科学校学习数学。因为自己已是成人，所以这次上学是我自己挑着行李步行石板古道60里到学校报名的，学校在城郊。是这个学习机会彻底改变了我的人生道路。三年专科，我用两年学完了本科数学的全部课程。由于学校缺老师，我被提前抽到学校担任助教工作（学生身份），一个被同学戏称为陈景润式的“书呆子”一时间成了大家赞扬的人（因为我是这一届唯一提前担任老师的，也是这个学校历史上的第一个提前做本校老师的）。一年后正式留校成为真正意义上的大学老师。虽然有点辜负高中母校领导老师们指望着我回母校工作的期望，但老师们仍然鼓励我、理解我、祝贺我，因为，学校毕竟培养了第一个大学老师。其间，最得意的还是我高中时的班主任和数学老师。

我在这所大学里做数学教学和科研工作，先后三度到湖北大学、武汉大学、北京师范大学等高等学府求学深造，得到了著名数学家孙继逊教授、张远达教授和刘绍学教授等的悉心指导，经过 13 年的艰苦拼搏后我又成了这个学校历史上第一个破格晋升的年轻教授，并被任命为学校教务处副处长，一年半后又被破格提升为学校副校长分管教学、科研、图书馆、研究生工作。前一个破格是自己拼搏的结果，而后一个破格却使我特别意外并感到不知所措。但很快意识到自己从此已不可能像以往那样只做教学和研究了，本该一如既往地专心地继续朝着自己热爱的代数学领域进行更加深入的研究的，也只能忍痛割爱暂时放慢进程，把大量的时间和精力用在学校的领导和管理工作上去做学校发展的大事。四年后，学校通过了教育部本科教学合格评估，学校由此真正走上了本科大学建设发展时期，我也因此完成了从一个纯粹学者到大学领导者的过渡，开始有计划、按步骤、胸有成竹地自然开展工作。这期间，因为在湖南、湖北、重庆、贵州四省市接壤的边区学校、医院、企业等相关部门和单位建立教学实习基地，我走遍了武陵山区大部分地方，这里的山山水水、民族民间、社会状况等一幕幕深印我心。加上学习党和国家相关教育改革政策和自己的实践体验，感觉到自己有必要认真学习和掌握一些教育理论，特别是高等教育理论。于是，1999 年我报名参加了华中科技大学（当时叫华中理工大学）高等教育研究所举办的“高等教育学专业博士课程班”学习，两年时间，我有幸聆听了著名教育家朱九思以及知名学者涂又光、姚启和、文辅相、沈红等诸位教授的精彩讲课，受益良多。2002 年又在国家高级教育行政学院第 20 期高校领导进修班学习两个月，聆听了许多著名教育家和国家相关部委领导的精彩报告 30 余场，做了 100 余万字的读书笔记，大开眼界。与此同时，我还成功申报了全国教育规划教育部重点课题“西部大开发背景下武陵地区民族教育发展研究”。接着，我又以极大的兴趣并有幸考上中央民族大学原校长、著名民族教育学家、民族教育学的主要开创者哈经雄教授的博士研究生，四年后获法学博士学位。从此我的研究从代数学完全转向了高等教育和武陵山区民族教育。

这些年来我主持和完成的三项国家社会科学基金课题和五项教育部等省部委课题都是围绕武陵山区的民族教育与社会文化发展开展的研究。研究期间，每年至少一次大型的实地调研，和多次点上调研，对武陵山区的社会文化情况不仅有了比较深入的了解，而且对武陵民族地区的教育、文化和社会发展等研究有了更浓厚的兴趣和沉沉的学者责任。

2007 年我被省委调任三峡大学党委常委、副校长，分管科研、学科与博士授权申报、研究生、对外科技服务和学报等工作，为增强学校科研的社会服务能力，我们又围绕长江三峡流域地区的社会文化发展情况进行广泛的调查研究。当我完成了宜昌市科技攻关项目“三峡库区移民与生态文明建设”之后，发现这一带更需要从社会发展实际开展综合性的应用社会学研究。于是，又领头成立了三峡大学应用社会学研究所，组织了政治、文化、教育、社会、经济、生态等多学科领域的教授博士集中开展长江三峡流域的区域性社会文化研究。近十年多来，我一直坚持每年到武陵民族地区和长江三峡地区进行实地调研，随着国家西部大开发、扶贫开发、长江经济带战略，以及城镇化发展战略等重大战略的实施，这些地方发生了巨大变化；同时，该区域的社会转型也不断提速，社会矛盾日益突出，使我感觉到我们的研究要进一步集中在区域社会管理与区域社会发展上。于是，2012 年由我领头并以应用社会学研究所为基础，联合宜昌市社会管理创新办公室，成功申报了湖北省人文社科重点研究基地“三峡大学区域社会管理创新与发展研究中心”（以下简称“研究中心”）。这对我们的研究和研究人员是一个极大的鼓励和支持。我们聘请了著名社会学家、中国人民大学一级教授郑杭生先生任研究中心的名誉主任，著名社会学家、北京大学马戎教授担任研究中心的学术委员会主任，以及一批国内知名学者为研究中心兼职教授。我们在郑杭生先生的指导下，站在更高层面制定了研究中心的研究规划，并开始了新的起航！

以上说了这些看似有点多余的话，但我却是想交代一下我们整个研究的一个实在的背景，即，我们的研究是从比较长期的研究实践中提出来的，既是为了直接面对区域社会发展问题，也有我本人成长、工作、生活在这片热土的情缘，还有我在这个区域里15年的研究经历的学术情怀。当然，也借此表达一下我对养育我、成长我的热土和人民的感激之情。

本书能够完成，离不开多方的支持和帮助。借此机会表达我的真诚谢意：

首先，宜昌市作为全国城市社会管理创新首批38个试点单位之一，经过近六年时间的实践探索，成功地形成了具有自己特色并产生重要影响的“一本三化”模式。这给我们的研究提供了活生生的案例和范本。加上宜昌市委市政府对我们研究工作的高度重视和大力支持，为我们的研究敞开了道路，奠定了基础。《丛书》共九本，其间有三本是直接专门写宜昌市相关内容的，本书的部分观点也是我在研究宜昌市社会治理创新“一本三化”模式后得到的启示。所以，我要特别感谢宜昌市委市政府的相关领导和职能部门以及部分社区干部职工提供的支持，特别是市委常委秘书长马学军、市政协主席李亚隆、市委常委宣传部部长廖达凤、市政府副秘书长王俊、市委原副秘书长张宗益和现任副秘书长李卫平，以及市政法委副书记向丽、市社会管理创新办公室周成刚、网格办公室原主任现当阳市纪委书记丁晓艳、市社会管理创新研究会秘书长宋发新，还有市直20余家相关部门的领导和职工、部分社区负责人等，他们给予了我们最直接的支持和帮助。

其次，三峡流域内的恩施自治州州长（时任）杨天然、州委宣传部部长（时任）杨陈清、州委副书记常务副州长（时任）董永祥、州发改委主任田金培（时任）等，荆州市常务副市长吴方军、发改委主任刘润等，利川市委书记（时任）郑开国、市长张涛等，黔江区区长助理李汉军、办公室黄主任等，涪陵区副区长卓大林，湘西自治州武副州长，张家界市民宗委侯主任（时任），怀化市委常委副市长（时任）刁波、民委主任谭长显等，铜仁市委常委副市长陈明华（时任）等以及这些市州区的相关职能部门有关领导和职工。他们为我们的实地调研、访谈、提供资料等给予了热情的支持和帮助，在此表示衷心感谢！

再次，要真诚地感谢著名社会学家、中国人民大学一级教授郑杭生先生生前对我学术上的悉心指导和热情支持；感谢中国社会科学出版社原副总编辑、现当代中国出版社总编辑曹宏举先生，责任编辑张林主任给予的支持和帮助！真诚感谢三峡大学党委书记李建林教授、校长何伟军教授对我个人和我们团队的研究工作以及《丛书》编著出版的指导和支持，感谢三峡大学科技处处长许文年教授、副处长周卫华博士的直接支持和帮助。

最后，还要特别感谢我的研究团队的每一位成员，大家克服种种困难，无论是寒冬还是炎夏都积极参与实地调研和各部著作的写作，还参与了本书框架的讨论。覃美洲副教授为我组织研究生对有关数据的核查付出了劳动，余菲菲副教授根据我对三峡流域地域范围的界定，帮我绘制了“三峡流域地图”。在此对二位的支持表示由衷的谢意！

本书虽然已经完稿，但由于个人的学识和对三峡流域社会了解与理解的程度有限，可能还有许多不妥甚至谬误之处，特别是，对各地特色的介绍和经验总结可能不尽如人意，还请相关地方的领导和干部以及广大读者批评指正，本人将不胜感激。

谭志松

于三峡大学云锦花园专家楼

2016 年 3 月 8 日